Souveränität als Gewährleistung
der Interessen der Staaten

Europäische Hochschulschriften

European University Studies

Publications Universitaires Européennes

Reihe II **Rechtswissenschaft**

Series II Law

Série II Droit

Band/Volume **5407**

Marta Barandiy

Souveränität als Gewährleistung der Interessen der Staaten

Völkerrechtliche und europarechtliche Aspekte

PL ACADEMIC RESEARCH

Bibliografische Information der Deutschen Nationalbibliothek
Die Deutsche Nationalbibliothek verzeichnet diese Publikation in der Deutschen Nationalbibliografie; detaillierte bibliografische Daten sind im Internet über http://dnb.d-nb.de abrufbar.

Zugl.: Saarbrücken, Univ., Diss., 2012

D 291
ISSN 0531-7312
ISBN 978-3-631-62862-1

www.peterlang.de

Meinen Eltern

Vorwort

Die vorliegende Dissertation wurde im Juli 2012 im Europainstitut der Universität des Saarlandes verteidigt.

Ich arbeitete an dem Thema an der Ivan Franko Universität Lviv in den Jahren 2005-2008. Dank der Förderung der Konrad-Adenauer-Stiftung habe ich die Möglichkeit bekommen, die Recherche an der Universität des Saarlandes weiterzuführen.

Ich danke Herrn Prof. Dr. Vasyl Repeckyy, der mich mehrere Jahre in der Ukraine wissenschaftlich betreut hat.

Mein Dank gilt meinem Doktorvater Herrn Prof. Dr. Torsten Stein für die wissenschaftliche Betreuung in Deutschland.

Bedanken möchte ich mich auch bei Herrn Prof. Dr. Georg Ress für die freundliche Übernahme des Zweitgutachtens.

Bei August Weichselbaumer und Martina Koerdt bedanke ich mich für ihre umfassenden Korrekturhilfen.

Ich danke Herrn Mag. Andreas Wenninger und Herrn Dr. Lothar Lerch für ihre mehrfache Förderung der wissenschaftlichen Forschungen, die ich an den österreichischen Universitäten durchgeführt habe.

Ich danke Rechtsanwalt Herrn Igor Ceyko für seine wertvollen Hinweise, die ich von ihm während meines gesamten Studiums bekommen habe.

Ich danke meiner Tochter Jannet dafür, dass sie sich in ihren ersten Lebensmonaten meine Zeit und Aufmerksamkeit mit meiner Dissertation geteilt hat, und meinem Mann Imran, der durch seine Geduld zur Fertigstellung der Arbeit beigetragen hat.

Außerdem danke ich meiner Freundin Natalia Chuyko für die Motivation und angemessene Kritik.

Ein herzlicher Dank gebührt meiner Mutter für ihre uneingeschränkte Förderung und Unterstützung während meiner Ausbildung.

Ein besonderer, herzlicher Dank geht an meinen Vater, der stark an mich geglaubt hat, aber leider die Ergebnisse meiner vieljährigen Arbeit nicht mehr erleben kann.

In Dankbarkeit ist diese Arbeit meinen Eltern gewidmet.

Saarbrücken, den 12. Juli 2012 Marta Barandiy

Inhaltsverzeichnis

EINLEITUNG

Die modernen internationalen Beziehungen zeichnen sich durch Prozesse aus, die zu starker Interdependenz der Staaten führen. Es entsteht die Befürchtung der Vertreter der Staaten aus verschiedenen Bereichen, dass die Souveränität langsam verschwindet. Diese These hat mich dazu bewogen, das Problem des Platzes der staatlichen Souveränität in diesen Prozessen zu untersuchen.

Die gegenseitige Abhängigkeit nicht nur zwischen den Staaten, sondern auch zwischen den Staaten und internationalen Organisationen, führt dazu, dass bei Letzteren Funktionen entstehen, über die normalerweise nur die Staaten verfügen. Die internationalen Organisationen üben manchmal Zuständigkeiten aus, die in der Theorie des Völkerrechts als souverän betrachtet werden können. Infolge dessen entsteht die Vermutung, dass die internationalen Organisationen neben den Mitgliedstaaten an Souveränität gewinnen.

Die Aktualität des Themas bezüglich der staatlichen Souveränität wird immer wieder hervorgehoben. Auch im Kontext der Euro-Krise und der Annahme des Six-Packs wird die Frage über die Souveränität wieder aufgeworfen.

Das Ziel der Dissertation ist es herauszufinden, welche Rolle die Souveränität für den Staat spielt. Völkerrechtliche, europarechtliche Aspekte sowie praktische Möglichkeiten der Durchsetzung der Souveränität werden dabei untersucht.

Es werden die Fragen behandelt, ob sie eine permanente Erscheinung ist oder sich mit der Zeit ändert, ob sie geteilt oder anderen Außensubjekten übergeben werden kann, sowie ob sie den sekundären Völkerrechtssubjekten eigen sein kann.Warum, wie und unter welchen Bedingungen verwirklicht der Staat seine Außensouveränität? Auf welche Weise arbeitet der Staat mit den Völkerrechtssubjekten zusammen, und warum sprechen einige Gelehrte von Souveränitätsverlust des Staates oder von der Verfügung über Souveränität durch internationale Organisationen? Was sind die Folgen der Souveränitätsverwirklichung im Völkerrecht? Welche Einschränkungsmöglichkeiten der Souveränität gibt es? Wie können die Staaten ihre Souveränität sichern? Welche Wege der Souveränitätsverwirklichung gibt es ohne Gefahr, sie zu verlieren? Ist solche Gefahr real? Was wird unter „Übertragung“, „Übergabe“ oder „Delegierung“ der Aufgaben, Zuständigkeiten, Kompetenzen, souveräner Rechte oder Souveränität verstanden? Was sind ihre Folgen? Können die internationalen Organisationen über die „eigene“ Kompetenz verfügen? Stellt diese Kompetenz einen Verstoß gegen das Prinzip „nemo ad alterum plus juris potest quam ipse habet“ dar? Was sind die Folgen der Globalisierung für die Souveränität der Staaten? Welche Rolle spielt die Integration für die Sicherung der Souveränität in den Zeiten der Globalisierung? Was sind die Folgen der europäischen Integration für die staatliche Souveränität? Verfügt die Europäische Union über Souveränität oder souveräne Rechte? Ist die Macht der Staaten gegenüber der EU selbständig und hoheitlich, oder teilen sie diese Selbständigkeit und Hoheit? Sind die Staaten imstande, unabhängig von der EU zu funktionieren, oder sind die nationalen Rechtssysteme an das EU-Rechtssystem in einem Ausmaß angepasst, dass die Staaten ihre primär fundamentalen Funktionen ohne vorherige Reglementierung durch die EU-Institutionen nicht erfüllen können? Wie können die Staaten, die ohne Vorbehalt die EU mit der Ausübung ihrer Rechte beauftragt haben, ihre Souveränität effektiv und völkerrechtsmäßig schützen? Wie können sie beweisen, dass sie immer noch über diese Rechte verfügen (z.B. Währungsrecht)?

Für die Beantwortung dieser Fragen, werden die deutsche und ausländische Literatur sowie die Normen des nationalen, internationalen und europäischen Rechts analysiert.

Die Geschichte des Begriffs der Souveränität wird auf der Basis der Recherche von Helmut Quaritsch (Begriff bis Bodin), Adolf Dock (Souveränität von Bodin), I. Dmytriyev, V. Gapotiy (Souveränität von Bodin und weiter) und anderen analysiert. Die neue Interpretation des Begriffs der Souveränität findet ihre Unterstützung unter anderem bei solch bekannten Gelehrten wie A. Habibulin, V. Salnikov und S. Stepaschin sowie Ulrich Haltern (Existenzwillen), David T. Llewellyn und Stephen D. Krasner. Über den Außenaspekt der Souveränität haben Udo Fink, Ulrich Haltern, Dan Sarooshi und Y. Wiltschak geschrieben. Zur Frage der Globalisierung haben die Forschungen von Brian Urquhart beigetragen. Yulia Chobbi, Aleksey Moyseev, Elena Schibaeva sowie Olga Meschtscheryakowa sind die Vertreter der EU-ausländischen Literatur, die die Verwirklichung der Souveränität in der Europäischen Union untersuchten. Bei den entsprechenden Gelehrten der EU-inländischen Literatur sind solche Namen zu erwähnen wie Georg Ress und Stefan Griller.

Die Dissertation besteht aus Einleitung, drei Kapiteln, elf Unterkapiteln, Zusammenfassung, Schlussfolgerungen und Literaturverzeichnis.

In der Einleitung werden die Fragen und Aufgaben gestellt, die in den drei Kapiteln beantwortet werden müssen. Die Zusammenfassung enthält den Inhalt der Arbeit in Kurzform, und die Schlussfolgerungen zeigen die Ergebnisse der durchgeführten Untersuchung auf.

Das erste Kapitel besteht aus vier Unterkapiteln.

Im ersten Unterkapitel werden der Begriff und das Phänomen der Souveränität behandelt. Es werden die Fragen des Inhalts der Souveränität, ihrer politischen und rechtlichen Merkmale, der Evolution des Begriffs, der geschichtlichen Entwicklung und der Unterschiede zwischen Volkssouveränität und Staatssouveränität erörtert. Es werden sowohl klassische als auch moderne Theorien dieses Phänomens ausgeführt.

Im zweiten Unterkapitel werden die Grenzen der Souveränitätsverwirklichung im Völkerrecht, und im dritten Unterkapitel die legitimen Wege des Schutzes der Souveränität des Staates durch die internationale Gemeinschaft, den Staat und das Volk behandelt.

Das vierte Unterkapitel ist der Verwirklichung der Staatssouveränität in den internationalen Organisationen gewidmet. Dabei werden die Fragen der Beauftragung der internationalen Organisationen zur Verwirklichung der mitgliedstaatlichen Souveränität behandelt.

Im zweiten Kapitel wird die Frage der praktischen Durchsetzung der staatlichen Interessen in der Realität der modernen Welt behandelt, die durch Globalisierung gekennzeichnet ist. Das erste Unterkapitel enthält die These über die Notwendigkeit der Teilnahme an der Globalisierung, ihre positiven und negativen Elemente. Im zweiten Unterkapitel geht es darum, dass die Staaten in ihren Handlungen in den Kernbereichen der Souveränität unabhängig von sich selbst beschränkt werden. Es wird eine separate Meinung dazu vorgestellt, ob solche Beschränkung zur Gründung des Weltstaates führen kann oder umgekehrt für die Gewährleistung der Existenzfähigkeit der Staaten nötig ist. Außerdem werden bestehende Kritikansätze bezüglich der Globalisierungsprozesse vorgestellt, der Unterschied in den Folgen dieser Prozesse für unterschiedliche Staaten sowie Schutzmittel gegen die Globalisierung analysiert. Im dritten Unterkapitel wird die Frage beantwortet, wie die Integration die Existenzfähigkeit der Staaten gewährleisten kann.

Im dritten Kapitel werden die Fragen der Verwirklichung der Souveränität der Staaten in der EU behandelt.

Zur Verwirklichung der Souveränität gehören die Erteilung der Zuständigkeiten an die Europäische Union durch die Staaten und die Verwirklichung der Zuständigkeiten durch die EU sowie durch die Mitgliedstaaten im Rahmen der EU.

Im ersten Unterkapitel des dritten Kapitels werden die Rechtsgrundlage für die Erteilung der Zuständigkeiten sowie der Hintergrund für die Entstehung „Hoheitsrechte der EU“ (gemäß EuGH) behandelt.

Im zweiten Unterkapitel wird die Ausübung dieser Zuständigkeiten durch die Europäische Union und durch die Mitgliedstaaten besprochen. Auch der Schutz der Souveränität der Mitgliedstaaten wird analysiert, es geht unter anderem um Subsidiarität und Verhältnismäßigkeit, Kontrolle der nationalen Parlamente, ausschließliche Zuständigkeiten der Mitgliedstaaten, Kompetenz-Kompetenz sowie den Austritt aus der EU als Letztvariante des Souveränitätsschutzes.

Im dritten Unterkapitel werden die Besonderheiten der Rechtsnatur der EU besprochen. Die Bedeutung der Supranationalität der EU für die Souveränität der Mitgliedstaaten wird behandelt.

Die Frage der Handlungsfreiheitszugeständnisse, die für die Mitgliedschaft in der EU nötig sind, ist der Gegenstand des letzten Unterkapitels des dritten Kapitels der vorliegenden Dissertation.

Der Unterschied in den Meinungen bezüglich der Nützlichkeit der Mitgliedschaft der alten und neuen Mitgliedstaaten, der Kandidaten und potenziellen Kandidaten auf den Beitritt zur Europäischen Union wird aufgezeigt.

Die Ergebnisse der Dissertation sind für die Entwicklung der Theorie des Europäischen Rechts, des nationalen Rechts der Kandidaten sowie der heutigen EU-Mitglieder besonders wichtig. Sie dienen als zusätzliche Argumente für die Bestätigung oder die Verwerfung der Besorgnis der Politiker anlässlich der Folgen der Teilnahme an den Globalisierungsprozessen sowie der Mitgliedschaft in der Europäischen Union für die Souveränität ihrer Staaten.

Außerdem erleiden die Reformen in der EU oft Niederlagen. Das passiert, weil die Völker und Politiker eine negative Auffassung von der europäischen Integration haben. Sie haben Angst vor Verlust der Kontrolle über die Entscheidungen. Diese Dissertation soll der Entwicklung starker Argumentation der Politiker und Rechtsberater bezüglich der Begründung bestimmter politischer oder rechtlicher Schritte dienen.

Die Zusammenfassung der Dissertation stellt eine kurze Wiedergabe des Inhalts dar und enthält die für die Ergebnisse maßgeblichen Informationen.

Die Ergebnisse, die neuen Ansichten zu den problematischen Fragen sowie meine Meinung zu bestehenden Vermutungen und Theorien sind der Gegenstand der Schlussfolgerungen.

A. POLITISCH-RECHTLICHE GRUNDLAGE DER SOUVERÄNITÄT UND VÖLKERRECHT

I. BEGRIFF, GESCHICHTE UND POLITISCH-RECHTLICHER INHALT DER SOUVERÄNITÄT

1. Notwendigkeit der Definition

Als Garantie für den Erfolg der Staaten bei der Verwirklichung eigener und gemeinsamer Interessen in den gegenwärtigen Globalisierungsprozessen dient die effektive Anpassung an die Ansprüche der modernen internationalen Beziehungen, die im Rahmen des Völkerrechts auftreten. Es fehlt aber der effektive Sanktionsapparat, der die Einhaltung des Völkerrechts durch alle Teilnehmer der internationalen Beziehungen sichert. Darum unterlassen im Falle der Nichtübereinstimmung der völkerrechtlichen Verpflichtungen mit eigenen Interessen die Staaten oft die Erfüllung dieser Verpflichtungen und berufen sich dabei auf die Souveränität.

Heute aber nimmt man auch darauf Bezug, dass die Staaten an der Gründung anderer Völkerrechtssubjekte wie internationaler Organisationen teilnehmen. Sie rüsten sie mit weitreichenden Zuständigkeiten aus, unter anderem mit den Zuständigkeiten für das Verhängen von Sanktionen. Infolgedessen werden die Ansichten über die Souveränität geändert. Es geht auch darum, dass sich Staaten als Mitglieder von internationalen Organisationen bei Nichterfüllen der Verpflichtungen, die sie im Rahmen dieser internationalen Organisationen auf sich nehmen, nicht mehr auf die Souveränität berufen können. Das ist einer der Gründe, warum den neuen Subjekten des Völkerrechts Elemente der Souveränität zugeschrieben werden.

Für die vorliegende Dissertation ist es wichtig zu definieren: Was ist die Souveränität des Staates, ändert sie sich gleichzeitig mit dem Völkerrecht, oder, umgekehrt, bleibt sie eine beständige Erscheinung, deren Verständnis man im Prozess der historischen Entwicklung des Staates, der internationalen Beziehungen und des internationalen Rechts bekommt; wird sie den anderen Subjekten übergeben oder mit ihnen geteilt, und kann sie sie den sekundären Subjekten des Völkerrechts eigen sein?

Es ist allgemein bekannt, dass im klassischen Sinne nur die Staaten über Souveränität verfügen. Diese Behauptung ist auch vom Völkerrecht anerkannt, das die Souveränität durch die in den verbindlichen völkerrechtlichen Dokumenten eingeschriebenen Grundsätze der Achtung der Souveränität, souveränen Gleichheit, territorialen Unversehrtheit und politischen Unabhängigkeit der Staaten schützt.

Das Völkerrecht gibt aber keine Definition der Souverränität. Es gibt keine offizielle Interpretation dieses Begriffs im Völkerrecht. Inhalt und Auslegung der Souveränität werden durch nationales Recht und die Politik der Einzelstaaten bestimmt[1]. Dementsprechend legen Theoretiker und Praktiker des Verfassungs- und Völkerrechts verschiedener Länder den Begriff unterschiedlich aus.

Es wird angenommen, dass es bislang keine „vollständige und adäquate“ Definition des Begriffs der Souveränität gibt[2]. Die existierenden Definitionen beschränken sich auf die Einzelaufzählung der Souveränitätsqualitäten im Sinne der Rechtsfähigkeit des Staates[3].

Die Gelehrten haben bis heute viele in der Völkerrechtstheorie anerkannte Definitionen der Souveränität erarbeitet. Diese sind Ergebnis der Entwicklung der Lehre über die Souveränität von Jean Bodin, der sie als ständige und absolute, höchste und unenteignete Macht des Staates nach innen und nach außen bestimmt hat. Andere Theoretiker wie Gugo Grotius betrachteten die Souveränität als besondere Eigenschaft der Staatsmacht.

Auch viele Gelehrte der Gegenwart unterstützen die These, dass die Souveränität eine Eigenschaft ist, die nur der Staatsmacht eigen sei[4]. Sie ist „fact of nature“[5], und kann nur als „Hauptzeichen des Ranges des Staates“ gerechtfertigt werden[6]. Ihrer Meinung nach zeigt sich über die Souveränität die Natur der Macht[7], die nur staatlich sein kann, obwohl es trotzdem Meinungen gibt, dass die Macht der sekundären Völkerrechtssubjekte auch souverän sein kann.

---

1 Gammeltoft-Hansen Thomas, Aalberts Tanja E. Sovereignty at Sea: The Law and Politics of Saving Lifes in the Mare Liberum in: DIIS Working Paper – 2010:18, Copenhagen 2010, 31 P., p. 8.

2 Moiseev A. Staatssouveränität im Völkerrecht: Lehrbuch [Моисеев А.А. Суверенитет государства в международном праве: учеб. пособие / А.А. Моисеев. – М.: Восток – Запад, 2009], S.20.

3 Ibid., S. 21.

4 Schevtsov V. Staatssouveränität [Шевцов В.С. Государственный суверенитет. – М.: Изд. «Наука», 1979], S. 9 – 14.

5 Bundegaard Christian The Normative Divide in International Society: Sovereignty versus Responsibility in: DIIS Working Paper – 2010:27, Copenhagen 2010, 20 P., p. 12.

6 Spinelli Altiero Ein „europäisches Europa“ – Föderation oder Konföderation in: Nationale Souveränität oder Übernationale Integration? Gilbert Ziebura (Hrsg.), Berlin: Colloquium Verlag, 1966, 175 S.

7 Creifelds C. Rechtswörterbuch, 15 Auflage, München 2002, S.344.

Der Streit über die Souveränität bezieht sich also auf die Definition und auf das Subjekt.

In der ukrainischen und russischen Literatur wird über die Souveränität ebenfalls viel geforscht. Die Theoretiker äußern ihre Meinungen bezüglich dessen, was sie unter Souvernität verstehen. Es werden hier ein paar der in den postsowjetischen Staaten bekanntesten Definitionen angeführt:

> „Die Souveränität ist historisch bedingte politisch-rechtliche Eigenschaft des modernen Staates“[8]; „Die Souveränität ist Qualität der Staatsmacht, die ihre Hoheit und Integrität im Rahmen der nationalen rechtlichen und politischen Systeme bestimmt“[9]; „Souveränität ist eine unabdingbare juristische Qualität des unabhängigen Staates, die ihre politisch-rechtliche Selbständigkeit, höchste Verantwortlichkeit und den Wert des primären Völkerrechtsubjektes symbolisiert, die für die ausschließliche Hoheit der Staatsmacht nötig ist“[10].

In der modernen Völkerrechtstheorie ist die Meinung allgemein anerkannt, dass die Souveränität Hoheit und Unabhängigkeit bedeutet. Die sehr berühmten russischen Gelehrten Tunkin G.[11] und Lewin D.[12] definieren die Souveränität als Hoheit nach innen und Unabhängigkeit von irgendeiner anderen Macht in den internationalen Beziehungen. Diese These wird aber mit der Entwicklung der internationalen und supranationalen Organisationen nicht mehr bestätigt und braucht eine Revision.

Viele Theoretiker berücksichtigen die Änderungen der modernen Welt und passen die Definitionen der Realität an. Es gibt z.B. solche Gelehrte, die die Souveränität als Fähigkeit bestimmen:

> „Souveränität bedeutet Fähigkeit, ohne formale Unterordnung unter einen anderen Staat zu handeln“[13]; "Souveränität bedeutet die Fähigkeit des Staates innere und äu-

---

8 Gapotiy V. Theoretische und praktische Aspekte der Souveränität des Volkes, der Nation und des Staates: Dissertation [Гапотій В.Д. Теоретичні і практичні аспекти суверенітету народу, нації та держави: Дис… канд.. юрид. Наук: 12.00.01 / Національний ун-т внутрішніх справ. – Х., 2004], 200 S.

9 Meschtscheryakova O. Supranationalität im Recht der Europäischen Union und Problem der Souveränität: Dissertation [Мещерякова О.М. Наднациональность в праве Европейского Союза и проблема суверенитета: Автореф. Диссертации д-ра юрид. Наук: 12.00.10. – Москва 2010].

10 Moiseev A., op.cit., S. 68.

11 Tunkin G. Grundlagen des modernen Völkerrechts [Тункин Г.И. Основы современного международного права: Учебное пособие. – Москва 1956].

12 Levin D. Hauptprobleme des modernen Völkerrechts [Левин Д.Б. Основные проблемы современного международного права. – Москва 1958], S. 200.

13 Tschekalenko L.Suche nach akzeptablen Modellen der Beziehungen zwischen dem souveränen Staat und den internationalen Organisationen [Чекаленко Л. Пошук

ßere Politik unabhängig zu bestimmen“[14], „Souveränität bedeutet die Fähigkeit des Staates, seine Funktionen zu verwirklichen“[15]; „Souveränität bedeutet die Fähigkeit der rechtlich frei von äußeren Kräften agierenden Staatsmacht zur ausschließlichen Selbstbestimmung“[16].

Es sind also ein paar der bekanntesten Definitionen des Begriffs der Souveränität angeführt, die sie als Macht oder ihre Eigenschaft, Hoheit und Unabhängigkeit der Staatsmacht oder des Staates und eine Fähigkeit definieren.

Für die Klärung der Funktion und der Rolle der Souveränität im Völkerrecht sollen alle oben angeführten Definitionen detailliert untersucht werden.

2. Die bekanntesten Definitionen

Die Souveränität bedeutet aus dem Lateinischen „superanus“ höher, hoheitlich. Souveräne Macht ist eine hoheitliche Macht, da es um die Zuständigkeiten geht, die der Staat als Gewalt im Verhältnis zu den anderen Rechtssubjekten auf seinem Territorium verwirklicht.

Die Staatsmacht hat Monopol über die Rechtssetzung, über das legitime Verwenden der Gewalt auf dem Staatsterritorium für den Schutz innerhalb der Staatsgrenzen und gegen Interventionen von außen[17]. Die Staatsmacht verfügt über die speziellen Einflussmittel[18], und sie hat genug Autorität, um Zwang anzuwenden[19]. Sie bestimmt die einheitliche Rechtsordnung in der Gesellschaft, die Zuständigkeiten der Staatsorgane, Rechte und Pflichten der Funktionäre und

---

прийнятних моделей взаємовідносин суверенної держави та міжнародних організацій: http://www.personal.in.ua/article.php?ida=160]

14 Jones Robert A. The Soviet Concept of „Limited Sovereignty“ from Lenin to Gorbachev. The Brezhnev Doctrine, Macmillan 1990, 337 P., p. 20.

15 Uschakov N. Staat im System der völkerrechtlichen Regelung [Ушаков Н.А. Государство в системе международно-правового регулирования. – Москва 1997], 62 S., S. 12.

16 Ellinek G. Allgemeine Staatslehre [Еллінек Г. Общее учение о государстве. – СПб.: Изд-во «Юридический центр Пресс», 2004], 752 S., S. 463.

17 Kremen T. Staatssouveränität in den Zeiten der Globalisierung [Кремень Т. Державний суверенітет у добу глобалізації // Політика і час. – №10. – 2003], S. 36 – 41.

18 Korkunov N. Vorlesungen zur allgemeinen Rechtslehre [Коркунов Н.М. Лекции по общей теории права. СПб., 1909], S. 241 –246.

19 Schevtsov V., op. cit.

der Bürger[20], sowie Freiheitseinschränkungen dritter Personen, die im Interesse der ganzen Gesellschaft nötig sind[21].

Die Macht des Staates ist die höchste Macht und bedeutet das Nichtvorhandensein der Verwirklichung der Macht eines anderen Staates auf seinem Territorium, falls sie nicht zugestimmt hat[22]. Sie hat das Recht, das Resultat der Verwirklichung der anderen Macht aufzuheben oder als nichtig zu erklären. Die Macht des Staates ist die Hoheitsmacht und deshalb entsprechend der angegebenen Definition souverän. Die Souveränität bedeutet also das Vorhandensein des einzigen Subjekts der Entscheidungen im Staat in der Bestimmung seines Verhaltens und seiner Politik[23].

Obwohl man die Souveränität oft mit der Macht verbindet, ist sie doch, meiner Meinung nach, ein weiterer Begriff als Macht. Außerdem, da die Tendenz zur Entwicklung der Machtbeziehungen der internationalen Organisationen in Bezug nicht nur auf ihre Mitgliedstaaten, sondern auch auf natürliche und juristische Personen immer stärker wird, neigen die Theoretiker dazu, die Souveränität im Sinne von Macht nicht mehr nur den Staaten, sondern auch den internationalen Organisationen zuzuschreiben. Es kommt auch oft vor, dass sie meinen, dass die Souveränität des Staates überhaupt verschwindet. Solche Behauptungen dienen als Beweis dafür, dass die entsprechenden Gelehrten die Souveränität nicht als ausschließliche und hoheitliche Macht im Staat definieren.

Die Souveränität ist also nicht die Macht.

Wenn man die Souveränität als Hoheit und Unabhängigkeit betrachtet, so kann man bemerken, dass die Autoren auch in diesem Fall die Souveränität mit der Macht verbinden.

So z.B. wird die Souveränität des Staates als Hoheit auf seinem Territorium und Unabhängigkeit in den internationalen Beziehungen definiert[24]. So kann der Staat frei seine Funktionen verwirklichen.

---

20 Ibid.

21 Ryabov S., Tomenko M. Grundlagen der politschen Theorie: Lehrbuch [Рябов С.Г., Томенко М.В. Основи теорії політики: Підручник. – Київ: Тандем, 1996], S. 192.

22 Durdenevskyy V., Lazarev M. Fünf Prinzipien der friedlichen Koexistenz [Дурденевский В.Н., Лазарев М.И. Пять принципов мирного существования. – М., 1958], S. 93; siehe auch Yakubova T. Transformation der Staatssouveränität im Kontext der modernen europäischen Integrationsprozesse [Якубова Т. Трансформація державного суверенітету в контексті сучасних європейських інтеграційних процесів // Вісник Львівського університету. Серія: Філософські науки. – Вип. 4. – 2002], S. 352.

23 Bagwell Kylie, Staiger Robert W. National Sovereignty in an Interdependent World in: Working Paper 10249, National Bureau of Economic Research, INC, Cambridge, Jan. 2004, 48 P., p. 11.

24 Durdenevskyy V., Lazarev M., op.cit.

Die Hoheit ist ein unabdingbarer Teil der Staatssouveränität, der die Macht über das Territorium und die Leute einschließt[25], d.h. das Recht auf ausschließliche Jurisdiktion bezüglich aller Personen und Gegenstände auf dem Staatsterritorium[26]. Die Hoheit bedeutet, dass der Staat seine Tätigkeit im Einklang mit seiner Rechtsordnung durchführt[27], und keine andere Macht kann ihn rechtlich hindern, diese Ordnung zu ändern[28]. Die Hoheit des Staates ist die Folge dessen, dass es über der Staatsmacht keine andere höhere Macht gibt, die die neuen Zuständigkeiten des Staates bestimmen oder die alten einschränken könnte und die Unterordnung der Staatsmacht unter sich selbst verlangen könnte[29]. Die Unabhängigkeit der Staatsmacht bedingt die Hoheit im Inneren. Sie bedeutet politische Selbständigkeit des Staates im Verhältnis zu den äußeren Subjekten[30].

Die oben analysierten Definitionen wurden im Prozess der Entwicklung der Lehre über die Souveränität gebildet. Sie sind aber sehr abstrakt, und trotz ihrer Popularität werden sie unterschiedlich wahrgenommen, verstanden und erläutert.

In diesem Zusammenhang sehr aktuell ist die Frage nach der Souveränität der Staaten, die zerfallen. Es geht um die failed states wie Jemen[31], Sierra Leone, Somalia, Kongo, Ruanda, Sudan u.a. Wenn man die Souveränität mit der Macht assoziiert, so fehlt sie in diesen Staaten oft, d.h., dass entsprechend der Auslegung der Souveränität als Macht auch die faktische Souveränität fehlt. Aber wenn die Souveränität Hoheit und Unabhängigkeit bedeutet, so gibt es wieder ein Problem mit den failed states. Sie sind immer noch Staaten und sind ja doch souverän[32]. Dann kann man zu dem Schluss kommen, dass die Souveränität nur die rechtlich anerkannte Unabhängigkeit eines bestimmten Staates ist, weil die Hoheit faktisch felt, und die Unabhängigkeit durch das internationale Recht anerkannt ist[33]. Es ist aber nicht korrekt, meiner Meinung nach, die Souveränität lediglich als Unabhängigkeit zu bestimmen.

---

25 Tunkin G., op. cit., S. 15 – 20.

26 Chimenes de Aretschaga E.Modernes Völkerrecht [Аречага Э.Х. Современное международное право. – M., 1983], S. 85.

27 Gapotiy V., op. cit., 200 S., S. 26.

28 Ellinek G., op. cit., S. 464.

29 Uschakov N. Souveränität im modernen Völkerrecht [Ушаков Н.А. Суверенитет в современном международном праве. – Москва 1963], S. 16.

30 Schevtsov V., op. cit., S. 43.

31 Günter Lerch Wolfgang Die Arabische Revolution in: Die Politische Meinung. Monatsschrift zu Fragen der Zeit, 56. Jahrgang, Nr. 498, Mai 2011, S. 42 – 47, S. 45.

32 Krasner Stephen D. Power, the State, and Sovereignty. Essays on International Relations, Routledge 2009, 312 P., p. 234.

33 Donald W State Responsibility, Sovereignty and Failed States, 2004: http://www.adelaide.edu.au/apsa/docs_papers/Others/potter.pdf

Somit ist die Souveränität nicht Macht, nicht Hoheit und nicht Unabhängigkeit, einzeln oder zusammen betrachtet.

Man soll sich an die Quelle wenden um klarzustellen, welche der Definitionen den Inhalt der Souveränität am besten widerspiegelt, d.h. welche von ihnen die Souveränität als Erscheinung bestimmt. Solche Quelle ist, meiner Ansicht nach, die Geschichte des Begriffs sowie des Phänomens Souveränität.

3. Die Geschichte des Begriffs der Souveränität

Der Sozialwissenschaftler Jürgen Dennert meint, dass die Geschichte immer für die Erscheinung der Begriffe sehr wichtig ist, besonders wenn sie unklar und widersprüchlich sind. Das betrifft auch die Souveränität. Der Autor betrachtet die viele Jahrhunderte alte Geschichte dieses Begriffs sowie die Theorien der Gelehrten des Mittelalters[34].

Auch Helmut Quaritsch forschte nach der Quelle des Begriffs der Souveränität. Seine Ergebnisse tragen viel zu dieser Dissertation bei.

Die Geschichte des Begriffs beginnt bei H. Quaritsch mit dem Oxford Psalter aus dem Jahre 1120, wo das Wort „Souveränität" zum ersten Mal erwähnt wurde[35]. Es bezeichnete die „Spitze". Nach dreißig Jahren konnte man wieder das Wort „souveraigne" im „Roman de Thèbes" im Sinne von „vorrangig" finden.

Der Begriff entwickelte sich schnell und bekam eine religiöse Prägung. Die Rolle der Religion in der damaligen Gesellschaft hat zur Entwicklung des Begiffs i.S. von „hoheitlich" oder „vorrangig" beigetragen. Im Mittelalter wurde die Welt mit Hilfe der religiösen Terminologie begriffen. Damalige Philosophie konzentrierte sich auf das Problem der Beziehungen zwischen Gott, dem Menschen und der Welt[36]. Gott wurde als «sovereign pere» (souveräner Vater) begriffen, und wegen des Bewusstseins des Gehorsams gegenüber Gott benutzte man den Begriff von dieser Zeit an für die Bezeichnung der hoheitlichen Position. Somit bedeutete die Souveränität im XIII. Jh. hoheitliche Position des Herrschers „auf seinem Land" und im Rahmen seiner Kompetenzen. Subjekte der Kompetenzen im XIII. – XIV. Jh. waren Souverain du Compte, Souverain du

---

34 Dennert Jürgen Ursprung und Begriff der Souveränität. Sozialwissenschaftlichen Studien, Heft 7, Stuttgart: Gustav Fischer Verlag, 1964, 124 S.

35 Quaritsch Helmut Souveränität: Entstehung und Entwicklung des Begriffs in Frankreich und Deutschland vom 13 Jh. bis 1806 in: Schriften zur Verfassungsgeschichte, Band 38, Berlin: Duncker und Humblot, 1986, S. 13.

36 Kemerova T. Weltgeschichte. Praktische Ausgabe [Кемерова Т.Ю. Всесвітня історія. Практичний довідник. – Харків: ФОП Співак Т.К., 2009], S. 157.

Thresor, Souverain Maister d'Hotel du Roi usw.[37] Sie waren Hoheitsherrscher im Rahmen ihrer Kompetenzen und nur sie hatten die Zuständigkeiten für ihre Verwirklichung. Die Entscheidungen, die sie im Rahmen dieser Kompetenzen trafen, waren absolut. Das Absolute im Mittelalter betrifft eine konkrete Kompetenz. Es bedeutet, dass man die absolute Entscheidung nur im Rahmen dieser Kompetenz fassen kann. Unter dem „Absoluten" versteht man also, dass einzigkompetent nur der gegebene Herrscher ist – Souverän, der vor niemandem Verantwortung trägt.

Außerdem entschieden diese Hoheitsherrscher über die Rechtsstreite in letzter Instanz, und der Herrscher, der die Fragen in letzter Instanz entschied, wurde als souverän betrachtet. Es war die Eigenschaft des Organs, souverän zu sein. Die Bediensteten niedrigerer Stellen konnten über eine konkrete Frage nur auf Grund des schriftlichen Auftrages des Souveräns entscheiden.

Da die Souveränität damals bestimmte Funktionen bezeichnete, wurde sie nicht nur im Singular, sondern auch im Plural verwendet – Souveränitäten. Die Souveränität war Merkmal solcher Tätigkeitsarten wie z.B. der Rechtssprechung, die von souveräner Institution – dem Königsgericht, dessen Entscheidungen endgültig, d.h. souverän waren - verwirklicht wurden.

Mit der Zeit begannen alle Schichten der Bevölkerung den König als Garant der Rechtsordnung zu betrachten. Die Bürokratie (Verwaltungsapparat), auf die sich der König stützte und die sich im Mittelalter entwickelte[38], verstärkte sich. Man begann, dem König und seinen Beamten die Souveränität zuzuschreiben. Wegen der königlichen Zuständigkeiten im Bereich der Rechtssprechung im XIII. – XV. Jh. hat die Königsmacht als allgemeine Zuständigkeit an Bedeutung zugenommen. Es geht nicht mehr um die Zuständigkeiten in konkreten Bereichen.

Auf dieser Entwicklungsstufe der Gesellschaft bedeutet also die Souveränität Endgültigkeit, Alleinkompetenz und Hoheit.

Im XVI. Jh. beginnt die Ära der Entwicklung der Lehre über die Souveränität. Dank Jean Bodin kann man sich den Begriff der Souveränität seines Jahrhunderts genauer ansehen. Seine Arbeit „Les Six Livres De La Republique" haben Gelehrte wie A. Dock, M. Imboden, T. Kemerova sowie viele andere analysiert.

Die Souveränität bei Bodin hat eine andere Bedeutung als vorher im Mittelalter. Jetzt benutzte man den Begriff im Zusammenhang mit der königlichen

37 Quaritsch Helmut,op. cit., S. 27.
38 Dennert Jürgen, op. cit., S. 37.

Macht. Man spricht nicht mehr von den „Souveränitäten", sondern nur von der „Souveränität"[39].

Es gibt nur einen Souverän, über dem nur Gott und Natur stehen, die man als Souveränitätsschranken verstand. Die Entscheidungen des Souvärens, die ihnen nicht entspachen waren nichtig. Die Schranken der Souveränitätsverwirklichung im Verhältnis zu den auswärtigen Fürsten waren die Verträge, die er selbst mit ihnen abgeschlossen hatte.

Entsprechend den Auslegungen von Jean Bodin besteht die Souveränität in der Gesetzgebungskompetenz des Souveräns. Der Souverän als die höchste Instanz verwirklicht sie zusammen mit den Beamten, deren Zuständigkeiten Bestandteile der Gesetzgebungskompetenz sind. Die Zuständigkeiten sind Sachkompetenzen, und die Kompetenzen sind die Gegenstände der Entscheidungen. Über solchen Entscheidungen erscheint die Staatsgewalt. Sie können durch dritte Personen nicht überprüft werden. Sie werden unabhängig vom Willen ihrer Adressaten getroffen.

Alle diese Elemente machen solche Entscheidungen absolut[40]. Auch zeitlich soll die Souveränität absolut sein. Die zeitliche Beschränkung der Möglichkeit, Entscheidungen zu treffen, konstituiert, nach Ansicht von J.Bodin, keine Souveränität[41].

Daher sind Absolutheit und Ständigkeit das Wesen des Begriffs der Souveränität bei Bodin.

Das Absolute in der Souveränität von Bodin bedeutet, dass die Entscheidungen unabhängig auf Dauer getroffen werden und dass sie autonom sind. Es bedeutet, dass sie frei von jedem anderen Einfluß sind und nur der Souverän kompetent ist, sie zu treffen. Die souveräne Macht des Herrschers ist die erste und höchste, eigene und dauernde. Über dieser Macht gibt es nichts mehr. Diese Macht ist nicht verpflichtet jemandem zu gehorchen[42]. Von da stammen heutzutage die absolutistischen Interpretationen der Souveränität, die aber in der modernen interdependenten Welt, in der die Souveränität völkerrechtlich Verantwortlichkeit vorsieht[43] „gefährlich"[44] sind, weil sie sowohl nach innen als auch nach außen nur eigenes Interesse fördern, was nicht nur zu Agression, sondern

---

39 Quaritsch Helmut, op. cit.

40 Ibid.

41 Dennert Jürgen, op. cit., S. 59.

42 Dock A. Souveränitätsbegriff von Bodin bis zu Friedrich dem Großen. Neudruck der Ausgabe Strassburg 1897, Scientia Verlag Aalen, 1972, S. 11.

43 Gammeltoft-Hansen Thomas, Aalberts Tanja E., op. cit., p. 9.

44 Newman Michael Democracy, Sovereignty and the European Union, New York: St. Martin's Press, 1996, 236 P., p.10.

auch zu globalen Konsequenzen führen kann. Darum darf die Souveränität nicht als Waffe ausgenützt werden[45].

Aber für die damalige Zeit war die absolutistische Interpretation logisch: Die Bedingungen waren anders, und das Verständnis der Notwendigkeit der Revision dieser Interpretation ist erst mit der Zeit gekommen.

Also, der Soverän war absolut. Obwohl er durch die Gottesgesetze und das Naturrecht beschränkt war, konnte der Verstoß gegen sie nicht überprüft oder beklagt werden. Man konnte also nur mit dem Gewissen des Souveräns rechnen[46]. Die Entscheidungen, die er traf, waren bis zum Widerruf durch ihn selbst, seinen Nachfolger oder das Gericht nach dem Tod dieses Souveräns gültig[47].

Zweck der Entscheidung, wie damals als auch heute, ist die Erhaltung des inneren und des äußeren Friedens sowie des Wohlstands des Staates. Nach der Meinung von Adolf Dock besteht die Souveränität in der Verteidigung und Verwaltung für Sicherheit und Wohlstand des Staates[48]. Solcher Inhalt der Souveränität stimmt mit dem Zweck der Staatsgründung überein[49]. Denn das Interesse, der Wille zur Existenz geben den Anstoß zur Gründung des Staates, und, wenn er gegründet ist, zur Verlängerung seiner Existenz. Das Interesse ist ein „begriffenes Bedürfnis“[50], das von den besonderen Bedingungen der Existenz des Staates bestimmt wird. Es geht unter anderem um geographische Lage, Größe des Territoriums, Versorgung mit Rohstoffen, Besonderheiten der Nationalitäten, historische Traditionen, internationale Beziehungen usw. Das Interesse des Staates ist das höchste Interesse, bei dessen Anerkennung gleichzeitig die Hoheit der Staatsmacht, die dieses Interesse sichert, anerkannt wird[51]. Das Bewusstwerden der allgemein wichtigen Interessen der Bevölkerung ist eine notwendige Bedingung der Selbsterhaltung und der Funktionalität des Staates[52].

---

45 Jones Robert A., op. cit., p. 257.

46 Quaritsch Helmut, op. cit., S. 51, Dock A., op. cit., S. 46, Imboden Max Johannes Bodinus und die Souveränitätslehre. Rektoratsrede gehalten an der Jahresfeier der Universität Basel am 22 November 1963 in: Basler Universitätsreden, 50 Heft, Basel: Verlag Helbing&Lichtenhahn, 1963, S. 10.

47 Quaritsch Helmut, op. cit., S.52.

48 Dock A., op. cit., S. 44.

49 Dmytriyev A. Institut der dauernden Neutralität im Völkerrecht [Дмитрієв А.І. Інститут постійного нейтралітету в міжнародному праві. – К.: ТОВ "Юридична думка", 2005], S. 140.

50 Buromenskyy M., Kudas I., Mayevska A Völkerrecht: Lehrbuch [Буроменський М.В., Кудас І.Б., Маєвська А.А. та ін. Міжнародне право: навчальний посібник за ред.. М.В. Буроменського. – К.: Юрінком Інтер, 2005], 336 S., S. 12, 13.

51 Machiavelli N. Florenzchroniken. Der Fürst. [Макіавеллі Нікколо Флорентійські хроніки. Державець. Пер. Анатоля Перепаді. – Харків «Фоліо», 2007], 511 S.

52 Gapotiy V., op. cit., S. 63 .

Der Staat ist also am Wohlstand interessiert, da er auf solche Weise sein Interesse oder den Existenzwillen sichert, was er mit Hilfe von Gewalt und Zwang verwirklicht. Diese sind für das Treffen einer bestimmten Entscheidung notwendig. Dementsprechend ist die Entscheidung, der der Wille und die Gewalt vorangehen und die der Sicherung des Friedens und des Wohlstands dient, die Folge der Souveränität. Das heißt, dass solche Entscheidung auf Grund dessen angenonmen wird, dass die Souveränität vorhanden ist und dem Zweck ihrer Weiterexistenz dient.

Für die Sicherung des Existenzinteresses des Staates verfügt er über bestimmte Zuständigkeiten, die als Existenzmittel des Staates betrachtet werden können. Jean Bodin nennt sie „summum imperium“[53]:

- Gesetzgebung als Attribut der Hoheitsgewalt[54]. Über die Gesetzgebung und Entscheidungsfassung erscheint die souveräne Gewalt[55].
- Ernennung der Höchstbeamten und Bestimmung ihrer Zuständigkeiten. Der Souverän als Staatsorgan verfügt über die souveräne Gewalt[56]. Voraussetzung dessen ist der Wille des Herrschers[57]. Mit Hilfe der Rechtssetzung übergibt er seine Zuständigkeiten für die Verwirklichung der Staatsgewalt den untergeordneten Organen – den Beamten. Sie arbeiten zusammen und geben das Recht weiter. Sie sind aber tätig nicht Kraft eigenen Rechts, sondern im Auftrag des Subjektes der souveränen Gewalt. Sie erfüllen das Recht. Grenzen ihrer Handlungen sind Schranken ihrer Kompetenz[58].
- Das Kriegführen und der Abschluss des Friedens. Da die Souveräne keinen Richter über sich haben, antworten sie auf den ihnen zugefügten Schaden mit der Waffe[59]. Dieses Recht dient der Verteidigung des Staates. Andere

53 Dock A., op. cit., S.40.
54 Imboden M., op. cit.,S. 21.
55 Quaritsch Helmut, op. cit., S. 50.
56 Dock A., op. cit., S. 68.
57 Imboden M., op. cit., S. 9.
58 Dock A.,op. cit., S. 91, 92.
59 Ibid., S. 85.

sekundäre Rechte sind das Recht die Soldaten zu werben, Offiziere zu ernennen und Waffen herzustellen.

- Die Kompetenz zu bestrafen und auszuzeichnen[60]. Der Souverän ist die Quelle aller richterlichen Gewalt[61]. Der Richter erfüllt das Recht im Auftrag des Souveräns, der die letzte Appelationsinstanz in den Rechtsstreiten und das Recht hat, zu bestrafen oder zu begnadigen. Das Verhängen von Sanktionen ist im Mechanismus der Rechtsverwirklichung (Rechtssprechung) für den Wohlstand des Staates notwendig[62].
- Das Münzrecht. Das Recht ist für die Sicherung des Handels notwendig. Über dieses Recht verfügt allein der Souverän[63].
- Das Recht auf die Besteuerung ist das Mittel der Sicherung des Wohlstands und Sicherheit des Staates. Es ist das Mittel zur Existenz des Staates[64].

Diese Existenzmittel sind Instrumente der Souveränität, die ihrer Verwirklichung dienen und die die Gegenstände der entsprechenden Entscheidungen sind.

Die Souveränität ist letztendlich das Wesen der Existenz des Staates, das aus dem Existenzinteresse, dem Willen, der Gewalt, der Entscheidung und dem Zwang besteht.

Für die Bestätigung dieser These soll man, meiner Meinung nach, die Erscheinung der Souveränität historisch behandeln sowie die Souveränität des Staates im Verhältnis zur Volkssouveränität betrachten.

4. Die Geschichte der Erscheinung der Souveränität

Viele Autoren behaupten, dass die Herkunft und Geschichte der Souveränität und des Staates dieselben Wurzeln haben, besonders geht es um die Entwicklung der zentralisierten Macht und des administrativen Systems der politischen Kontrolle[65].

---

60 Quaritsch Helmut, op. cit., S. 80.

61 Dock A., op. cit., S. 79.

62 Ibid., S. 82.

63 Ibid., S. 102.

64 Ibid., S. 105, 106.

65 Camilleri Joseph A. Rethinking Sovereignty in a Shrinking, Fragmented World in: Contending Sovereignties: Redefining Political Community, R.B.J. Walker and Saul H.

Da die Souveränität mit der Staatlichkeit verbunden ist[66], wird vermutet, dass ihre histrorische Entstehung mit der Entstehung des Staates selbst verbunden ist. Dementsprechend, existiert die Souveränität seitdem der Staat existiert[67].

Alle Änderungen in der Geschichte des Staates und des Rechts sind die Folgen des Prozesses der Anpassung an die bestehenden Bedingungen des innerstaatlichen und internationalen Lebens der Gesellschaft[68]. Die Souveränität existiert nicht gesondert von Zeit und Raum, von der Geschichte; die Zusammenhänge und Bedingungen ändern sich. Es gibt die Meinungen, dass sich bei diesen Änderungen auch die Souveränität transformiert [69].

Die Souveränität entstand als Qualität des Staates, und mit der Transformation der historischen Bedingungen ändert sich auch die Idee über die Souveränität[70]. Man glaubt, dass sie eine dynamische Erscheinung ist, die ständig durch die Elemente eines neuen Inhalts ergänzt wird[71].

Es gibt auch Meinungen, dass die Souveränität ein neuer Begriff ist, der seit dem Zeitpunkt der Entstehung der Ideen über die Hoheit von Bedeutung ist, d.h. die Souveränität wird als die Eigenschaft des *modernen* Staates berachtet[72].

Um herauszustellen, ob der Staat über die Souveränität seit der Entstehung des Staates oder seit der Einführung der Ideen über die Souveränität verfügt, soll die Erscheinung der Souveränität untersucht werden. Dafür muss man nach den Hauptmerkmalen und Elementen der Souveränität forschen, die immer existierten und sich erst im XVI. Jh. zur einheitlichen Theorie entwickelten. Da vermutet wird, dass die Souveränität gleichzeitig mit dem Staat entstanden ist, soll die Geschichte der Gründung und Entwicklung des Staates im Zusammenhang mit den allgemein anerkannten Definitionen der Souveränität behandelt werden.

Nehmen wir also an, dass die Souveränität im Altertum entstanden ist. Es geht um die Zeiten der Staatengebilde – Zusammenschlüsse der Bewohner eines Territoriums in die Organisationen mit den Verwaltungszentren – Organen, die

---

Mendlovitz (ed.), Boulder USA, 1990, p. 13 – 44, p. 15; siehe auch Dmytriyev A., op. cit., S. 140.

66 Tschekalenko L., op. cit.

67 Feduschtschak-Paslawska Ganna Politisch-rechtliche Idee der Souveränität der staatlichen Gewalt und ihre Verwirklichung in der Staatsentwicklung der Ukraine: Dissertation [Федущак-Паславська Г.М. Політико-правова ідея суверенітету державної влади та її реалізація в державотворенні України: Дис… канд. юрид. наук: 12.00.01 / Львівський національний ун-т ім. Івана Франка. – Л., 2000], 195 S., S. 7.

68 Haltern Ulrich Was bedeutet Souveränität? Mohr Siebeck Tübingen, 2007, S. 12.

69 Ibid., S. 1; 9.

70 Moiseev A., op. cit., S. 13.

71 Gapotiy V., op. cit., S. 5.

72 Ibid., S. 22 – 24.

die Zuständigkeiten hatten, die für das Funktionieren des Mechanismus dieser Organisationen notwendig waren[73].

Die Entstehung des Staates war die Folge der Ungleichheit sowie demographischer und wirtschaftlicher Entwicklung. Die Arbeitsproduktivität fürte zu einem Überschuss der Lebensmittel. Ab jetzt war es möglich, den Staat durch die Natur- und Geldsteuer zu erhalten und ihn zu verwalten.

Das effektive Funkionieren des rechtlichen, wirtschaftlichen und militärischen Bereichs gewährleisteten die eigenen Existenzmittel des Staates und seine Autarkie.

Gemeinsame Merkmale der Altertumstaaten waren das Vorhandensein des Territoriums, des Verwaltungsapparates, des Militärs, des Subjektes der Entscheidung und der Besteuerung. Das bedeutet, dass alles dafür da war, um diese organisierte Form des Gesellschaftlebens zu gewährleisten.

Manche Autoren meinen, dass diese Staaten über die Souveränität verfügten. Sie entstand und erschien als Hoheit und bestand als Idee der Befestigung und Zentralisierung der Macht[74].

Die Entwicklung des modernen Verwaltungsapparates begann im Mittelalter[75]. Die Hauptaufgabe der Verwalter war die Sicherung des Friedens. So wurde am Ende eines der Kriege ein zwischenstaatlicher Vertrag – Westfälischer Frieden - abgeschlossen. Mit diesem Vertrag wurde zum ersten Mal das Prinzip der gleichen Souveränität aller Staaten proklamiert.

Tatsächlich beginnt erst jetzt die Entwicklung der modernen Staaten und modernen internationalen Beziehungen; entsteht Kapitalismus; entwickeln sich die Wissenschaft und Technik sowie die Industrie und der Welthandel; alles, was die Grundlage der moderenen Zivilisation ist. Es geht auch um die Demokratie mit den Wahlorganen, Wahlrechten und mit der Gewaltenteilung.

Im Laufe der Jahrhunderte entwickelten sich die Staaten und zerfielen, sie wurden aber als die Staaten betrachtet, jeder mit seinem Verwaltungssystem und seiner Willensfreiheit, obwohl sie sie sich weit voneinander entfernt befanden und unterschiedliche Formen der inneren Organisation hatten. Ihre selbständige Existenz beruhte auf der selbständigen Gewährleistung von allem Notwendigen für das Leben. Das Gemeinsame bei ihnen war, dass jeder Staat einen selbständigen Verwaltungsmechanismus hatte und mit Hilfe verschiedener Mittel eigene Interessen unterstützte. Das Hauptinteresse war dabei das Existenzinteresse:

73 Die historischen Daten der Entstehung des Staates sind von Kemerova T. aufgenommen

74 Siehe Moiseev A., op. cit., S. 14.

75 Siehe Dennert Jürgen, op. cit., S. 37.

„For the ancient States … the independence and supremacy of power mainly meant the continuous struggle for preserving the State's existence and for extending its domination“[76].

Dabei meint George Elian mit der "independence and supremacy of power" das heutige Verständnis der Souveränität. Er vergleicht damit die Souveränität mit dem Kampf um eigene Existenz. Auch das "extending its domination" hatte eigene Sicherheit, die die Weiterexistenz gewährleistet, zum Ziel. Darum ist der natürliche Wille zur „Erweiterung der Dominanz“ unverzichtbare Eigenschaft der Souveränität.

Die Souveränität war also gleichzeitig mit der Staatengründung entstanden. Die Autarkie des Verwaltungsapparates, das Vorhandensein der Gewaltelemente, der Möglichkeiten der Eintscheidungsfassung und der Verwendung des Zwangs – alle diese Elemente waren immer das Mittel zur Verwirklichung des Willens und des Interesses zur Existenz.

5. Die Volkssouveränität

Subjekte des Willens und des Interesses zur Existenz können der Staat und das Volk (Nation) sein. Die Idee des Nationalismus, des Kampfes für die nationale Unabhängigkeit entstand im XVII. Jh. nach der Entstehung der Souveränitätsideen.

In Nordamerika z.B. führten solche Voraussetzungen wie die wirtschaftliche Entwicklung, Erhöhung der Bevölkerungszahl, Störung der selbständigen Verwaltung in den Kolonien durch die englische Regierung zum Kampf für die Unabhängigkeit, der auch Erfolg hatte. Nach dem Abschluss des Vertrages von Paris, in dem England die Unabhängigkeit eines neuen Staates anerkannt hatte – der Vereinigten Staaten von Amerika - wurde die Verfassung verabschiedet. Nach der Verfassung des Jahres 1787 beruhte der Staatsaufbau auf den Grundsätzen der Volksmacht und der Gewaltenteilung in Exekutive, Legislative und Judikative. Nach zwei Jahren wurde die Bill of Rights verabschiedet, welche die Bürgerrechte proklamierte[77]. Die USA hatten freundliche internationale Beziehungen mit England und Russland, sie waren die ersten, die die Französische Republik anerkannt hatten.

Die Französische Republik entstand in Folge der Revolution, auf die der Erfolg der Revolution in den USA Einfluß hatte. Die Gründe der Revolution waren die bürgerliche Ungleichheit, die Wirtschaftskrise, die Unfähigkeit der Staats-

76 Elian George The Principle of Sovereignty over Natural Resources, The Netherlands: SIJTHOFF&NOORDHOFF 1979, 238 P., p. 1.

macht die Situation zu beeinflussen und nationale Probleme zu lösen. Während der Revolution wurden die Selbstverwaltungsorgane in den Städten sowie die Nationalversammlung gegründet. Im Jahre 1789 wurde die Deklaration der Menschen- und Bürgerrechte verabschiedet, die die Standesprivilegien abgeschafft hat. Die Nation wurde die einzige Machtquelle. Nach zwei Jahren wurde die Verfassung verabschiedet, die die Gewaltenteilung eingeführt hat. Die Hoheit der Repräsentationsorgane wurde gefestigt. Die Revolution in Frankreich war der erste Schritt zur Gestaltung der Rechtstaatlichkeit und bürgerlichen Gesellschaft, sie hatte einen großen Einfluß auf die Entwicklung Europas[78].

Eine theoretische Grundlage für die Verwirklichung der Rechte der Völker auf Selbstbestimmung haben die Naturrechtler geschaffen. Sie haben die Idee des Gesellschaftsvertrags entwickelt, der zur Gründung der organisierten Form des Gesellschaftslebens abgeschlossen worden war.

Die Naturrechtler behaupteten, dass das Volk seine Macht mittels des Gesellschaftsvertrages den Herrschern übergibt oder delegiert. Wenn die Herrscher die erhaltene Macht missbrauchen, so kann das Volk die Regierungsform ohne Zustimmung der Herrscher ändern. Der Träger der Hoheitsmacht ist das Volk, das das Recht hat, sie dem Gesetzgebungsorgan zu übergeben. Im Falle der Nichtübereinstimmung der Handlungen dieses Organs mit dem Volkswillen soll es gewechselt werden[79].

Die Voraussetzung für diese Theorie war die Tatsache, dass die Völker im Laufe der Jahrhunderte auf die eine oder andere Weise Einfluss auf die Verwaltung der Staaten hatten. Noch im altertümlichen Rom waren die Bürger in den Machtorganen vertreten, das Recht wurde durch die Volksversammlungen erlassen, diese haben auch die Höchstbeamten gewählt, den Krieg erklärt und die endgultigen Entscheidungen bezüglich der Todesurteile getroffen.

Die Entstehung der Repräsentativmonarchie war mit der Einführung des römischen Rechts in Europa verbunden, das das Prinzip „quod omnes tangit, debet ad omnibus adprobari“ anerkannte („das, was sich auf alle bezieht, soll von allen entschieden werden“). Jetzt gestalteten sich die Repräsentativorgane in die Staatsorgane um. In England bekam dieses Organ den Namen Parlament, in Frankreich – Generalstaaten und Provinzassembleen, in Spanien – Kortesse, in Deutschland – Reichstag und Landtage, in Tschechien – Seim usw. Alle diese Repräsentativorgane hatten eine unterschiedliche Zusammensetzung und einen unterschiedlichen Umfang der Zuständigkeiten. In Frankreich und Spanien z.B. schlossen sie den Adel, die Geistlichkeit und die reichen Städter ein; in der

78 Die historischen Daten: siehe Kemerova T.

79 Juristische Enzyklopädie, Band 1, 2, 3 [Юридична енциклопедія. – К.: "Українська енциклопедія" ім. М.П.Бажана, „Derzava“, Kyiv 1998. – Т. 1, 2, 3], B.3, c. 520, 768.

Schweiz die Landleute usw. Diese Organe sollten bestehende Probleme lösen und die innere Stabilität sowie den außenpolitischen Kurs unterstützen.

Aufgrund dieser historischen Fakten betrachteten die Naturrechtler das Volk als die Quelle der Zuständigkeiten aller Staatsorgane[80]. Jean-Jacques Rousseau glaubte, dass die einzige Form der Verwirklichung der Volksmacht nur die Volksversammlung sein konnte. Der Ausdruck des gemeinsamen Willens mittels der Repräsentation ist, seiner Meinung nach, nicht möglich, weil, wenn die Interessen des Volkes durch Einzelmitglieder der Gesellschaft vertreten werden, so machen sie es durch das Prisma der eigenen Interessen[81].

Aber die Volkssouveränität besteht darin, dass sie die Verkörperung des gemeinsamen Willens ist. Manchmal stimmt der Wille des Einzelnen mit dem gemeinsamen Willen überein. Diese Übereinstimmung ist aber nicht dauernd, weil der Wille des Einzelnen naturgemäß zu Vorteilen neigt, und der gemeinsame Wille zur Gleichheit[82]. Der Souverän - in diesem Fall das Volk - ist die Kollektivperson. Nach dem Naturvertrag besteht der Souverän aus den Privatpersonen. Es können keine Interessen existieren, die den gemeinsamen Interessen dieser Personen widrig sein könnten. Die nationale Souveränität (oder die Volkssouveränität) ist dann erreicht, wenn ein bestimmter Grad der Kontrolle der Gesellschaft über das Individuum besteht[83]. Deshalb ist das Individuum im Vergleich zur Nation benachteiligt. Wenn die Nation ihren hoheitlichen Willen ausgeübt hat, hat das Individuum kein Instrumentarium gegen diesen Willen[84]. Gegen die Regierung kann das Individuum passiv oder aktiv auftreten, gegen die Nation nicht[85].

Die Souveränität des Volkes ist der gemeisame Wille zur Verwirklichung der eigenen Interessen, der Wille zur Selbstbestimmung. Dieser Wille ist für das Schicksal des Volkes entscheidend. Die Ziele, die vor der Nation stehen, sind ihr Nationalinteresse, das die Voraussetzung der nationalen Souveränität ist[86].

---

80 Schapoval V. Verfassungsrecht der ausländischen Staaten: Lehrbuch [Шаповал В.М. Конституційне право зарубіжних країн: Навчальний посібник. – К.: «АртЕк», 2001], S. 60.

81 Ibid.

82 Rousseau J.J. Über den Gesellschaftsvertrag. Traktaten [Руссо Ж.Ж. Об общественном договоре. Трактаты: Пер. с фр. – М.: «КАНОН-пресс», «Кучково поле», 1998], 216 S.

83 Hymen Ezra Cohen Recent Theories of Sovereignty in: The University of Chicago Press, Chicago, Illinois, Jul. 1937, 169 P., p. 130.

84 Ibid., p. 132.

85 Ibid.

86 Meschtscheryakova O. Souveränität der Mitgliedstaaten der Europäischen Union und Hauptursachen der Niederlage des Vertrags über die Verfassung für Europa [Мещерякова О.М. Суверенитет государств-членов Европейского Союза и

Die nationale Souveränität ist kein „Außenerbe der Nation". Sie ist ihre Qualität, die gleichzeitig mit der Nation entsteht[87].

Die Volkssouveränität ist unteilbar und unentfremdbar. Sie kann auch nicht übergeben werden. Sie ist der Wille, und der Wille, im Gegensatz zur Macht (den Zuständigkeiten), kann nicht übergeben sondern nur verwirklicht werden.

Der Zeitpunkt der Entstehung der Staatssouveränität ist mit der Willensäußerung des Volkes verbunden. Das Volk soll bereit und fähig sein, den Anforderungen des selbständigen und unabhängigen Staates zu entsprechen. Es geht um den Sozialorganismus im Rahmen des bestimmten Territoriums, der über den universalen Umfang der Rechte und Pflichten verfügt und fähig ist, seine Bürger mit allem Notwendigen zu versorgen und ihre Sicherheit zu gewährleisten[88].

6. Volkssouveränität und Staatssouveränität

Die Staatssouveränität ist die Folge der Verwirklichung der Volkssouveränität. Solche Verwirklichung, wie z.B. die Staatsgründung, bedeutet keinen Ersatz der Volkssouveränität durch die Staatssouveränität. Sie existieren parallel. Die Souveränität des Volkes ist primär, die Souveränität des Staates sekundär. Das Volk kann die gesetzgebenden Funktionen auf ständiger Grundlage effektiv nicht erfüllen, da es nicht institutionalisiert ist[89]. Das Volk schafft eine Höchstform des Lebens der organisierten Gesellschaft – den Staat, erlaubt ihm, über die Gewaltzuständigkeiten zu verfügen und verpflichtet sich, sich ihm zu unterwerfen. Es ist die Form der innerstaatlichen Beziehungen.

Die Souveränität des Staates und die Souveränität des Volkes korrelieren wie die Form und der Inhalt[90]. Das Volk soll für die Organisierung der Beziehungen nicht nur im Inneren sondern auch nach außen mit den sich selbst Ähnlichen personifiziert sein, d.h. eine bestimmte Form haben. Der Staat ist eine solche Form.

Das Volk ist also Träger der Volkssouveränität und die Quelle der Staatssouveränität. In den demokratischen Staaten verwirklicht es seine Souveränität z.B. mittels der Repräsentationsdemokratie. Sogar in den totalitären Staaten, die

---

основные причины провала договора, устанавливающего Конституцию для Европы // Вестник РУДН: Серия: «Политология». – №1. – М.: Изд. РУДН, 2008].

87 Ibid.

88 Moiseev A., op. cit., S. 86.

89 Gapotiy V., op. cit., S. 75, 83.

90 Див.: Tschernytschenko S. Theorie des Völkerrechts. Band 2: Alte und neue Probleme der Theorie [Черниченко С.В. Теорія международного права. В 2-х томах. Том 2: старые и новые теоретические проблемы. – М.: Издательство «НИМП», 1999], S. 29.

über die Souveränität unabhängig vom Regime verfügen, gibt es die Volkssouveränität. Denn das Volk hat schon einmal seine Souveränität verwirklicht, als es die Macht gewählt hat, die totalitär ist, oder ihr Vorhandensein zugelassen hat. Es verfügt aber weiterhin über die Souveränität und kann sie jederzeit wieder verwirklichen. Jüngere Beispiele dafür sind die Revolution in Ägypten und die Jasmin-Revolution[91] in Tunesien 2011.

Generell verwirklicht das Volk seine Souveränität auch im wirtschaftlichen, politischen, sozialen und kulturellen Bereich. Es schafft ein bestimmtes Wirtschaftssystem, ein politisches System, eine soziale Struktur der Gesellschaft sowie seine Kultur.

Das Recht auf Verwirklichung der Volkssouveränität ist stets durch die höchsten Rechtsakte der Staaten gefestigt. Noch in den Resolutionen der Amerikanischen und Französischen Revolutionen des XVIII. Jh. wurde die Volkssouveränität als Quelle der Staatsgewalt proklamiert[92]:

> „It is a maxim that, in every Government there must exist, somewhere, a supreme, sovereign, absolute, and uncontrollable power; but this power resides in the body of the people, and it never was, nor can be delegated to one man, or a few, the great Creator having never given to man a right to vest others with authority over them, unlimited either in duration or degree“[93]; „de principe du toute souveraineté réside essentiellement dans la nation. Nul corps, nul individu ne peut exercer d'autorité qui n'en émane expressément“[94].

Die modernen Verfassungen mehrerer europäischer Staaten enthalten die Normen über den Ausdruck der Staatssouveränität, die vom Volk stammt.

Die Normen der Verfassung Belgiens zeugen davon, dass das Volk die Quelle der Staatsgewalt ist: „Alle Zweige der Gewalt stammen vom Volk“[95]; dasselbe bezieht sich auch auf die Verfassung Schwedens: „Die öffentliche Gewalt stammt vom Volk“[96]; die griechische Verfassung besagt Folgendes: „Die

---

91 Günter Lerch Wolfgang, op. cit., S. 42.

92 Antselewytsch G., Pokreschtschuk O. Völkerrecht: Lehrbuch [Анцелевич Г.О., Покрещук О.О. Міжнародне право: Підручник. – К.: Алерта-Пектораль, 2003], S. 58.

93 American Archives: Fourth Series, containing a documentary history of the English Colonies in North America… ed. Peter Force, Bd. 4, Washington 1842, 1268: siehe Quaritsch Helmut, op. cit., S. 122.

94 Quaritsch Helmut, op. cit., S. 123.

95 Die Koordinierte Verfassung Belgiens vom 17 Februar 1994 in: Die Verfassungen der EG-Mitgliedstaaten, München: Deutscher Taschenbuch Verlag, 1996, S.23.

96 Verassung des Königsreiches Schweden vom 1. Januar 1975 in: Die Verfassungen der EG-Mitgliedstaaten, München: Deutscher Taschenbuch Verlag, 1996, S.252.

Macht in Griechenland stammt vom Volk"[97]. In vielen Verfassungen sind die Verfassungsvorschriften über die Volkssouveränität politisch geprägt. Sie zeugen davon, dass das Volk Träger der Staatssouveränität ist, z.B. die türkische Verfassung: „Die Souveränität gehört der Nation ohne jede Beschränkung und Bedingung"[98]; die italienische Verfassung: „Die Souveränität gehört dem Volk, das sie in den Formen und Grenzen der Verfassung verwirklicht"[99], das heißt, dass das Volk gleichzeitig der Träger und die Quelle der Souveränität ist; die spanische Verfassung: „Die nationale Souveränität gehört dem spanischen Volk"[100]; in den Vorschriften der Verfassung Frankreichs geht es um die Verwirklichung der Souveränität durch das Volk (höher erwähntes Prinzip der Repräsentativdemokratie): „Prinzip der Verwaltung des Volkes über das Volk und für das Volk. Die nationale Souveränität gehört dem Volk, das sie über seine Vertreter und mittels der Referenda verwirklicht"[101]; im deutschen Grundgesetz geht es um die Verwirklichung der Staatsgewalt, die in der Praxis dasselbe bedeutet wie die Verwirklichung der Souveränität: „Die Staatsgewalt wird durch das Volk mittels der Wahlen und Abstimmungen und die Organe der Gesetzgebung, der Exekutivgewalt und Rechtssprechung verwirklicht"[102]. Die Bestätigung der These über die Unteilbarkeit der Volkssouveränität findet man in der portugiesischen Verfassung: „Die einzige und unteilbare Souveränität des Volkes wird von ihm in dem in der Verfassung bestimmten Rahmen verwirklicht"[103]; die Verfassung Luxemburgs zeugt von der Zugehörigkeit der Souveränität zum Volk und ihrer Verwirklichung durch den Staat: „Die souveräne Gewalt gehört dem Volk. Das Herzogtum Luxemburg verwirklicht sie gemäß der Verfassung und Gesetze des Staates"[104]; die finnische Verfassung: „Finnland ist

---

97 Verfassung der Republik Griechenland vom 9. Juni 1975 in: Die Verfassungen der EG-Mitgliedstaaten, München: Deutscher Taschenbuch Verlag, 1996, S.68.

98 Die Verfassungen der Staaten des Nahen und mittleren Ostens [Конституции государств Ближнего и Среднего Востока, ИЛ, 1960], S. 503.

99 Verfassung der Republik Italien vom 27 Dezember 1947 in: Die Verfassungen der EG-Mitgliedstaaten, München: Deutscher Taschenbuch Verlag, 1996, S. 94.

100 Die Verfassungen der EG-Mitgliedstaaten, München: Deutscher Taschenbuch Verlag, 1996, S.320.

101 Verfassung der Republik Frankreich vom 4. Oktober 1958 in: Die Verfassungen der EG-Mitgliedstaaten, München: Deutscher Taschenbuch Verlag, 1996, S. 106.

102 Grundgestez für die BRD vom 23. Mai 1949 in: Die Verfassungen der EG-Mitgliedstaaten, München: Deutscher Taschenbuch Verlag, 1996, S. 39.

103 Verfassung der Republik Portugal vom 2.April 1976 in: Die Verfassungen der EG-Mitgliedstaaten, München: Deutscher Taschenbuch Verlag, 1996, S. 187.

104 Verfassung des Großherzogtums Luxemburg vom 17. Oktober 1868 in: Die Verfassungen der EG-Mitgliedstaaten, München: Deutscher Taschenbuch Verlag, 1996, S. 142.

eine souveräne Republik. Der Träger der Staatsgewalt in Finnland ist das Volk"[105]; die irische Verfassung: „Irland ist ein souveräner, unabhängiger, demokratischer Staat. Die ganze Macht entstammt dem Gott und dem Volk, das das Recht hat, die Leiter des Staates zu bestimmen, und in der letzten Instanz die Fragen der Nationalpolitik in Übereinstimmung mit dem gemeisamen Willen zu bringen. Die Macht kann durch die Staatsorgane oder in deren Auftrag verwirklicht werden"[106].

Aus allen diesen Normen kann man die Folgerung ziehen, dass das Volk die Quelle der Staatsgewalt, ihrer Hoheit und Unabhängigkeit ist, nicht aber ihr Träger.

Die Begriffe „Volkssouveränität" oder anders gesagt „politische Souveränität" sind politisch und philosophisch geprägt, nicht aber rechtlich. Die Formel „das Volk – Träger der Souveränität" ist in vielen Verfassungen politisch, nicht juristisch[107]. Es ist zwar Träger – aber Träger der Volkssouveränität, die politisch ausgeprägt ist.

Rechtliche und politische Souveränität sind voneinander abhängige Begriffe. Die politische Souveränität kann nicht ohne die praktischen Rechtsvorschriften existieren. Die juristische Souveränität ist ohne die politische Gewalt, die die Rechtsvorschriften schafft, nicht möglich[108].

So z.B. haben sich die Republiken der Sowjetunion souverän proklamiert, während sie de-jure noch nicht souverän waren. Das bedeutet, dass sie den politischen Schritt gemacht haben. Noch vor der Gründung des unabhängigen Staates hat die Ukraine die Deklaration über die Staatssouveränität der Ukraine vom 16 Juli 1990 proklamiert[109], dasselbe betrifft die anderen Staaten: Unabhängigkeitserklärung von Litauen vom 30 März 1990, Lettlands Deklaration der „Freien demokratischen und unabhängigen Republik Lettland" vom 4 Mai 1990 usw.

Die Deklarationen über die Staatssouveränität und Unabhängigkeit dieser Staaten festigte ihre Fähigkeit zur selbständigen Entscheidung aller Fragen des nationalen Lebens und der internationalen Beziehungen[110]. Die Deklarationen schufen die Rechtsgrundlagen für den Prozess der Staatsgründung und für die

105 Finnische Regierungsform vom 17 Juli 1919 in: Die Verfassungen der EG-Mitgliedstaaten, München: Deutscher Taschenbuch Verlag, 1996, S.98.

106 Verfassung der Republik Irland vom 1. Juli 1937 in: Die Verfassungen der EG-Mitgliedstaaten, München: Deutscher Taschenbuch Verlag, 1996, S.133.

107 Tschernytschenko S., op. cit., S. 28.

108 Besson S. Sovereignty in conflict in: European Integration online Papers 2004.

109 Deklaration über die Staatssouveränität der Ukraine [Декларація про державний суверенітет України // ВВР. – №31 – 1990], S. 429.

110 Gapotiy V., op. cit., S. 71.

Verwirklichung des Rechts auf Sebstbestimmung für diese Nationen[111]. Dieses Recht konnte unterschiedlich verwirklicht werden, aber durch die Akte der Souveränitäts- und Unabhängigkeitserklärungen wurde die souveräne Wahl gefestigt und die unabhängigen Staaten gegründet[112].

Diese Staaten haben jetzt ihren eigenen Willen zur Existenz. Es ist meiner Meinung nach nicht möglich, dass sie ohne Volkszustimmung zu existieren aufhören, z.B. durch die Gründung einer größeren Einheit wie einer Föderation, in der sie Mitglieder sein würden.

> „A state cannot permit or commit suicide, since the act has consequences for the nation“[113]

Die Nation besteht nicht nur aus den ehemaligen oder gegenwärtigen Generationen, sondern auch aus den künftigen. Die gegenwärtige Generation kann der künftigen ihr Recht auf die nationale Souveränität nicht nehmen[114]. Der Staat ist zwar fähig, sich selbst zu ändern[115], doch nur das Volk kann über seine Staatlichkeit entscheiden. Es wäre zwar theoretisch möglich, dass der Staat „suicide“[116] begeht, aber das Recht des Volkes auf die nationale Souveränität bleibt immer noch geltend, es kann es auch später ausüben und den Staat wiederherstellen, obwohl es in der Praxis nicht so leicht realisierbar sein würde.

7. Das Recht auf die nationale Selbstbestimmung

Die nationale Souveränität ist die Machtfülle der Nation, die reale Möglichkeit ihr Schicksal zu verwalten. Solche politischen Schritte wie das Proklamieren der Deklaration über die Staatssouveränität sind als das Streben des Volkes nach Staatsgründung zu betrachten. Das Volk äußert seinen Willen durch „Identifizierung der Staatlichkeit“[117], also durch die Gründung des Staates.

Wenn es möglich ist, so entsteht gleichzeitig mit dem Staat eine neue Rechtsordnung, die das Funktionieren dieses Staates ermöglicht. Ein solcher Staat wird fähig, aus eigenen Mitteln zu existieren, d.h. selbstgenügsam, selbständig und unabhängig.

---

111 Boyko O. Historische Umstände der Annahme der Deklaration über die staatliche Souveränität der Ukraine [Бойко О.Д. Історичні обставини прийняття декларації про державний суверенітет України // Людина і політика. – №4. – 2002], S. 63-69.

112 Gapotiy V., op. cit., S. 71.

113 Hymen Ezra Cohen, op. cit., p. 133.

114 Ibid.

115 Ibid., p. 130.

116 Ibid.

117 Dmytriyev A., op. cit., S. 125.

Die legitimen Kriterien der Verwirklichung des Prinzips der nationalen Selbsbestimmung in Form von Gründung des eigenen Nationalstaates sind Folgende[118]:

- Die Nation soll eine absolute Mehrheit der Bevölkerung des entsprechenden Staates darstellen;
- Die Rechte, der Wille und die Interessen der anderen Nationen, die auf diesem Territorium leben, sollen für den zukünftigen Frieden im neugegründeten Staat maximal berücksichtigt werden;
- Der neugegründete Staat soll wirtschaftlich und politisch lebensfähig sein;
- Der neugegründete Staat soll kein destabilisierender Faktor auf der inneren und äußeren Ebene sein;
- Ein solcher Staat soll definierte Außengrenzen haben.

Der Staat soll die Rechte und Freiheiten der Bürger aller Nationalitäten, die das Volk bilden[119], garantieren und effektiv gewährleisten. Dabei gewährleistet der Staat dem Volk die Bedingungen zur Selbstentwicklung[120].

Die nationale Souveränität wird durch die Staatlichkeit, den Komplex von Verfassungsrechten und Rechtsakten, Traditionen und Verhaltensregeln gewährleistet. Die große Rolle dabei spielen die Garantien – soziale, wirtschaftliche, politische und kulturelle[121].

Die gegründete Rechtsordnung dient somit auch der Bestimmung der Grenzen der Verwirklichung der Souveränität der Staaten nach innen[122].

Die Probleme entstehen, wenn die Staaten unfähig sind zu funktionieren, d.h. effektiv mit Hilfe von eigenen Mitteln zu existieren.

Außerdem führt die politische Lage in den Ländern, die sich durch die Nichteinhaltung oder den massiven Verstoß gegen die Menschenrechte aus-

---

118 Zinovyev A. Souveränität, Demokratie, Staat [Зиновьев А.В. Суверенитет, демократия, государство // Правоведение: Научно-теоретический журнал. – С.-Петербургский госуд. Университет. – Вып. 6 (269) – 2006], S. 25 – 26.

119 Zvarytsch R. Nationale Souveränität als Merkmal der nationalen Sicherheit [Зварич Р.В. Національний суверенітет як ознака національної безпеки // Держава і право. – Вип. 47. – Київ 2010], S. 50 – 55.

120 Kazarinova D. Verfassung der EU: Inhalt, Gründe der Niederlage und mögliche Perspektiven [Казаринова Д.Б. Конституция ЕС: сущность, причины провала и возможные перспективы // Вестник РУДН. Серия: Политология. – №1. – 2007].

121 Zvarytsch R., op. cit.

122 Gammeltoft-Hansen Thomas, Aalberts Tanja E., op. cit., p. 10.

zeichnen (Ruanda, Sudan, Demokratische Republik Kongo, Tschad usw.) zu den Zweifeln, ob der Staat als souverän betrachtet werden kann, wenn seine Regierung ihre Funktionen bezüglich des Schutzes seiner Bürger nicht erfüllen kann und sogar dazu unfähig ist[123].

Der Staat ist für den Schutz des Rechtes gegründet[124]. Wenn er unfähig ist, sein Volk oder einen Teil des Volkes zu schützen, dann kann das Volk sich dem Staat anschließen, der es schützen kann, oder einen neuen Staat gründen.

Im modernen Völkerrecht ist eine solche Möglichkeit durch die Anerkennung des Selbstbestimmungsprinzips gewährleistet. Das Völkerrecht schützt die Souveränität als die Fähigkeit des Volkes, seine Wahl bezüglich der Politik der Regierung frei zu treffen: "International law is still concerned with the protection of sovereignty, but, in its modern sense, the object of protection is not the power base of the tyrant who rules directly by naked power or through the apparatus of a totalitarian political order, but the continuing capacity of a population freely to express and effect choices about the identities and policies of its governors"[125].

Als Beispiele für die Durchsetzung des Selbstbestimmungsrechts dienen auch die Ereignisse in Ägypten, Tunesien und Lybien im Jahr 2011.

Früher wurde angenommen, dass nach dem Jahr 1991 die Frage erledigt ist und alle Völker ihr Recht auf die Selbstbestimmung verwirklicht haben. Aber solche Beispiele, wie das Proklamieren der Unabhängigkeit von Kosovo, sowie die Beispiele der Staaten, die zerfallen, bestätigen, dass einige Völker sich gegenwärtig im Verlauf der Verwirklichung des Selbstbestimmungsrechts befinden. Und wenn sie es schaffen und einen neuen Staat gründen, werden sie dem „Test auf Durchsetzung in den internationalen Beziehungen" unterliegen – nämlich der Anerkennung, die für die Effiktivität der Existenz des entsprechenden Volkes in der Form des neugegründeten Staat notwendig ist.

Die internationale Gemeinschaft bestimmt die Anforderungen an die Souveränität eines Staates und qualifiziert diese oder jene politische Einheit als souverän[126]. Rechtlich anerkannte und vom internationalen Recht geschützte Unabhängigkeit eines bestimmten Staates gibt ihm den Raum für die Verwirklichung der bestehenden souveränen Rechte, wie das Recht auf Kompetenz-Kompetenz, auf die territoriale Hoheit, auf eigene Gesetzgebung, auf eigenes Geld-, Steuer- und Haushaltssystem, auf eigenes Militär, auf die außenpolitische Tätigkeit, auf die Einführung der Staatsbürgerschaft sowie auf die Staatssymbole. Man erwar-

---

123 Tschekalenko L., op. cit.

124 Dock A., op. cit., S. 40.

125 Reisman W.Michael Sovereignty and Human Rights in Contemporary International Law, Vol. 84 AJIL (1.1.1990).

126 Potter Donald W Op. Cit. – p. 9.

tet, dass die entsprechenden Völker ihr Recht auf Selbstbestimmung über kurz oder lang verwirklichen und das Völkerrecht dieses Potenzial gewährleistet.

Das Volk hat also das Existenzinteresse und verwirklicht es durch die Gründung des Staates. Dieser Staat verfügt über einen eigenen Willen und ein eigenes Interesse, die er durch die Machtverwirklichung, das Entscheidungstreffen und die Verwendung des Zwangs verwirklicht, um das Volk zu schützen.

Die kurze Schlussfolgerung von allem oben Angeführten ist, dass das Vorhandensein der folgenden fünf Elemente die Souveränität charakterisiert: das Existenzinteresse, der Wille, die Gewalt, die Entscheidung und der Zwang. In der Fähigkeit, sie selbständig zu verwirklichen, erweist sich die Autarkie solch einer Organisationsstruktur wie der Staat eine ist.

Die Anerkennung dieser Autarkie von der internationalen Gemeinschaft schafft den von ihrer Seite rechtlich gesicherten Raum für die Verwirklichung des Rechts auf Selbstbestimmung im Sinne der Gründung des Staates und seiner Weiterexistenz.

8. Die Hoheitsrechte (souveräne Rechte)

Die Souveränität spiegelt bestimmte Möglichkeiten des Staates wider. Sie ist die notwendige Voraussetzung für die Verwirklichung seiner Funktionen und Aufgaben[127]. Er verfügt über alle dafür notwendigen Mittel: die Macht, den Haushalt, das Militär, die eigene Rechtsordnung usw.

Auf der nationalen Ebene werden die Rechtsvorschriften geschaffen, die die Verwirklichung dieser *Fähigkeit des Staates zur Existenz* gewährleisten. Jede nationale Rechtsordnung sieht nämlich ein Minimum der souveränen Rechte vor, die durch die entsprechenden „Mittel“ bestimmt werden und die zum Aufbau seiner Identität notwendig sind[128]. Der Staat kann ohne sie nicht existieren[129]:

- Das Recht auf die Bildung und selbständige Verwirklichung der Kompetenz-Kompetenz.

127 Gapotiy V., op. cit., S. 24.

128 Gros-Tschorbadjiyska Angelina The Europeanization of Visa Policy: A Transfer of Sovereignty shaped by Enlargement: Doctoral Theses, Katholieke Universiteit Leuven, Jul 2010, 563 P., p. 20.

129 Michaleva N. Evolution und Perspektive des neuen Russischen Föderalismus [Михалева Н.А. Эволюция и перспективы нового российского федерализма // Право и жизнь. – №6 – 1994], S. 38-45.

- Die Bestimmung und die Befestigung der wichtigsten wirtschaftlichen, sozialen, kulturellen und politischen Werte in der Verfassung. Solche Werte haben für die entsprechende Gesellschaft eine identitätsstiftende Wirkung[130].
- Das Recht auf die Bildung und die Abschaffung der Kompetenzen, auf die Verwirklichung dieser Kompetenzen durch die Staatsorgane.
- Das Recht auf Krieg und Frieden (früher war dieses Recht nicht bezweifelt, heute gibt es das durch internationalrechtliche Dokumente anerkannte Verbot der Aggressivkriege).
- Das Recht auf die Territorialhoheit bedeutet, dass sich die Macht des Staates auf sein ganzes Territorium bezieht; das Territorium kann ohne die Zustimmung des Staates nicht geändert werden. Territoriale Souveränität schließt die Fähigkeit ein, das Territorium zu schützen und zu verteidigen[131].
- Das Recht auf die Bestimmung der Staatsangehörigkeitsanforderungen. Dieses Recht schließt auch die Fähigkeit des Staates ein, die Personenbewegungen zu bewilligen und zu kontrollieren, auch bezüglich der Ausländer, für die das Instrument der staatlichen Kontrolle das Visum ist[132]. In diesem Sinne ist die Visapolitik der Kern der territorialen Souveränität[133]. Kontrolle über Personen auf den Grenzen ist heutzutage ein wichtiges Element der Souveränität[134].

---

130 Sarooshi Dan International Organizations and Their Exercise of Sovereign Powers, Herbert Smith Reader in International Law; University of Oxford Fellow, The Queen`s College, Oxford, University Press, 2005, p. 71.

131 Krasner Stephen D. Sovereignty. Organized Hypocrisy, Princeton University Press, New Jersey 1999, 264 P., p. 13.

132 Gros-Tschorbadjiyska Angelina, op. cit., p. 6.

133 Ibid., p. 4.

134 Ibid., p. 56.

- Das Recht auf die Bildung und die verfassungsrechtliche Befestigung des Systems der höchsten und lokalen Organe der Staatsmacht (Kompetenz-Kompetenz).
- Das Recht der selbständigen Verwirklichung aller Formen der Staatstätigkeit (Legislative, Exekutive, Judikative), wobei der Zentralbereich das Strafrecht ist[135].
- Das Recht auf die Verfassungs- und Gesetzgebung, auf die Verfassungsänderungen. Dieses Recht hat einen großen Einfluss auf die Lebensinteressen und Kompetenzen der entsprechenden Instanzen[136].
- Das Recht auf die Bildung des eigenen Geld-, Steuer- und Haushaltssystems. Durch die Besteuerung z.B. erscheinen die Fähigkeit und der Wille des Staates die äußeren und inneren Schulden zu zahlen[137].
- Das Recht auf das Militär. In den Zeiten des völkerrechtlichen Verbotes der Kriege unterliegt dieses Recht doch keinen Zweifeln.
- Die Verwirklichung der außenpolitischen Tätigkeit, das Vorhandensein der diplomatischen Vertretungen, die Teilnahme an den internationalen Organsationen, das Recht auf politische Bündnisse mit den anderen Staaten und auf den freien Austritt aus diesen Bündnissen. Dabei ist das Recht auf diplomatische Vertretung das Recht, das der Staat seit der Anerkennung seiner Souveränität durch die internationale Gemeinschaft erhält[138].
- Das Recht auf die Staatssymbole.

---

135 Haltern Ulrich, op. cit., S. 18.

136 Quaritsch Helmut,op. cit., S. 116.

137 Kletzer Kenneth International Financial Integration, Sovereignty, and Constraints on Macroeconomic Policies in: IMES Discussion Paper Series, Tokyo, Sept. 2005, 24 P., p. 4.

138 Saskia Sassen Losing Control? Sovereignty in an Age of Globalization, New York: Columbia University Press, 1996, 158 P., p. 4.

Die gemeinsame Kompetenz der Staatsorgane umfasst alle Zuständigkeiten, die für die Verwirklichung der Funktionen des Staates notwendig sind[139]. Das bedeutet, dass alle souveränen Rechte des Staates nur in ihrer Gesamtheit einen Sinn haben. Ihr Umfang soll ausreichend sein, damit der Staat seine Funktionen effektiv erfüllen kann[140]. All diese Rechte sind also Bestandteile der effektiven Handlungsfähigkeit des Staates.

9. Die Jurisdiktion

Ein unmittelbares Verhältnis zu den souveränen Rechten hat die Jurisdiktion[141]. Die Jurisdiktion ist die vom Gesetz bestimmte Gesamtheit der Zuständigkeiten entsprechender Staatsorgane, die Rechtsstreite zu erledigen und Sanktionen zu verhängen[142].

Das Wiener Übereinkommen über konsularische Beziehungen von 1963 bestimmt die Jurisdiktion als Gerichtsbarkeit[143].

Die Autoren, die sich mit dieser Frage beschäftigen, definieren die Jurisdiktion als die Gesamtheit der Rechte und Zuständigkeiten, die es den Staatsorganen erlauben, die rechtmäßigen Handlungen zu unternehmen[144].

Die Jurisdiktion des Staates ist die Erscheinung der Hoheit innerhalb des Staates[145].

10. Die Eigenschaften der Souveränität

Der Staat soll fähig sein, über die unabdingbaren Hoheitsrechte zu verfügen und sie zu verwirklichen. Das bedeutet, dass das Vorhandensein der souveränen Rechte eine Eigenschaft der Souveränität ist. Zu den anderen Eigenschaften zählen folgende: Hoheit, Selbständigkeit, Machtfülle, Unteilbarkeit der Staatsmacht, Gleichheit in den internationalen Beziehungen und Unenteignetheit[146].

---

139 Gapotiy V., op. cit., S. 28.

140 Ibid., S. 115.

141 Moiseev A., op. cit., S. 30.

142 Sucharev A., Krutskich V. Das große juristische Wörterbuch [Сухарев А.Я., Крутских В.Е. Большой юридический словарь – Москва 2002], S. 683.

143 Wiener Übereinkommen über konsularische Beziehungen, Art. 43.

144 Moiseev A., op. cit., S. 32.

145 Ibid., S. 29.

146 Skakun O. Theorie des Staates und des Rechts [Скакун О.Ф. Теорія держави і права: Підручник – Харків: Консум, 2001], 656 S.

- Unter der Hoheit versteht man das Fehlen anderer höherer Gesellschaftsgewalt auf dem Territorium des Staates: die Staatsgewalt kann jeden Ausdruck anderer Macht abschaffen oder für nichtig erklären.
- Die Selbständigkeit bedeutet die Möglichkeit, die Entscheidungen auf nationaler und internationaler Ebene unter der Einhaltung des nationalen und internationalen Rechts selbständig zu treffen.
- Unter der Machtfülle (Universalität) versteht man die Verbreitung der Staatsgewalt auf alle Bereiche des Staatslebens, auf die ganze Bevölkerung.
- Die Staatsmacht im Rahmen des Staatsterritoriums ist unteilbar. Es gibt nur die funktionale Teilung der Gewalt auf drei Zweige: Legislative, Exekutive und Judikative.
- Die Gleichheit in den internationalen Beziehungen bedeutet das Vorhandensein derselben Rechte und Pflichten in den internationalen Beziehungen wie bei den anderen Staaten.
- Die Unenteignetheit bedeutet die Unmöglichkeit der Enteignung der legitimen und legalen Macht. Es gibt nur die gesetzlich gefestigte Möglichkeit, die souveränen Rechte den Selbstverwaltungsorganen zu delegieren.

Die Eigenschaften der Souveränität beschreiben nicht den Gegenstand oder die Reichweite souveräner Herrschaft, es sind „Kriterien und Indizien“[147], mit deren Hilfe die einzigartige Organisation des Staates bestimmt wird.

11. Teilbarkeit versus Unteilbarkeit der Souveränität

Die souveränen Rechte sind ausschließlich, sie gehören dem einen Subjekt und niemandem sonst, sie sind einzigartig im Rahmen eines Rechtssystems, d.h. hoheitlich. Auf einem Territorium kann nicht mehr als ein Souverän existieren[148].

---

147 Quaritsch Helmut Staat und Souveränität, Frankfurt: Athenäum Verlag, 1970, 586 S., S. 510.

148 Gapotiy V., op. cit., S. 28.

Die Höchstmacht kann nur eine sein, denn wenn es zwei Höchstmächte gibt, dann ist eine der anderen nicht untergeordnet[149].

Obwohl es bekannt ist, dass die Unteilbarkeit die Haupteigenschaft der Souveränität ist[150], stellen einige Autoren die Frage, ob die Souveränität die Einschränkung oder die Teilung zulässt, ohne die eigene Existenz zu hindern[151].

Es gibt verschiedene Meinungen bezüglich der Teilbarkeit oder Unteilbarkeit der Souveränität. Die eine Meinung ist, dass Souverenität sich teilen kann, dass es einen halbsouveränen Staat geben kann; dem steht die Meinung gegenüber, dass es entweder eine Souveränität gibt, die vollkommen ist, oder es gibt sie überhaupt nicht[152].

Aber wenn die Souveränität sich teilt, so geht es nur um die Gewaltenteilung innerhalb des Staates. Es bedeutet, dass die Souveränität aus den Rechten besteht, die zu den Kompetenzen verschiedener Staatsorgane gehören.

Wenn irgendein Außensubjekt dem Staat mindestens ein souveränes Recht wegnimmt, ist er, meiner Meinung nach, nicht mehr als souverän zu betrachteten, weil nur er über die Kompetenz-Kompetenz verfügt und über das Vorhandensein dieser oder jener Rechte entscheidet.

12. Die Übergabe der souveränen Rechte

Außer Teilbarkeit gibt es auch die Meinungen über die Übergabe der Souveränität oder eher der souveränen Rechte.

Man spricht davon, dass die souveränen Rechte dem Außensubjekt übergeben werden können. Aber da die Souveränität sich auch nicht teilt, kann kein Außensubjekt über die souveränen Rechte verfügen. Auf den ersten Blick scheint dies der Praxis der modernen internationalen Beziehungen und des Völkerrechts nicht zu entsprechen. Es gibt viele Beispiele, wo z.B. die internationalen Organisationen einige Funktionen der Staaten übernehmen, und Letztere scheinen damit einverstanden zu sein. Es bedeutet aber, meiner Meinung nach, noch keine Übergabe der Rechte. Andernfalls, würde die Souveränität ihren Sinn verlieren.

Die „Übergabe" ist eher Beauftragung eines bestimmten „Vermittlers" auf die Ausübung einiger souveränen Rechte, weil er sie effektiver ausüben kann.

---

149 Dock A., op. cit., S. 50.

150 Ibid.

151 Ibid., S. 44.

152 Tscherepanov V. Über die Souveränität des Subjektes der RF [Черепанов В.А. О суверенности субъекта РФ // Закон и право. – №9 – 2003], S. 3 – 6, s. 4.; Levin D., op. cit., S. 85.

Man gründet also einen „Vermittler“, z.B. die internationale Organisation, damit er (sie) die souveränen Rechte der Staaten verwirklicht.

Dabei werden die entsprechenden Rechte nicht geteilt, sondern vermehrt: die souveränen bleiben beim Staat und die übergebenen, die eigentlich nicht mehr souverän, sondern „funktional“ sind, beim Außensubjekt[153].

Wenn man die Souveränität als Quantität der souveränen Rechte betrachtet, so kann die Übertragung der Rechte zum Verständnis führen, dass die Souveränität sich verringert. Dagegen, wenn man sie als Qualität versteht, dann kann die Übertragung der Rechte zur Stärkung der Souveränität führen, wenn eine solche Übertragung (Beauftragung) einen weiteren Nutzen bringt[154], welcher der Weiterexistenz des Staates dient.

13. Die Souveränitätsverwirklichung

Kraft Kompetenz-Kompetenz bestimmt der souveräne Staat den Kreis seiner Zuständigkeiten selbständig[155]. Aus demselben Grund entscheidet der Staat selbst über die Verwirklichung bestimmter souveräner Rechte und über das Subjekt der Verwirklichung. Wenn das Subjekt der Verwirklichung nicht der Staat ist, dann bedeutet das nicht automatisch, dass es über die Souveränität verfügt. Derjenige, der die Macht kraft fremden Rechts und fremder Zuständigkeiten verwirklicht, ist kein Souverän[156], obwohl manche Autoren die Meinung vertreten, dass über die Souveränität derjenige verfügt, der sie verwirklicht[157].

Die Zuständigkeiten für die Souveränitätsverwirklichung können übergeben oder delegiert werden, nicht aber die Fähigkeit, über sie zu verfügen[158]. Somit kann sich das Subjekt der Verwirklichung der souveränen Rechte von dem Subjekt, das über sie verfügt, unterscheiden.

Dabei verliert die Staatssouveränität ihre Qualität nicht. Obwohl der Staat in einigen Fällen sein Recht, das er dem anderen Subjekt „übergeben“ hat, nicht immer selbst verwirklichen kann, bedeutet es nicht, dass die Beschränkung der

---

153 Das Außensubjekt verfügt nicht über die souveränen Rechte, sondern über die Zuständigkeiten auf ihre Verwirklichung: siehe detailliert weiter, S. 37, 88 dieser Dissertation

154 Newman Michael, op. cit., p. 613.

155 Schevtsov V. Souveränität des sowjetischen Staates [Шевцов В.С. Суверенитет советского государства. – М. «Юридическая литература», 1972], 264 S., S. 222.

156 So Anhänger der Fürstensouveränität, siehe Dock A. Op. Cit. – S. 30.

157 Quaritsch Helmut, Souveränität: Entstehung und Entwicklung des Begriffs in Frankreich und Deutschland vom 13 Jh. bis 1806 in: Schriften zur Verfassungsgeschichte, Band 38, Berlin: Duncker und Humblot, 1986, S. 106.

158 Gapotiy V., op. cit., S. 70.

Handlungsfähigkeit des Staates zur automatischen Änderung der Qualität der Souveränität als Existenzfähigkeit führt[159].

14. Die Souveränität als Existenzfähigkeit versus Souveränität als Handlungsfähigkeit

Nach der Meinung von Moyseev A. hat die Staatssouveränität keine Schranken. Sie ist absolut[160]. Und nur das Verständnis der Souveränität als souveräne Rechte (also als Handlungsfähigkeit[161]) führt die Gelehrten zu der Folgerung, dass die Souveränität beschränkt werden kann[162].

Die souveränen Rechte sind Bestandteil der Handlungsfähigkeit des Staates. Und die Handlungsfähigkeit ist die Folge der Souveränität[163].

Die absolute Existenzfähigkeit, die oben behandelt wurde, bedeutet keine absolute Rechts- oder Handlungsfähigkeit. Mit der Rechtsfähigkeit, d.h. mit der Möglichkeit der Verwirklichung eines bestimmten Umfangs der souveränen Rechte, ist die Handlungsfreiheit des Staates verbunden[164].

Im Verhältnis des Staates zu sich selbst bedeutet die Souveränität die Existenzfähigkeit („Quellensouveränität"), aber im Verhältnis der Staaten im Bezug aufeinander bedeutet die Souveränität die Handlungsfähigkeit, die Fähigkeit die Rechte und Pflichten wahrzunehmen, sowie das Subjekt des Völkerrechts zu sein.

Die Staatsgewalt, die für die Handlungsfähigkeit verantwortlich ist, hat, im Gegensatz zur Quellensouveränität, die Grenzen ihrer Zuständigkeiten, die durch das nationale und internationale Recht bedingt sind[165].

Die Souveränität kann also funktional beschränkt sein, wenn man sie als Handlungsfähigkeit (oder souveräne Rechte) betrachtet. Als Existenzfähigkeit ist sie absolut, als Handlungsfähigkeit nicht. Als Existenzfähigkeit kann die Souveränität nur „unter Gefahr" in ihrer Ganzheit sein.

---

159 Teps D. Konzeptuelle Grundlagen des Föderalismus [Тэпс Д. Концептуальные основы федерализма. – СПб.: Из-во «Юридический центр Пресс», 2002], 204 S., S. 92.

160 Moiseev A., op. cit., S. 58.

161 Siehe höher, S. 30.

162 Moiseev A., op. cit., S. 62., Grinin L. Souveränität in der Ära der Globalisierung [Гринин Л.Е. Суверенитет в век глобализации / Ильин М.В., Кудряшова И.В. (ред.) Суверенитет. Трансформация понятий и практик. – М.: МГИМО – Университет, 2008], S. 104 – 128.

163 Moiseev A., op. cit., S. 65.

164 Ibid., S. 55.

165 Ibid., S. 54.

15. Die Globalisierung, der Separatismus und die Souveränität

Manche Experten meinen, dass die Souveränität des Staates „ungenügend" sein kann[166]. Ungenügend ist die Souveränität in dem Falle, wenn es eine Gefahr für seine Existenz gibt. Es geht um solche Fälle, wie Verzicht der Politiker auf die selbständige Politik sowie auf deren Unterordnung unter die Staatsinteressen; Abhängigkeit im Bereich Energie; Verlust der nationalen Identität; Unterwerfung eigener Kultur und Ideen unter die Kultur anderer Länder; ein wirtschaftlicher Verfall; Verlust der Wettbewerbsfähigkeit der nationalen Wirtschaft; finanzielle Abhängigkeit; große Staatsschulden; Verlust der Handlungsfähigkeit der Streitkräfte; Verlust der Fähigkeit der nationalen Währung; kritische Abhängigkeit der strategischen Unternehmen und von ganzen Wirtschaftsbereichen vom Auslanskapital; Rechtsnihilismus, d.h. alles, was die Selbständigkeit und Autarkie des Staates gefährdet.

Alle diese Merkmale können die Folgen der Globalisierung sein. Man behauptet, dass die Globalisierung zur Schwächung der Souveränität führt. Sie hindert die wirtschaftliche Effektivität[167].

Andererseits eröffnet die Globalisierung neue Wirtschaftsmöglichkeiten[168]. Dafür öffnen die Staaten ihre Grenzen den Auslandswaren, den Ausländern und der ausländischen Währung. Dabei werden aber auch die Grenzen für die internationalen Terroristen, die Drogen und die Sekten geöffnet. Infolgedessen wird die Souveränität wegen des Mangels der materiellen Elemente beschränkt[169]. Die Effektivität des Staatsapparates sinkt, und dann sind die Staaten zur Suche nach neuen Wegen zur Lösung dieser Probleme gezwungen[170], z.B. mittels internationaler Zusammenarbeit[171] wie Integration, obwohl auch die Integration negative Folgen für die Autorität des Staates haben kann[172].

Außerdem wird der Kampf der Nationen um die Selbstbestimmung gestärkt, die Völker werden sich nationaler Identität bewusst, der regionale Separatismus,

166 http://www.unian.net//ukr/news/news-286797.html

167 Blawatskyy S. Dilemma der Globalisierung und der Staatssouveränität [Блавацкий С. Дилемма глобализации и государственного суверенитета // Зеркало недели. - №1 (376). – 5 – 18 января 2002].

168 Moiseev A., op. cit., S. 13.

169 Meschtscheryakova O., op. cit.

170 Blawatskyy S., op. cit.

171 Siehe detailliert weiter in dieser Dissertation: S. 107.

172 Z.B. Folgen der europäischen Integration für Griechenland und einige andere EU-Mitgliedstaaten, siehe weiter in der Dissertation: S. 161.

auch in Europa, entwickelt sich. Besonders verschärfte sich das Problem des Separatismus nach der Anerkennung der Unabhängigkeit des Kosovo. Die Arten des Separatismus in Europa unterscheiden sich in national-sprachliche (Basken, Südtirol), sozial-ökonomische (Valentia), ökonomisch-sprachliche (Flandern)[173]. Ausführlicher darüber schreibt A.Kamenev[174].

Wenn man das berücksichtigt, so kann man das Fazit ziehen, dass die Völker, wenn sie für ihre Durchsetzung kämpfen, „die Form der Sicherheit" brauchen, die eben der Staat ist. Das Volk ist da und will, dass der Staat es schützt. Darum geht die Souveränität des Staates nicht verloren.

Die modernen internationalen Beziehungen setzen immer noch die Existenz der Nationen und der Staaten voraus[175]. Die Bedeutung der Regierungen soll sich erhöhen, da sie die Folgen der Globalisierung regeln sollen.

Moyseev A. behauptet, dass die Rolle des Staates heutzutage besonders wichtig für die Stabilität des politischen Klimas und für die kosequente Entwicklung der Rechtsordnung ist[176]. Außerdem hat der Staat große Bedeutung in der Schaffung des Ausgleichs zwischen Markt und sozialen Werten, die die Staaten am besten interpretieren[177]. Solche Meinungen bedeuten, dass die Autoren heutzutage die Notwendigkeit der Souveränität des Staates unterstützen[178].

16. Die ergänzte Definition der Souveränität

Die Analyse aller oben angeführten Fragen zeugt davon, dass die am Anfang angeführten Definitionen, außer einer (die Souveränität als Fähigkeit), mit den Folgerungen der Forschung nicht übereinstimmen. Wenn man alle Ergebnisse

---

173 Yegorova M. Kleine Völker Europas und neue Herausforderungen der Zeit: Problem der Selbstbestimmung [Егорова М.А. Малые народы Европы и новые вызовы времени: проблема самоопределения // Вестник РУДН. Серия: Политология. – №2. – 2009], S. 94-101.

174 Kamenev A. Souveränität von Morgen [Каменев А. Суверенность в завтрашнем дне // Коммерсантъ, №22 (181) от 18.06.1996: www.kommersant.ru/doc-rss.aspx?DocsID=12628].

175 Christiansen Thomas European Integration between Political Science and International Relations Theory: The End of Sovereignty in: EUI Working Paper RSC 94/4, Florence 1994, 33 P., p. 12.

176 Moiseev A., op. cit., S. 369.

177 Sciarra Silvana Global or Re-nationalized? Past and Future of European Labor Law in: The Europeanisation of Law. The Legal Effects of European Integration, Francis Snyder (ed.), Oxford-Portland Oregon, 2000, p. 269 – 291, p. 270.

178 Christiansen Thomas, op. cit., p. 4.

berücksichtigt, kann man eine neue Definition der Souveränität vorschlagen. Sie ist nicht ganz neu, aber wesentlich ergänzt.

Die Souveränität ist, meiner Meinung nach, nicht Hoheit und Unabhängigkeit, sondern Fähigkeit zur Hoheit und Unabhängigkeit. Sie bedeutet die Fähigkeit des Staates zu bestimmten Handlungen ohne Unterordnung gegenüber den Außensubjekten. Solche Fähigkeit des Staates unabhängig von anderen zu existieren, den Bedarf an allem selbst zu decken[179], ist das Merkmal des Staates. Wenn die Souveränität als solche Fähigkeit einmal erreicht wird, wird sie ab diesem Zeitpunkt von dem internationalen Recht als „unantastbar" geschützt.

Außerdem ist diese „Fähigkeit" des Staates die Voraussetzung der sicheren Rechtsbeziehungen zwischen den Staaten, der Rechtssicherheit und der Erfüllung des Völkerrechts[180].

In dieser Dissertation wird die Definion im Kontext des Verhältnisses des Sinnes der Souveränität zu den praktischen Anforderungen des modernen Völkerrechts behandelt. Diese lauetet wie folgt:

Die Souveränität ist die internationalrechtlich geschützte verwirklichte oder noch nicht verwirklichte (aber auch noch nicht internationalrechtlich geschützte) Fähigkeit einer bestimmten potenziell autarken Organisationsstruktur zur Verwirklichung des eigenen Willens in selbständiger und unabhängiger Weise. Mit der „verwirklichten und noch nicht verwirklichten Fähigkeit" sind die anerkannten und nicht anerkannten Staaten gemeint. Die „souveränen" aber noch nicht anerkannten Staaten sind die Staaten, die die Bedingungen zur Autarkie erfüllen. Dabei bedeutet die Autarkie die Fähigkeit zur Existenz mit Hilfe eigener Mittel. Mit den Mitteln sind das Territorium, das Volk, die eigene Rechtsordnung, die Fülle der souveränen Rechte, die Gewalt, die Möglichkeit den Zwang anzuwenden, Haushalt, Steuern, Infrastruktur, Militär etc. gemeint.

Zur Autarkie, wozu auch die Fähigkeit des Staates „den Bedarf an allem selbst zu decken" gehört, zählt, außer der Fähigkeit völlig unabhängig von anderen zu existieren, auch die Fähigkeit friedliche Beziehungen mit anderen Staaten zu führen, die dazu beitragen, die Existenzmittel zu unterstützen.

Die Fähigkeit des Staates sein Interesse selbständig oder mittels der Zusammenarbeit mit mindestens einem Staat zu verwirklichen zeugt also auch von seiner Autarkie.

Außerdem charakterisiert das Vorhandensein der nächsten fünf Elemente die Souveränität: das Existenzinteresse, der Wille, die Gewalt, die Entscheidung und der Zwang. Die Fähigkeit sie selbständig zu verwirklichen zeugt von der Autarkie des Staates.

179 Gapotiy V., op. cit., S. 8.

180 Quaritsch Helmut, op. cit., S. 64.

Die Autarkie muss nicht unbedingt immer vorhanden sein, damit der Staat weiterexistiert. Es genügt die Autarkie einmal zu erreichen, die zur Anerkennung der Souveränität führt, damit das Völkerrecht diese Souveränität weiter schützt.

Eine andere Möglichkeit für die Anerkennung kann die Vermutung der potenziellen Autarkie sein. In der Geschichte kann man Beispiele dafür finden, wie die ehemaligen kolonialen Staaten. Viele von ihnen haben keine institutionellen Merkmale der souveränen Staaten. Robert J. Jackson bezeichnet diese Staaten als Staaten mit der "negativen" Souveränität (Dritte Welt, keine Freiheit, quasi-Staaten oder „semi-souveräne Staaten"[181]) im Gegensatz zu den Staaten mit der "positiven" Souveränität (Europa, Freiheit, Staaten)[182]. Sie sind nach Meinung des Autors „not complete"[183], obwohl anerkannt, und daher können sie sich auf die internationale Gemeinschaft verlassen.

Anders sieht es mit den Staaten aus, die noch nicht anerkannt worden sind. Diese müssen sich immer anstrengen „eigene Mittel" zu sichern, um weiter zu existieren. Sie müssen es immer wieder beweisen, dass sie dessen fähig sind. Sie sind potenziell souveräne Staaten – Staaten, die „most likely to survive"[184] sind.

Eben dieses Kriterium – „ability to survive and to function"[185] – dient der Bewertung der Fähigkeiten des Staates durch die internationale Gemeinschaft. Es rechtfertigt die Existenz des Staates, spiegelt seine Fähigkeiten wider, trägt zur Anerkennung bei, mittels derer die Legitimität des Staates erreicht wird[186]. Manchmal gibt es aber sehr kontroverse Situationen, die politisch bedingt sind. Stephen D. Krasner bringt Taiwan als Beispiel: Es ist faktisch selbständig, hat aber keinen souveränen Status in den internationalen Beziehungen[187].

Von der Freiheit an den internationalen Beziehungen teilzunehmen hängt die internationale Handlungsfähigkeit ab und damit das funktionale Element der

181 de Witte Bruno The Emergence of a European System of Public International Law: The EU and its Member-States as Strange Subjects in: The Europeanization of International Law, Jan Wouters, Andre Nollkaemper, Erika de Wet (ed.), Hague 2008, p. 39 – 54, p. 49.

182 Jackson Robert J. Quasi-States: Sovereignty, International Relations, and the Third World, Cambridge University Press, 1990, 225 P., p. 1, 23.

183 Jackson Robert J., op. cit., p. 21.

184 Siehe Bartmann Bary Political Realities and Legal Anomalies. Revising the Politics of International Recognition in: De facto States. The Quest for Sovereignty, Tozun Bahcheli, Barry Bartmann and Henry Srebnik (ed)., Routledge 2004, p. 12 – 31, p. 250.

185 Bartmann Bary, op. cit., p. 15.

186 Ibid.

187 Krasner Stephen D., op. cit., p. 4.

Souveränität[188]. Dazu gehört auch die Fähigkeit, die Verantwortlichkeit im nationalen und internationalen Recht zu tragen, wobei die Bereiche sehr unterschiedlich sind – von Menschenrechten bis Klimawandel[189]. Eben die Fähigkeit, die Verantwortung im Rahmen des Völkerrechts zu übernehmen ist ein Indikator für die Fähigkeit des Staates zur Verwirklichung des eigenen Willens nach außen[190].

Darum ist die internationale Gemeinschaft mit den nicht anerkannten Staaten vorsichtig, da sie dem völkerrechtlichen Schutz nicht unterliegen.

Daher bezieht sich die „internationalrechtlich geschützte" Souveränität in der ergänzten Definion nur auf die anerkannten Staaten, die Staaten mit der verwirklichten Souveränität, obwohl beide Formen der Existenz der Staaten in den internationalen Beziehungen bekannt sind.

Insoweit wird die Souveränität internationalrechtlich geschützt, nicht aber bestimmt, mit einer „kleinen" Ausnahme, bei der die internationale Gemeinschaft an der Souveränität eines bestimmten Staates interessiert ist und sie mittels eigener Ressourcen, und nicht der Ressourcen des entsprechenden Staates, die Souveränität künstlich unterstützt[191].

Die internationale Gemeinschaft kann aber nicht entscheiden, ob der Staat noch souverän oder nicht mehr souverän ist. Für sie ist er es, wenn sie es einmal anerkannt hat.

Solche Interpretation des Begriffs der Souveränität findet ihre Unterstützung unter anderem bei in Russland bekannten Gelehrten wie Habibulin A., Salnikov V. und Stepaschin S. Sie beschreiben als Hauptbedingung für die Fähigkeit des Staates, effektiv seine Rolle in der Gesellschaft zu erfüllen, das Vorhandensein der Rechts- und Informationssysteme, sozialen Struktur, materiellen Werte, der Ideologie, des Zwangsapparates usw.[192] Das Fehlen irgendeiner notwendigen Bedingung, die manche Autoren als „Ressource" betrachten, kann zur Lebensunfähigkeit dieses Staates führen[193].

---

188 Tschoban A. Die Staatssouveränität [Чобан А. А. Государственный суверенитет (теоретико-правовые аспекты). – Москва 1993], S. 12 – 13.

189 Bundegaard Christian The Normative Divide in International Society: Sovereignty versus Responsibility in: DIIS Working Paper – 2010:27, Copenhagen 2010, 20 P., p. 5.

190 Potter Donald W, op. cit., p. 10.

191 Z.B. Kosovo

192 Salnikov V., Stepanin S., Chabibullin A. Staatlichkeit als Fenomen und Objekt der Typologie: theoretisch-metodologische Analyse [Сальников В.П., Степанин С.В., Хабибуллин А.Г. Государственность как феномен и объект типологии: теоретико-методологический анализ. – СПб.: Фонд «Университет», 2001].

193 Gapotiy V., op. cit., S.109.

Einfach gesagt bedeutet die Souveränität die Fähigkeit, eigene Interessen, die auch die Interessen des Volkes einschließen, zu schützen und zu verwirklichen.

17. Die Interpretationen der Souveränität nach David T. Llewellyn und Stephen D. Krasner im Kontext der „ergänzten Definition"

David T. Llewellyn, Prof. von Money and Banking an der Universität Loughborough, unterscheidet zwischen der „konstitutionellen" und „effektiven" Souveränität. Die konstitutionelle Souveränität bestimmt die Fähigkeit des Staates die „Instrumente der Politik" unabhängig von anderen Staaten zu nutzen. Die effektive Souveränität bedeutet die Möglichkeit des Staates, den Wert der wirtschaftlichen Aufgaben unabhängig auf eine Weise zu bestimmen, dass die Instrumente der Politik effektiv sind (Erreichen eines bestimmten Ausmaßes der Beschäftigung usw.)[194].

Der Staat kann wenig effektive Souveränität haben, während gleichzeitig die konstitutionelle Souveränität nicht in Frage steht[195].

Die "konstitutionelle Souveränität" bedeutet im Kontext der „ergänzten Definition" die Aussage „internationalrechtlich geschützt, wenn einmal erreicht".

Die „effektive Souveränität" dagegen bedeutet die Verwirklichung des eigenen Willens selbständig und unabhängig. Sie bedeutet Autarkie, nicht aber Existenzfähigkeit, weil letztere absolut ist, während die „effektive Souveränität" Grenzen hat.

Der andere Autor, der viel zum Verständnis der Souveränität im modernen Völkerrecht beigetragen hat, ist Stephen D. Krasner, Professor für internationales Recht an der Universität Stanford.

Es gibt vier Aspekte der Interpretation der Souveränität nach S. D. Krasner[196]:

- „domestic sovereignty" – Organisation und Effektivität der politischen Macht im Staat;
- „international legal sovereignty" – gegenseitige Anerkennung der Staaten;

194 Llewellyn David T. International Financial Integration. The Limits of Sovereignty, The Macmillan press LTD, Hong Kong 1980, 215 P., p. 198.

195 Ibid.

196 Bagwell Kylie, Staiger Robert W., op. cit., p. 13.

- „interdependence sovereignty" – Rahmen der Tätigkeiten, über die der Staat einseitige effektive Kontrolle ausübt;
- „westphalien sovereignty" – Nichteinmischung in die inneren Angelegenheiten.

„Domestic sovereignty" oder *innere Souveränität* bedeutet formale Organisation der politischen Macht; Fähigkeit die effektive Kontrolle auszuüben[197]. Sie ist notwendig zur Durchsetzung des Willens des Staates. Dabei werden die Grenzen bestimmt, bis wohin diese legitime politische Macht effektiv ausgeübt werden kann[198]. Als Theoretiker der inneren Souveränität nennt S.D. Krasner Bodin und Hobbes[199].

Die innere Souveränität schließt meiner Meinung nach alle fünf Elemente der Souveränität ein: das Existenzinteresse, den Willen, die Gewalt, die Entscheidung und den Zwang. Sie bedeutet aber nicht „Quellensouveränität", weil die die innere Macht nicht absolut ist, Existenzfähigkeit dagegen ist absolut. Die „innere Souveränität" von S.D. Krasner bedeutet, meiner Meinung nach, dasselbe wie „effektive Souveränität" von D.T. Llewellyn.

International legal sovereignty oder *internationale Rechtssouveränität* sieht die Anerkennung der territorialen Einheiten vor, die schon formalrechtlich unabhängig sind[200]. Der Autor spricht nur von den rechtlich unabhängigen Staaten, nicht aber von den faktisch unabhängigen, wobei in der „ergänzten Definition" eben faktische Selbständigkeit und Unabhängigkeit gemeint ist (potenziell autarke Einheiten).

Normalerweise ist die internationale Rechtssouveränität die Folge der Erreichung der Souveränität als absoluter Existenzfähigkeit. Sie bedeutet Handlungsfähigkeit nach außen.

Die Anerkennung gibt den Staaten die „materiellen und normativen Ressourcen"[201]. Die Nichtanerkennung bedeutet für die dritten Staaten einen hohen Grad der Nichtzuverlässigkeit des entsprechenden Partners[202]. Somit kann dieser „Staat" mit den Ressourcen der anderen Staaten für die Unterstützung eigener Autarkie nicht rechnen, da ausländische Investitionen in diesen Staat nicht zu erwarten sind[203].

197 Krasner Stephen D., op. cit.
198 Ibid.
199 Ibid., p. 11.
200 Ibid., p. 4.
201 Ibid., p. 16.
202 Ibid.
203 Ibid.

Die internationale Rechtssouveränität fördert die Interessen der Regierungen[204]. Sie ist aber nicht die notwendige Bedingung für die Existenz des Staates.

S.D. Krasner unterscheidet auch die *Interdependenzsouveränität*, deren Bedeutung der der „inneren Souveränität" nahe kommt.

Unter der Interdependenzsouveränität versteht man die Fähigkeit der öffentlichen Behörden den Fluss der Information, Ideen, Waren, Menschen, des Kapitals usw. über die Grenzen des Staates zu regeln[205]. Die Staaten können effektive Kontrolle über einige Bereiche ausüben und über andere nicht, das hängt von der Organisation des nationalen Rechtssystems ab, vom Machtmechanismus oder von politischen Fähigkeiten[206]. Ein Grund für geringere Kontrolle ist heutzutage auch die Globalisierung, wobei bei der „inneren Macht" der Grund für die Beschränktheit der Macht eher Formalitäten der staatlichen Organisation sind.

Die *Westfälische Souveränität* schließt die Macht und die Legitimität ein, nicht aber die Kontrolle[207]. Sie ist Folge der internationalen Rechtssouveränität.

Die *W*estfälische Souveränität hat mit der Rechtsidentität des Staates im Völkerrecht zu tun[208]. Im Kontext der „ergänzten Definition" kann man sagen, dass sie das Element der Autarkie dank der Unterstützung der Ressourcen von außen einschließt.

Nicht unbedingt hat der Staat alle vier „Souveränitäten" gleichzeitig[209]. Die Ausübung einer Form kann die andere entwerten (z.B. International Legal Sovereignty entwertet die Westfälische, wenn durch einen internationalen Vertrag die äußere Macht anerkannt wird)[210]. Internationale Rechtssouveränität ist eine notwendige Voraussetzung für die Regierungen, Teile ihrer Westfälischen Souveränität aufzugeben[211]. Sie geben sie zum Schutz eigener Interessen in der sich schnell ändernden Welt auf.

Auch der Verlust der Interdependenzsouveränität kann dazu führen, dass man die Westfälische Souveränität in vielen Teilen aufgeben soll und der Staat

204 Ibid., p. 18.

205 Ibid., p. 4.

206 Krasner Stephen D. Power, the State, and Sovereignty. Essays on International Relations, Routledge 2009, 312 P., p. 97.

207 Krasner Stephen D. Sovereignty. Organized Hypocrisy, Princeton University Press, New Jersey 1999, p. 4.

208 The Responsibility to protect in: Report of the international Commission on Intervention and State Sovereignty, International Development Research Centre, Ottawa 2001, 91 P., p. 12.

209 Krasner Stephen D., op. cit.

210 Ibid.

211 Ibid., p. 19.

dazu gezwungen wird, eine äußere Macht auf seinem Territorium zuzulassen[212] (z.B. Schutz eigener Interessen über die Integration gegen die Globalisierung; Organisationen, für die man die Westfälische Souveränität aufgibt sind EGMR, WTO, EU, UNO[213]). Damit würde der Verlust der Interdependenzsouveränität den Verlust der inneren Souveränität im Sinne der Kontrolle bedeuten, nicht aber unbedingt im Sinne der inneren Macht[214], weil der Verlust der Kontrolle nicht den Verlust der Souveränität bedeutet[215].

Der Staat kann internationale Rechtssouveränität, Westfälische Souveränität und nationalstaatliche Machtstruktur haben und immer noch beschränkte Möglichkeiten grenzüberschreitende Bewegungen und ihre Folgen zu regeln (meiner Meinung nach jetzt – im Kontext der Globalisierung)[216].

Die Schlussfolgerungen von Stephen D. Krasner können in der Tat bedeuten, dass der Autor unter der „echten“ Souveränität die innere Macht versteht (die effektive Souveränität bei D.T. Llewellyn, aber die Existenzfähigkeit in der ergänzten Definition). Auf jeden Fall beschreiben die beiden Autoren, meiner Meinung nach, die Funktionen der Souveränität.

18. Übergang zum zweiten Unterkapitel

In der Zeit der intensiven Globalisierung wird die Frage über die Schwächung der Souveränität aufgeworfen, während es in einigen Nationalstaaten zum Kampf unter den ethnischen Gruppen kommt.

Außerdem gibt es die Völker, die sich auf dem Selbstbestimmungsweg befinden, wobei sie ihren Willen zur Staatsgründung verwirklichen wollen. Wenn es ihnen gelingt und der neue Staat gegründet wird, verfügt er über seinen eigenen Willen.

Wenn er auch dazu noch anerkannt wird, ist er nicht nur vom Völkerrecht geschützt, sondern hat er auch die Möglichkeiten sich in den internationalen Beziehungen durchzusetzen. Er nimmt teil an der Gründung der Normen des internationalen Rechts mit Hilfe von Konsens für das Gleichgewicht zwischen den Interessen der Völker, der Staaten und der Weltgemeinschaft im Allgemeinen. Auf solche Weise entstehen das Gewohnheitsrecht, die Völkerrechtsgrundsätze und die internationalen Verträge.

212 Ibid, p. 13.
213 Ibid., p. 20.
214 Ibid., p. 10.
215 Ibid., p. 13
216 Ibid., p. 4

II. DIE SOUVERÄNITÄT DES STAATES UND DAS VÖLKERRECHT: DIE EINSCHRÄNKUNG, DER VERSTOSS UND DIE SOUVERÄNITÄTSVERWIRKLICHUNG

1. Die Unabhängigkeit und Interdependenz der Staaten in der modernen Welt

Die Souveränität als Qualität hat unmittelbaren Bezug auf die Existenz des Staates als des Subjekts des Völkerrechts. Sie sieht die internationale Rechtsfähigkeit des Staates vor.

Die Verwirklichung der Staatssouveränität im Völkerrecht findet unter der Bedingung der Unabhängigkeit des Staates in den internationalen Beziehungen statt. Die Unabhängigkeit bedeutet aber keine unbegrenzte Handlungsfreiheit. Die Souveränität des Staates in den internationalen Beziehungen ist die reale Unabhängigkeit des Staates, die nicht unbegrenzt ist[217]. In den inneren Angelegenheiten ist der Souverän immer endgültig; ohne Außensouveränität kann der Souverän als endgültig nicht bestimmt werden, und ohne innere Souveränität kann es die Außensouveränität nicht geben[218]. Aber die Außensouveränität ist nicht endgültig, weil der Souverän als der Gleiche im Verhältnis zu den anderen Souveränen existiert. Er ist durch die Grundsätze, die für sie gelten, beschränkt.

Solche Abhängigkeit der Staaten vom internationalen Recht hat der bekannte Gelehrte Hans Kelsen begründet. Er behauptete, wenn man die Vorherrschaft des nationalen Rechts über das internationale Recht anerkennt, dann schließt die Souveränität des einen Staates die Souveränität der anderen Staaten aus. Wenn man aber die Vorherrschaft des Völkerrechts anerkennt, dann kann der Staat souverän betrachtet werden nur in dem Sinne, dass keine andere Rechtsordnung außer der internationalen über der nationalen Rechtsordnung stehen kann[219]. Die Vorherrschaft des Völkerrechts besteht darin, dass der souveräne Staat verpflichtet ist, seine Zuständigkeiten in inneren Angelegenheiten mit den Völkerrechtsverpflichtungen übereinstimmen zu lassen[220].

---

217 Tunkin G., op. cit., S. 15 – 20.

218 Besson S. Sovereignty in conflict in: European Integration online papers, Vol. 1., 2004. - http://eiop.or.at

219 Levin D., op. cit., S. 200 – 208.

220 Schevtsov V. Staatssouveränität [Шевцов В.С. Государственный суверенитет. – М.: Изд. «Наука», 1979], S. 73.

Die Außensouveränität bedeutet die Rechtsfreiheit von Anweisungen. Die Pflicht des Staates, den Anweisungen der Außengewalt zu folgen, bedeutet die internationalrechtliche Abhängigkeit und Unselbständigkeit und als Folge unmittelbare Einmischung in die innere Souveränität. Aber, heutzutage funktionieren die Staaten in den Netzwerken der Informations- und Handelsströme[221]; ihre internationalen Beziehungen entwickeln sich; die Zahl der Teilnehmer und der Rechtsquellen steigt; das Völkerrecht regelt immer mehr Bereiche[222]. Das alles führt dazu, dass die Staaten „freiwillig" verpflichtet sind, sich der internationalen Rechtsordnung zu unterwerfen[223].

Im klassischen Völkerrecht wird die Zusammenarbeit zwischen den Staaten durch die Gegenseitigkeit und den Konsens ausgezeichnet. Aber das moderne Völkerrecht regelt nicht mehr nur internationale Beziehungen, es hat oft Zugang zu den innerstaatlichen Beziehungen, z.B. zwischen dem Staat und den Bürgern. Das führt dazu, dass die Staaten sich nicht mehr auf ihre Souveränität berufen können; sie sollen ihre Handlungen mit den Völkerrechtsvorschriften in Übereinstimmung bringen. Das Völkerrecht hat eine neue Funktion. Es achtet nicht mehr nur auf die Grenzen der Rechtmäßigkeit der Staatshandlungen, sondern es wird eine grundlegende Anweisung des staatlichen Verhaltens[224].

Das internationale Recht als ein maßgebendes Rechtssystem regelt die Verwirklichung der Außensouveränität durch die Staaten.

2. Das Völkerrecht bis zum XX. Jh.

Noch Jean Bodin behandelte das Völkerrecht im Kontext der Souveränität. Als Völkerrechtsquelle betrachtete er die Rechtsgrundsätze und das Gewohnheitsrecht. Aber die zwischenstaatlichen Rechtsbeziehungen organisierten sich erst im XVII. Jh.

Bis Mitte des XX. Jh. stellte das Völkerrecht eine zwischenstaatliche Vereinbarung auf der diplomatischen Ebene dar. Die Institutionalisierung war wenig entwickelt. Regelungsgegenstand waren die politischen Probleme, die dringend gelöst werden sollten.

Grundsätzlich war die Umwandlung der zwischenstaatlichen Beziehungen in das internationale Recht die Antwort auf die uneffektive Gewaltanwendung. Das Völkerrecht entstand als Alternative zu den Kriegen mit dem Ende des Dreißigjährigen Krieges. Die Friedensverträge von Münster und Osnabrück

221 Haltern Ulrich, op. cit., S. 77.
222 Antselewytsch G., Pokreschtschuk O., op. cit., S. 95.
223 Schevtsov V., op. cit., 70.
224 Haltern Ulrich, op. cit., S. 17.

1648 verboten die „ungerechten“ Kriege. Es war aber nur eine Formalität. Die Staaten wollten weiter ihre Ziele mittels der Kriege erreichen[225].

Das Recht auf Krieg war immer durch die Forderung des gerechten Grundes (justa causa) beschränkt. Noch bis zum Westfälischen Frieden existierte das Dogma über die Einschränkung des Rechts auf Krieg zum gerechten Krieg. Es war aber keine völkerrechtliche Forderung, sondern eher die Forderung des Kirchenrechts, das in diesen Zeiten gegenüber allem anderen Vorrang hatte. Der Krieg wurde nur aus einem gerechten Grund zugelassen, z.B. für die Wiederherstellung der verletzten Rechte, für die Gewährleistung des Rechts auf den Glauben und als Selbstverteidigungsrecht. Verfahrensmäßig hatte das Heilige Römische Reich die Hoheit hinsichtlich der Fürsten Europas. Der Kaiser wurde vom Papst gekrönt. Er bakam dann die Zuständigkeiten für die Verteidigung der Kirche und der von ihr bestimmten Rechtsordnung[226].

Wegen der Reformation wurde dieses Verfahren in Frage gestellt. Im Dreißigjährigen Krieg verlor der Kaiser rechtlich die bis dahin faktisch verlorene Souveränität über die Fürsten. Er erkannte sie als gleichberechtigte Partner an. Die Nationalstaaten, die außerhalb des Reichs entstanden waren, wurden unabhängige Rechtssubjekte.

Jetzt sind die Staaten souverän und entscheiden selbst über Krieg und Frieden. Das freie Recht auf Krieg bedeutet ab jetzt, dass die Staaten bei der Einschätzung der Gründe für den Krieg keiner höheren Instanz untergeordnet sind.

Seine innere Organisation und die Beziehungen mit den Bürgern verwirklicht der Staat ohne die Einmischung von dritten Seiten. Ihre Außenbeziehungen mit den dritten Seiten verwirklichen die Staaten gemäß den Bedingungen, die sie selbst festlegen.

Die Rechtsordnung der souveränen Fürsten wurde infolge der Französischen Revolution, der Napoleonischen Kriege und des Verfalls des Heiligen Römischen Reiches beseitigt. Es entstand das Bedürfnis nach internationaler Zusammenarbeit. Im Wiener Kongress wurde 1815 eine neue Rechtsordnung in Europa nach Grundsätzen der Rechtmäßigkeit der Verwaltung eingeführt. Diese Rechtsordnung sollte mit Hilfe der neugegründeten Heiligen Allianz der vier Sieger der napoleonischen Kriege (Österreich, Preußen, Großbritannien und Russland) gewährleistet werden. Die Allianz wurde durch das Europäische Konzert ersetzt, das in Folge der Aufnahme Frankreichs in den Siegerkreis 1818 entstand. Bald sind ihm Italien und die Türkei beigetreten. Das Europäische Konzert begann zu zerfallen. Im Berliner Kongress 1878 wurde eine neue Rechtsordnung in den Balkanländern eingeführt, die die Folge der Niederlage der Tür-

225 Zur Geschichte des Völkerrecht siehe Udo Fink und Ulrich Haltern

226 Fink U. Kollektive Friedenssicherung, 2 Bd., 1999, S. 11.

kei im Krieg mit Russland war. Der Zerfall des Europäischen Konzerts war durch verschiedene Unionen der Großmächte bedingt. Endgültig zerfiel das Konzert mit dem Anfang des Ersten Weltkrieges, der zum Verfall der im Jahr 1815 eingeführten Rechtsordnung führte[227].

Infolge der großen Opfer des Weltkrieges wurde den Regierungen klar, dass die Feindschaft der modernen Staaten eine vernichtende Kraft hat. Der Krieg konnte nicht mehr als Mittel der Gewährleistung eigener Interessen dienen. Um solche Kriege in Zukunft zu vermeiden, haben die Staaten eine zwischenstaatliche Organisation gegründet, die zum Ziel den Weltfrieden hatte. Es handelt sich um den Völkerbund. Er war aber unfähig den Weltfrieden effektiv zu gewährleisten.

Kern des Völkerbundes war das System der friedlichen Streitbeilegung mit Hilfe des Schiedsgerichts oder des ständigen internationalen Gerichts sowie der Mechanismus der Kriegsverhütung. Dieser Mechanismus bestand darin, dass der Angriff auf ein Mitglied des Völkerbundes den Angriff auf alle seine Mitglieder bedeutete.

Die Effektivität des Völkerbundes war aber sehr fragwürdig. Die Entscheidungen des Höchstorganes des Völkerbundes waren rechtlich nicht verbindlich, sie galten als Empfehlungen. Die Staaten waren verpflichtet, bestimmte Maßnahmen anzuwenden, es war aber kein Verfahren dafür vorgesehen mit Ausnahme von wirtschaftlichen Sanktionen. Außerdem gab es kein materielles Verbot der Gewaltanwendung. Der Briand-Kellog Pakt, der zwischen den Großmächten abgeschlossen wurde, mit Ausnahme von der UdSSR, enthielt ein solches Verbot. Dieser Pakt war aber in die Satzung des Völkerbundes nicht integriert[228].

All das, einschließlich des Mangels an Universalität der Satzung (die USA, UdSSR, Deutsches Reich, Italien, Japan waren keine Mitglieder, sind ausgetreten oder wurden ausgeschlossen) machte den Zweiten Weltkrieg möglich.

3. Das allgemeine Gewaltverbot

Die Kriege waren im Laufe von mehreren Jahrhunderten Mittel zur Erreichung der politischen und wirtschaftlichen Ziele. Mit der Entwicklung der Wissenschaft und der Technologien wurden sie besonders gefährlich, und ihre Folgen global. Endlich berücksichtigten die Staaten die Erfahrung des ersten und zweiten Weltkrieges. Sie fanden andere effektive Wege der internationalen Zusammenarbeit heraus, die auf Kompromiss beruhten. Das nichtsbringende Blutver-

227 Ibid.
228 Ibid.

gießen wurde durch das Völkerrecht ersetzt. Heutzutage werden die internationalen Organe gegründet, die neue Wege der Streitbeilegung schaffen. Wo es unmöglich ist, den Streit zu vermeiden, dort wird dieser „humanisiert“[229].

Das moderne Völkerrecht sieht das allgemeine Gewaltverbot vor. Seit dem Ende des Zweiten Weltkriegs wird das souveräne Recht auf Krieg durch die neuen Regeln der internationalen Zusammenarbeit eingeschränkt[230]. Die Zuständigkeiten auf seine Verwirklichung wurde den internationalen Organisationen, die für den Frieden verantwortlich sind, wie der UNO, übergeben. Die UNO ist eine universale internationale Organisation, deren Teilnehmer fast alle Staaten der Welt sind. Und ihre Satzung sieht das allgemeine Gewaltverbot vor und regelt die Ausnahmen von diesem Verbot. Dieses Verbot ist durch einen vertraglichen Sanktionsmechanismus gewährleistet.

Die Ausnahme von dem Gewaltverbot ist die kollektive Gewaltanwendung als Zwangsmaßnahme des Sicherheitsrates gemäß Art. 42 der UNO-Satzung oder der regionalen Organisationen im Auftrag des Sicherheitsrates[231] und sehr begrenzt im Rahmen des Rechts auf Individual- und Kollektivselbstverteidigung gemäß Art. 51 der Satzung[232].

4. Das Recht auf Selbstverteidigung

Das Gewaltverbot, das humanitäre Recht, die Beschränkung der Waffenarten, die Normen des Menschenrechtsschutzes (transnationale Werte, gesunder Menschenverstand und Gerechtigkeit) existieren parallel mit dem Recht auf Selbstverteidigung, auf diesen Grundlagen liegt die Weiterexistenz des Staates als des Höchstwertes, für den die Bürger sich opfern233. Art. 51 der Satzung ist gleichzeitig die Gewohnhcitsrechtsnorm, eben weil die Staaten einen natürlichen Willen haben, sich zu schützen.

Das Völkerrecht erkennt das Recht auf Selbstverteidigung an, das sich in der Gewaltanwendung gegen den Angreifer manifestiert. Es erkennt auch damit, meiner Meinung nach, das souveräne Recht der Staaten auf Krieg an, obwohl seine Verwirklichung durch viele Faktoren beschränkt ist. Es wird bestätigt auch

229 Haltern Ulrich, op. cit., S. 15.

230 Schulze J.-A. Der Irak-Krieg 2003 im Lichte der Wiederkehr des gerechten Krieges, Berlin 2005, S.14.

231 Stein T., von Buttlar C. Völkerrecht, 11 Aufl., Köln, Berlin, München 2005, S. 297.

232 Kunde M. Der Präventivkrieg: geschichtliche Entwicklung und gegenwärtige Bedeutung, Frankfurt am Main, Berlin, Bern, Wien, 2007, S. 160.

233 Haltern Ulrich, op. cit., S. 80.

durch die Anerkennung des Rechts auf die Neutralität sowie auf das Vorhandensein der eigenen Militärkräfte.

Somit wird die Selbstverteidigung oder sogar Hilfe für einen anderen bei seiner Selbstverteidigung heutzutage als gerechter Grund zum Krieg der souveränen Staaten angesehen[234].

5. Das Völkerrecht als Folge der Kriege

Also verfügten die Staaten bis zum XX. Jh. über das faktisch unbeschränkte und formal nur durch iusta causa beschränkte souveräne Recht auf Kriegsführung.

Einerseits ist der Krieg gegen einen bestimmten Staat ein Anschlag gegen seine Sicherheit und die Existenz des Volkes, andererseits ist der Krieg eine Frage der nationalen Sicherheit[235]. Aber die bewiesene Uneffektivität der Erreichung der Ziele mittels der Kriege veranlasst die Staaten zur Verwirklichung der Staatssouveränität mit Hilfe der friedlichen Zusammenarbeit, die nur unter der Bedingung der Einhaltung der Regeln der internationalen Kommunikation möglich ist. Eine notwendige Bedingung dafür sind die Einführung und die Einhaltung der Völkerrechtsgrundsätze.

„Die Opferposition der Menschheit"236, die sich mit Kriegen, neuen Militärtechnologien sowie in den lezten Jahrzehnten mit der Gefahr für die Umwelt, Bevölkerungswachstum sowie Terrorismusgefahr auszeichnet, führt zum Verständnis der allseitig vorteilhaften Zusammenarbeit und nicht mehr der nachteilbringenden Konkurrenz. Dafür war die bewusste Verstärkung der Interdependenz notwendig, und als einzige Quelle der Entstehung der Regel internationaler friedlicher Kommunikation hat sich das Völkerrecht erwiesen237.

6. Die Abhängigkeit der Staaten vom Völkerrecht

Es gibt tatsächlich Bereiche, in denen die Staaten kein Recht haben, die Verbindlichkeit für sie bestimmter Völkerrechtsnormen nicht anzuerkennen. Es geht, z.B. um das Verbot der Aggressivkriege, Völkermord, Apartheid usw.[238]

---

234 Bundegaard Christian, op. cit., p. 15.

235 Haltern Ulrich, op. cit., S. 85.

236 Siehe Haltern U., Fink U.

237 Haltern Ulrich, op. cit., S. 75.

238 Zubrilin V. Souveränität der Staaten und Zusammenarbeit im Bereich der Menschenrechte [Зубрилин В.И. Суверенитет государств и сотрудничество в области прав человека // Международное право в современном мире. – Москва 1991], S. 74 – 84.

Die Abhängigkeit der souveränen Macht der Staaten vom Völkerrecht ist die „freiwillige Willenserklärung der Staaten, die den Zielen des Friedens und der Zusammenarbeit dient“[239]. Sie ist für die Erreichung der Interessen der Staaten und der Völker notwendig.

Diese Abhängigkeit erlaubt gleichzeitig das Potenzial der Staaten zu realisieren.

Abhängigkeit vom Völkerrecht und Potenzial dank des Völkerrechts zeigen sich im Außenaspekt der Souveränität, der solche Grundsätze einschließt, wie Nichteinmischung in die inneren Angelegenheiten, Gleichheit und Unabhängigkeit[240], territoriale Unversehrtheit, sowie die Möglichkeit der Staaten, diplomatische Beziehungen mit anderen Staaten aufzunehmen[241].

Der Staat soll berücksichtigen, dass er Teil der internationalen Gemeinschaft der souveränen Staaten ist. Er soll auf solche Weise handeln, dass die Verwirklichung seiner eigenen Souveränität nicht zur Einschränkung der Souveränität der anderen Staaten führt[242]. Seine Handlungen sollen keine Einmischung in die Souveränität der anderen Staaten verursachen.

Das kann in dem Falle passieren, wenn der Staat solche inneren Handlungen vollzieht, die den Bereich seiner Beziehungen mit anderen Staaten unmittelbar berühren. Die zwingende Einschränkung der Souveränität des anderen Staates wird nicht nur in dem Falle verursacht, wenn der Staat nicht sanktionierte Besatzung verübt, sondern auch wenn er auf seinem Territorium die Tätigkeit von bestimmten Personengruppen, die gegen die territoriale Hoheit und politische Unabhängigkeit des anderen Staates gerichtet sind, erlaubt oder sogar organisiert. Alle solchen Handlungen des entsprechenden Staates verletzen das Völkerrecht, und er ist verpflichtet auf sie zu verzichten, anderenfalls würde er die völkerrechtliche Verantwortung tragen[243].

---

239 Antselewytsch G., Pokreschtschuk O., op. cit., S. 86.

240 Panov M., Gerasina L., Osypova N. Politologie: Lehrbuch für die Studenten der höheren Ausbildungsinstitutionen [Панов М.І., Герасіна Л.М., Осипова Н.П. та ін. Політологія: Підручник для студентів вищих навчальних закладів – К.: Видавничий Дім “Ін Юре”, 2002], S. 360.

241 Madisson V., Schahov V. Politologie der internationalen Beziehungen [Мадіссон В.В., Шахов В.А. Політологія міжнародних відносин. – Київ: “Либідь”, 1997], S.140.

242 Ibid., S.141.

243 Uschakov N., op. cit., S. 26.

7. Die Souveräne Gleichheit der Staaten

Nach der Meinung von Brian Urquhart, sind einige Staaten souveräner als die anderen[244].

Die Staaten sind hinsichtlich ihrer Macht und Ressourcen nicht gleich[245]. Es gibt stärkere und schwächere Staaten. Viele Staaten haben z.B. schwache, nicht kompetente nationale Macht: unfähige Behörden, schwache soziale Infrastruktur, unterentwickeltes Gesundheits- und Bildungswesen[246].

Die Souveränität des Staates sieht aber doch Gleichheit vor[247].

Nur die Außensouveränität von Bodin existierte „aus sich selbst", und diese Existenz hob alle souveränen Staaten auf dieselbe Rechtsebene[248]. Darum gab bzw. gibt es rechtlich keine Stufen der Souveränität[249].

Die Souveränität ist aber auch nicht dasselbe wie Gleichheit. Die Gleichheit wurde erst mit dem Westfälischen Frieden und mit Bodin eingeführt, wobei die Souveränität immer existierte.

Daher, obwohl die Staaten oft faktisch nicht gleich sind, sind sie rechtlich gleich.

Alle anerkannten Staaten, die auch UNO-Mitglieder sind, sind rechtlich gleich[250]. Z.B. Somalia ist immer noch eine von den anderen Staaten gleich anerkannte souveräne Einheit, obwohl es dort keine effektive nationale Macht gibt[251]. Der internationale Status von Somalia wird auch dadurch bestätigt, dass es von Somalia einen Richter am Internationalen Gerichtshof gibt.

---

244 Urquhart Brian Between Sovereignty and Globalisation – Where Does the United Nation fit in? in: Development Dialogue. A journal of international development cooperation, pubished by the Dag Hammarskjöld Foundation, Uppsala 2000, p. 5 – 14, p. 9.

245 The Responsibility to protect in: Report of the international Commission on Intervention and State Sovereignty, International Development Research Centre, Ottawa 2001, p. 7.

246 Krasner Stephen D. Power, the State, and Sovereignty. Essays on International Relations, Routledge 2009, p. 15, 232.

247 Christiansen Thomas, op. cit., p. 18.

248 Quaritsch Helmut Staat und Souveränität, Frankfurt: Athenäum Verlag, 1970, S. 510.

249 Nincic Djura The problem of Sovereignty in the Charter and in the Practice of the United Nations, The Hague: Martinus Nijhoff, 1970, 358P., p. 45.

250 Krasner Stephen D. Sovereignty. Organized Hypocrisy, Princeton University Press, New Jersey 1999, p. 16

251 Krasner Stephen D. Power, the State, and Sovereignty. Essays on International Relations, Routledge 2009, p. 234.

Mit Gleichheit sind also gleicher Wert und gleiche Ehre der Staaten gemeint; es wird die Einzigartigkeit eines jeden Staates anerkannt[252]. Bei der souveränen Gleichheit geht es also, meiner Meinung nach, um die Anerkennung der Fähigkeit zur Existenz und nicht zur Handlung.

Rechtliche Gleichheit bedeutet, dass par in parem imperium non habet. Gemäß diesem Prinzip haben alle Staaten im Rahmen des Völkerrechts die gleichen Rechte und Pflichten. Sie sind verpflichtet, das Recht der Staaten auf freie Bestimmung und Verwirklichung der Beziehungen mit anderen Staaten zu achten[253].

So funktioniert das Prinzip der souveränen Gleichheit, das in vielen Völkerrechtsdokumenten gefestigt ist[254]. Es bedeutet, dass alle Staaten gleichberechtigte Teilnehmer der internationalen Gemeinschaft sind, unabhängig von den wirtschaftlichen, sozialen und politischen Unterschieden. Der Begriff der souveränen Gleichheit schließt folgende Elemente ein[255]: das Recht auf rechtliche Gleicheit, territoriale Unversehrtheit, Freiheit und politische Unabhängigkeit; das Recht, seine politischen, sozialen, wirtschaftlichen und kulturellen Systeme frei zu wählen und zu entwickeln; das Recht, Gesetze und andere Rechtsakte anzunehmen und Beziehungen mit anderen Völkerrechtssubjekten zu entwickeln; das Recht, friedlich und in Abstimmung mit anderen Staaten Grenzen zu ändern; das Recht an den Internationalen Organisationen teilzunehmen; das Recht bilaterale oder multilaterale Verträge abzuschließen; das Recht auf Neutralität.

Die Achtung der Souveränität und Nichteinmischung sind Zentralgrundsätze des internationalen Lebens, die die friedliche Koexistenz in der Welt begünstigen.

Demnach erlaubt die Einhaltung der Prinzipien der souveränen Gleichheit und der Achtung der Staatssouveränität den Staaten, über ihre Rechte frei zu verfügen, die Pflichten freiwillig anzunehmen und selbst ihr Interesse zu gewährleisten[256].

---

252 The Responsibility to protect in: Report of the international Commission on Intervention and State Sovereignty, International Development Research Centre, Ottawa 2001, p. 7.

253 Schevtsov V., op. cit., S. 33.

254 Blatova N., Melkov G. Völkerrecht in Dokumenten: Lehrbuch [Блатова Н.Т., Мелков Г.М. Международное право в документах: Учеб.пособие – М., 2000], S. 824.

255 Butkewytsch V., Mytsyk V., Zadorozhniy O. Völkerrecht. Grundlage der Theorie [Буткевич В.Г., Мицик В.В., Задорожній О.В. Міжнародне право. Основи теорії. – К.: "Либідь", 2002], S. 223.

256 Vasylenko V. Grundlagen der Völkerrechtslehre [Василенко В.А. Основы теории международного права. – Киев: Главное издательство издательського объединения «Вища школа», 1998], S. 152.

8. Das Normativitätsproblem des Völkerrechts

Das Völkerrecht sieht die „vernünftige Abwägung“[257] der globalen Interessen und der Interessen der Einzelstaaten vor. Dasselbe betrifft die Außensouveränität jedes einzelnen Staates. Wenn der Staat diese oder jene Handlungen in den internationalen Beziehungen verwirklicht, fragt er sich „ob es seinen Interessen dient“[258]. Wenn er zu einer negativen Schlussfolgerung kommt, kann er sich weigern, die vorher angenommenen Verpflichtungen zu verwirklichen. Der Grund kann auch der Gegensatz zwischen den Argumenten der Gewaltzweige sein. So ist z.B. die effektive Transformation der Völkerrechtsakte in das nationale Recht oft eben wegen der Souveränität unmöglich.

Darum bleibt „die Normativität des Völkerrechts“ weiterhin nicht „verhandlungssicher“[259]. Obwohl die Staaten das Völkerrecht in den meisten Fällen einhalten, passiert es manchmal, dass sie es doch bewusst verletzen.

Die völkerrechtliche Normativität sieht nicht dasselbe vor wie die staatliche Normativität, weil es um die unterschiedliche Rechtsbefolgungsbereitschaft geht[260]. Die innere Rechtsordnung veranlasst die Unterwerfung der einzigen Macht, die internationale – äußere – lässt so etwas nicht zu[261].

Innerhalb des Staates gibt es die Pflicht der Einzelnen, sich dem Staat unterzuordnen. Es gibt auch die Mechanismen der Gewährleistung dieser Pflicht, da der Staat den Zwang anwenden kann. Nach außen gibt es eine solche Pflicht nicht bis zu dem Zeitpunkt, an dem die Staaten solch eine Pflicht selbt annehmen, z.B. durch Abschluss eines internationalen Vertrags, mit Ausnahme der Verpflichtungen gemäß ius cogens. Aber auch in diesem Fall verletzen die Staaten oft die Grundsätze und Normen des Völkerrechts, wenn sie glauben, dass es ein höheres Interesse gibt, das solche Verletzung rechtfertigt. Es hat, meiner Meinung nach, damit zu tun, dass der Staat den natürlichen Willen hat, sich selbst zu schützen.

257 Haltern Ulrich, op. cit., S. 79.

258 Ibid.

259 Ibid.,S. 78.

260 Ibid.

261 Aron R. Frieden und Krieg zwischen den Nationen [Арон Р. Мир і війна між націями. – К.: Юніверс. – 2000], S. 635.

9. Zwangsmaßnahmen und Sanktionen im Völkerrecht: durch die Staaten und Internationalen Organisationen

Über den Staaten als den unabhängigen Subjekten des Völkerrechts gibt es keine höheren Instanzen, die über universale Gewaltzuständigkeiten verfügen.

Aber Zwang und Sanktionen können von den Internationalen Organisationen im Falle der Verletzung der Satzung oder der Grundsätze des Völkerrechts verhängt werden[262].

Die Sanktionen können auch von den Einzelstaaten verhängt werden, z.B. im Falle der Verletzung der völkerrechtlichen Verträge oder aus anderen Gründen, aber nur unter den vom Völkerrecht vorgesehenen Bedingungen. Es geht z.B. um Repressalien, Retorsion, Abbruch der diplomatischen Beziehungen sowie um das Recht auf Selbstverteidigung gemäß Art. 51 der UNO-Satzung[263]. Auch die Gewaltanwendung von Einzelstaaten ohne Genehmigung des UNO-Sicherheitsrates gehört zu dem Zwang, den die Staaten im Verhältnis zu anderen Staaten ausüben. Solche Gewaltanwendung aber führt zur Verletzung des Völkerrechts durch diesen Staat.

Die Resolutionen des Sicherheitsrates werden mittels Wirtschaftssanktionen und Militärsanktionen durchgesetzt, z.B. mit Hilfe der Koalition der interessierten Staaten, die die nationalen Militärkräfte nach der Genehmigung des Sicherheitsrates oder der regionalen Organisationen eingehen[264].

Falls der Sicherheitsrat keine Entscheidung trifft, gibt es folgende Alternativen: Betrachtung der Situation durch die Generalversammlung in Emergency Special Session unter dem Verfahren „Uniting for peace"; entsprechende Handlungen der regionalen Organisationen (Kapitel VIII der UNO-Satzung) mit der späteren Autorisierung durch den Sicherheitsrat[265].

Aber in den letzten Jahrhunderten wenden in kritischen Situationen die Staaten Gewalt an ohne entsprechende Resolution, die oft post factum oder überhaupt nicht verabschiedet wird, z.B. Intervention NATO im Kosovo 1999, die Operation der USA im Irak 2003 usw.

Wenn die Resolution verabschiedet wird, mischt sich das beauftragte Subjekt in die Angelegenheiten eines bestimmten Staates gerechtfertigt ein, wobei es auch Gewalt anwenden kann (z.B. Intervention mit Billigung der UN und der

---

262 Tschekalenko L., op. cit.

263 Bentzien Joahim Die völkerrechtlichen Schranken der nationalen Souveränität im 21. Jahrhundert, Frankfurt am Main: Peter Lang, 2007, S.29.

264 Tschekalenko L., op. cit.

265 The Responsibility to protect in: Report of the international Commission on Intervention and State Sovereignty, International Development Research Centre, Ottawa 2001, 91 P., p. XIII.

Arabischen Liga[266] in Lybien 2011). Es mischt sich in seinen Verwaltungsmechanismus mit oder ohne militärische Gewalt ein mit dem Zweck der Beilegung der inneren Konflikte[267]. Auf diese Weise, unter den objektiven Umständen und im Falle der vorhandenen Rechtsgrundlagen, verletzt dieses Subjekt faktisch das Prinzip der Nichteinmischung – die Verpflichtung, sich nicht in innere Angelegenheiten der Staaten ohne ihre Zustimmung einzumischen.

Aber in Staaten, die zerfallen, gibt es z.B. die Notwendigkeit der humanitären Interventionen für den Wiederaufbau der Staatsordnung und der grundlegenden Funktionen des Staates mit dem Zweck des Schutzes der Bevölkerung[268]. Sie ist mit der Verantwortung der Staaten und der internationalen Gemeinschaft für die Menschenrechtsverletzung und die Wiederherstellung der Menschenrechte verbunden. Außerdem wird kein liberaler Staat seine Grenzen für Flüchtlinge unbeschränkt öffnen. Kein Staat will „Opfer der internationalen Verpflichtungen“ sein[269]. Es gibt z.B. ein großes Problem mit den Migranten, die über das Mittelmeer nach Europa kommen wollen und an den europäischen Küsten sterben[270]. Europa will diese Verantwortung nicht tragen. Das sind die Gründe der Interventionen.

Die internationale Praxis zeigt, dass die Mehrheit der Staaten, deren Souveränität während der Friedens- und Humanitäroperationen der UNO defacto eingeschränkt wurde (Somalia, Afghanistan, Haiti u.a.), nicht handlungsunfähig war, also als failed states betrachtet werden mussten. Sie waren im Zustand oder fast im Zustand des Bürgerkrieges. Die Gründe dafür waren religiös (Sudan, Libanon), ethnisch (Kongo, Ruanda, Burundi, Uganda) oder politisch[271]. Die Zwangsgewalt war dort permanent, und die Menschenopfer sehr groß, die Grenzen geöffnet, die Zentralgewalt konnte sie nicht kontrollieren und die Spannung spürten die Nachbarstaaten.

Trotzdem nutzen diese Staaten die Souveränität als Mittel der Nichteinmischung in ihre inneren Angelegenheiten und glauben, dass die Intervention ihre Souveränität verletzt und damit einen Verstoß gegen das Völkerrecht darstellt. Bei der Intervention geht aber ihre Souveränität dejure nicht verloren, und defacto nur für die Dauer der Besatzung[272].

---

266 Günter Lerch Wolfgang, op. cit., S. 43.

267 Tschekalenko L., op. cit.

268 Fink Udo, op. cit., S. 87.

269 Haltern Ulrich, op. cit., S. 90.

270 Gammeltoft-Hansen Thomas, Aalberts Tanja E., op. cit., p. 6.

271Tschekalenko L., op. cit.

272 The Responsibility to protect in: Report of the international Commission on Intervention and State Sovereignty, International Development Research Centre, Ottawa 2001, p. 44.

In der letzten Zeit sind aber sogar die UNO-Generalsekretäre durch Erfahrung zum Schluss gekommen, dass die massive Verletzung der Menschenrechte in den bestimmten Staat eine Militärintervention rechtfertigen soll[273].

Die Existenz des Menschenrechtschutzes eröffnet die Standards des inneren Verhaltens der Staaten[274]. Manche Autoren unterstützen die Theorie, dass die Souveränität nicht nur die Verantwortlichkeit des Staates für die Menschenrechte in diesem Staat vorsieht sondern auch für die außerhalb seiner Grenzen stattfindenden Ereignisse[275].

Die Bürgerkriege und Gewalt über die Bürger innerhalb der Staaten können zum Verlust der Fähigkeit des Staates führen, die Hoheit zu sichern. Sie können zur Schwächung der Staatsgewalt führen, die Autorität des Staates und sein Potenzial als Völkerrechtssubjekt untergraben[276].

Die internationale Gemeinschaft wacht über die Einhaltung der Menschenrechte durch alle ihre Mitglieder.

Einerseits gibt es das Gebot des „Exports der Demokratie“ andererseits der Nichtintervention. Beide stehen in „logical contradiction“ zueinander[277]. Die Intervention ist aber gerechtfertigt, wenn sie gemeinsam von „demokratischen Staaten“ zum Schutz der Rechte der Menschen und der Völker ausgeübt wird.

Der andere Grund für die Intervention kann auch der sein, dass die „gefallenen“ Staaten die Terroristen unterstützen könnten, mindestens mit dem Territorium[278].

Wenn die Gefahr hoch ist und die Intervention sich leicht realisieren lässt, gibt es mehr Chancen, dass die starken Staaten militärische Gewalt anwenden werden, um das für sie gefährliche Regime niederzuschlagen[279].

Völkerrechtlich gilt für solche Interventionen The Responsibility to Protect Initiative der UN-Generalversammlung im 2005 (ICISS 2001, Ban 2009)[280].

Es gibt also im modernen internationalen Recht die „Verpflichtung zum Schutz“ auch der fremden Völker auf deren Territorien. Im Falle der Vermutung

---

273 Blawatskyy S., op. cit.

274 Jackson Robert J., op. cit., p. 19.

275 Gammeltoft-Hansen Thomas, Aalberts Tanja E., op. cit., 31 P.; Bundegaard Christian, op. cit.

276 Moiseev A., op. cit., S. 105.

277 Krasner Stephen D. Sovereignty. Organized Hypocrisy, Princeton University Press, New Jersey 1999, p. 3.

278 Krasner Stephen D. Power, the State, and Sovereignty. Essays on International Relations, Routledge 2009, p. 238.

279 Ibid., p. 239.

280 Bundegaard Christian, op. cit., p. 5.

einer großen Zahl von Todesopfern oder des ethnischen „cleaning“ besteht nicht nur das Recht sondern die „Verpflichtung“ sich einzumischen.

Solche Verpflichtung hat drei Stufen der Verwirklichung: Prävention, Reaktion und Rekonstruktion[281].

Um der Gewalt vorzubeugen soll die internationale Gemeinschaft alles unternehmen, was für die friedliche Abschaffung der Wurzeln und der Gründe für den inneren Konflikt des anderen Staates notwendig ist. Wenn aber das nicht mehr möglich ist, dann ist sie verpflichtet entsprechend zu reagieren, aktive Handlungen bis zu militärischer Intervention zu unternehmen[282], und damit die Souveränität des entsprechenden Staates einzuschränken.

Wenn aber nach den Interventionen die Flüchtlinge in die „demokratischen Staaten“ kommen, bestätigen sie ihr Verständnis der Souveränität i.S. der Westfälischen, wenn sie sich verpflichtet fühlen den Flüchtlingen nur zu helfen, falls die sich auf ihrem Territorium befinden[283].

Wie gezeigt bedeutet die Staatssouveränität Verantwortung. Die Staaten können nicht mehr die innere Gewalt mit der „Souveränität“ rechtfertigen. Wenn die Bevölkerung infolge der inneren Kriege, Repression oder „state failure“ leidet und der Staat diese Situation nicht bereinigen kann oder will, geht das Prinzip der internationalen Verantwortlichkeit dem Prinzip der Nichtintervention vor[284].

Außerdem wird für „das Gute“ des betroffenen Staates interveniert. Nach der Besatzung folgt unbedingt die Bildung seiner „effektiven inneren Souveränität“[285]. Die Resolution des Sicherheitsrates 1244 bezüglich Yugoslawien 1999 erforderte im Kosovo die Anwesenheit der internationalen Zivil- und Sicherheitskräfte unter UNO-Aufsicht. Diese Kräfte sollten die Macht der FRY auf dem Territorium des Kosovo ablösen und die volle zeitweilige administrative Verantwortung übernehmen. Die FRY hatte lediglich das Recht auf die diploma-

281 The Responsibility to protect in: Report of the international Commission on Intervention and State Sovereignty, International Development Research Centre, Ottawa 2001, 91 P., p. XI.

282 Ibid.

283 Gammeltoft-Hansen Thomas, Aalberts Tanja E., op. cit., p. 10.

284 The Responsibility to protect in: Report of the international Commission on Intervention and State Sovereignty, International Development Research Centre, Ottawa 2001, p. XI.

285 Krasner Stephen D., op. cit., p. 238.

tische Vertretung innerhalb des Staates (Pristina). Die UNO-Mission sollte die Bestimmung des künftigen Statuts von Kosovo beschleunigen[286].

Junge Beispiele für die Zwangsmaßnahmen seitens des Sicherheitsrates sind die Resolutionen 1970 und 1973 bezüglich Lybiens, die als Reaktion auf die Eskalation der Gewalt infolge der Demonstrationen der Zivilbevölkerung gegen das Regime angenommen wurden. Folge dieser Resolutionen waren Waffenembargo, Flugverbote über Lybien sowie Militärintervention[287].

Auf jeden Fall ist die erzwungene Einschränkung der Souveränität der Staaten infolge der von ihnen verübten Völkerrechtsverletzung vorübergehend. Sie dauert so lange, bis die inneren Konflikte geregelt sind oder die ausländischen Truppen das Territorium des Staates aus anderen Gründen verlassen[288].

Die Gründung der UNO führte zur Einschränkung der Möglichkeiten der Völkerrechtsverletzung sowie der Gewaltanwendung gegen die Staaten. Jeder Staat hat das Recht, seine territoriale Souveränität zu schützen und kein anderer darf sie verletzen. Aber wenn der Sicherheitsrat entscheidet, dass das Verhalten eines bestimmten Staates als solches qualifiziert wird, dass die internationale Sicherheit verletzt und anderen Staaten Schaden zugefügt wird, d.h. der Aggressionsakt verübt wird, dann darf man auf diese Souveränität nicht achten[289]. Es bedeutet, dass im Falle massiver Menschenrechtsveletzungen in diesen Staaten diese die Souveränität nicht als Schutzmittel gegen eine Intervention nutzen können.

10. Zwangsmaßnahmen und Sanktionen im Völkerrecht: durch die Internationalen Gerichte

Für die Sicherung der Einhaltung des Völkerrechts wurden die internationalen Gerichtshöfe gegründet, obwohl die Effektivität solcher Zwangsmechanismen bezweifelt wird, da die Durchsetzung der Entscheidungen der internationalen Gerichte vom Rechtsverletzer abhängt. Die Entscheidungen des IGH z.B. werden durch die freiwillige Unterwerfung, koordinierte internationale Sanktionen und die Vermittlung dritter Staaten umgesetzt[290]. Die Tätigkeit des internationalen Strafgerichtshofes und des Europäischen Gerichts für Menschenrechte lässt

286 Yannis A. The Concept of Suspended Sovereignty in International Law and Its Implications in International Politics in: European Journal of International Law, Vol. 13., No.5., 2002, S. 1037-1052.

287 http://www.un.org/Depts/german/sr/sr_11/sr1973.pdf

288 Tschekalenko L., op. cit.

289 Ibid.

290 Ibid.

die Einmischung des Völkerrechts in die Beziehungen zwischen dem Staat und den Personen zu. Sie verfügen über die Zuständigkeiten auf die Verwirklichung der inneren Kompetenz der Mitgliedstaaten. Aber auch in diesen Fällen schützen die Staaten in erster Linie ihre Nationalinteressen und nationale Souveränität. Oft bleibt der diplomatische Druck das einzige Einflussmittel, das zur „freiwilligen Einschränkung der Souveränität“ führt[291].

11. Freiwillige funktionale Souveränitätseinschränkung

Natürlich ist die Einschränkung der Souveränität der Staaten notwendig, wenn sie frei und demokratisch ihre Funktionen in den internationalen Beziehungen gemäß dem Völkerrecht verwirklichen wollen. Aber solche Einschränkung ist Teil der Souveränität selbst, da die Souveränität die Gleichheit vorsieht. Es bedeutet, dass die Staaten sich einander gleich anerkennen, was ihre Verpflichtung ist. Und die Verpflichtung ist, meiner Meinung nach, die Art der Beschränkung.

Hinter der Souveränität steht die Angst des Staates vor dem Ende seiner Existenz. Innerhalb des Staates geht es um die Angst vor Revolutionen und Umstürzen, außerhalb mindestens vor Konflikten und vor dem Verlust der Vorteile von der Zusammenarbeit. Die Souveränität ist also von Natur aus funktional beschränkt, innerhalb des Staates von den Pflichten gegenüber dem Volk, außerhalb vor anderen Subjekten des Völkerrechts. Die Grundlage solcher „a priori Einschränkung“ ist die Notwendigkeit der effektiven Verwirklichung eigener Interessen.

Dafür benutzen die Staaten die Mittel, die ihnen das Völkerrecht zur Verfügung stellt, z.B. internationale Verträge.

12. Die Notwendigkeit der völkerrechtlichen Verträge

Nach Ulrich Haltern bedeutet der Abschluss eines internationalen Vertrags die Anerkennung einer bestimmten „vorpolitischen“ Pflicht. Die Menschenrechte sind geschützt, nicht weil sich die Staaten durch Konsens zu ihrem Schutz verpflichten, sondern weil dem Mensch bestimmte unveräußerliche Rechte zukommen, die durch keine Gewalt verletzt werden dürfen. Die Umwelt ist geschützt, weil sie unersetzlich ist. Bei der Verletzung des Umweltrechts kann eine Gefahr für die Menschheit entstehen.

---

291 Siehe weiter S. 70.

Wenn sich die Staaten auf den Schutz der Menschenrechte und der Umwelt einigen, so tragen sie dann die moralische Verantwortung. Sie üben Druck auf die anderen Staaten aus, die dazu aus irgendwelchem Grund nicht bereit sind.

Es geht aber im Völkerrecht nicht um die politische Zustimmung zur Unterwerfung unter eine bestimmte Norm. Die Geltungsgründe des Völkerrechts sind Moral und Vernunft, die außerhalb des staatlichen Willens liegen. Das internationale Recht ist daher nicht bloß die Summe der Willensakte, sondern es schließt die Macht, den Willen und die Vernunft ein[292].

Die internationalen Verträge sind das optimale Maß der Abstimmung der souveränen Willen der Staaten[293].

Die Vertragsnormen verkörpen den souveränen Willen der Staaten. Sie stellen die Rechtsgrundlage und das Mittel der Verwirklichung der Staatsgewalt für jeden der teilnehmenden Staaten in den internationalen Beziehungen dar[294].

Diese Völkerrechtsnormen sind die Folge der Bereitschaft der Staaten, sich den abgestimmten Regeln zu unterwerfen.

Seit dem Altertum existiert das Prinzip „pacta sunt servanda". Aber dieses Prinzip haben die Herrscher oft ignoriert. Seit dem Mittelalter kennen wir den Friedensvertrag von Brétigny, nach dem Guyenne und Cascogne vom französischen König dem englischen übergeben wurden. Karl V. hat diesen Verzicht auf künftige Zuständigkeiten über Guyenne bestritten, womit er den Vertrag verletzte:

> „Nous quis sommes seigneur souverain du pais de Guyenne"[295].

Seit Bodin ist dieses Prinzip zur Pflicht der Souveräne geworden. Geschichtlich gehörten zu den pacta der Souveräne die Verträge mit den fremden Fürsten sowie die politischen Zusicherungen bezüglich der Staatsangehörigen[296]. Man kennt den Westfälischen Frieden 1648, die Reibunder Akte 1806[297], die Brünner Verträge 1805, den Ludwigsburger Vertrag 1808, später auch die Verträge über die Gründung der zwischenstaatlichen Bündnisse.

---

292 Haltern Ulrich, op. cit., S. 76.

293 Maleev Y. Souveränität und Völkerrecht [Малеев Ю.Н. Суверенитет и международное право // Международное право в современном мире. – Москва 1991], S. 52 – 65.

294 Schevtsov V., op. cit., S. 32.

295 Quaritsch Helmut Souveränität: Entstehung und Entwicklung des Begriffs in Frankreich und Deutschland vom 13 Jh. bis 1806 in: Schriften zur Verfassungsgeschichte, Band 38, Berlin: Duncker und Humblot, 1986, S. 17.

296 Dock A. Op. Cit. – S. 30.

297 Quaritsch Helmut, op. cit., S. 112.

Der Abschluss des völkerrechtlichen Vertrags ist eine der Formen der Verwirklichung der staatlichen Souveränität[298]. Die ständige Kammer des internationalen Gerichtshofes betonte noch 1923, dass das Recht, die internationalen Verpflichtungen anzunehmen, ein Attribut der Staatssouveränität darstellt[299]. Die Übernahme der internationalen Verpflichtungen bedeutet nicht, dass das entsprechende Subjekt über die Souveränität verfügt, aber wenn das Subjekt über die Souveränität verfügt, heißt das, dass es das Recht hat, die internationalen Verpflichtungen zu übernehmen.

Das Recht auf Abschluss der internationalen Verträge ist ein unentbehrliches souveränes Recht des Staates, das er auch am meisten verwirklicht.

13. Selbsteinschränkung versus Verwirklichung der Souveränität (Handlungsfähigkeit und Existenzfähigkeit)

Die Souveränität gilt und offenbart sich im Rahmen des Völkerrechts. Die freiwillige Unterwerfung der Staaten unter bestimmte Normen des Völkerrechts spiegelt den Umfang und die Qualität der Souveränitätsverwirklichung wider[300]. Aber jede Verpflichtung des Staates berührt, meiner Meinung nach, seine Freiheit in der Verwirklichung seiner Funktionen. Deswegen wird die Souveränität bei ihrer Verwirklichung eingeschränkt.

Die Gelehrten schreiben oft, dass es nicht um die Einschränkung oder Selbsteinschränkung, sondern um die Verwirklichung der Souveränität geht, obwohl die Souveränität nicht nur Rechte, sondern auch Pflichten und Verantwortung vorsieht[301].

Eine Reihe von Autoren, die eine solche Position vertreten, meinen, dass die Verpflichtung, sich den Völkerrechtsnormen zu unterwerfen, nicht bedeutet, dass die souveränen Rechte oder die Souveränität eingeschränkt werden. Ihrer Ansicht nach bestätigt die freiwillige Selbsteinschränkung, die mit der Teilnah-

---

298 Dmytriyev I. Muravyov V. Internationales öffentliches Recht: Lehrbuch [Дмитрієв І. Муравйов В.І. Міжнродне публічне право: Навч.посіб. – К.: Юрінком Інтер, 2001], S.328.

299 "Publications of the Permanent Court of International Justice", Serie A, No 1, P. 25.: http://www.icj-cij.org/pcij/serie_A/A_01/03_Wimbledon_Arret_08_1923.pdf (S. 22)

300 Maleev Y., op. cit., S. 51 – 65.

301 Usatschev I. Souveränität bedeutet Verantwortlichkeit [Усачев И. Суверенитет подрозумевает ответственность//Свободная мысль. – №16 – 1991], S. 87 – 92.

me an den internationalen Beziehungen verbunden ist, die Souveränität der teilnehmenden Staaten[302].

Es gibt auch Meinungen, dass die These über die Einschränkung der Souveränität durch irgendeinen Vertrag zum Löschen des Unterschiedes zwischen den Verträgen, die aufgrund von Prinzipien der Freiwilligkeit, der Gleichheit und der Beiderseitigkeit abgeschlossen werden, und den Verträgen, die diese Prinzipien verletzen, führt. Damit meinen sie, dass man jede Souveränitätsverletzung bis zur vollen Ablösung als freiwillige Selbsteinschränkung rechtfertigen kann[303]. Einige Theoretiker glauben, dass der völkerrechtliche Vertrag die Rechtsgrundlage für die Änderung des Statusses der Völkerrechtssubjekte sein kann, da es, mit Ausnahme von ius cogens, keine Beschränkung bezüglich der Fragen gibt, die der völkerrechtlichen Regelung unterlegen können[304]. Kyle Bagwell und Robert W. Staiger vertreten die Ansicht, wenn die Bestimmung der Politik Gegenstand der internationalen Verhandlungen zwischen den Staaten ist, kann man daraus die Schlussfolgerung ziehen, dass der Staat seine nationale Souveränität über diese Politik verliert, mindestens für die Dauer des Vertrags[305].

Diese Meinung basiert darauf, dass die souveränen Staaten das Recht haben, über ihr Schicksal selbst zu entscheiden, sogar wenn die Selbsteinschränkung zum Souveränitätsverlust führt. Dabei kann die freiwillige Einschränkung auch die Hoheit und Unabhängigkeit betreffen[306], da das alles die Souveränitätsverwirklichung darstellt[307].

Es gibt einen anderen Standpunkt, nämlich dass die Staaten im völkerrechtlichen Vertrag auf die Souveränität nicht verzichten können[308]. Danach führt die Erweiterung der Bereiche der internationalen Kooperation nicht zur Kürzung der Bereiche der innerstaatlichen Regelung, die Souveränität wird dann nicht eingeschränkt[309].

Die innerstaatliche Kompetenz existiert unabhängig vom Völkerrecht. Das Völkerrecht erkennt das Vorhandensein der inneren Kompetenz an und fordert die Nichteinmischung in innere Angelegenheiten des Staates, und somit stellt es lediglich das fest, was naturgemäß der Staatssouveränität inhärent ist[310].

302 Schevtsov V., op. cit., S. 35.
303 Vasylenko V., op. cit., S. 157.
304 Ibid., 172.
305 Bagwell Kylie, Staiger Robert W., op. cit., p. 11.
306 Tschernytschenko S., op. cit., S. 36.
307 Vasylenko V., op. cit., 161.
308 Moiseev A., op. cit., S. 375.
309 Schevtsov V., op. cit., S. 74.
310 Uschakov N., op. cit., 143.

Die Bereiche der innerstaatlichen und internationalen Regelung sind aber verbunden. Wenn der Staat bei Abschluß eines Vertrages bestimmte Verpflichtungen übernimmt, beschränkt er seine Freiheit der Handlungen in einem bestimmten Bereich, d.h. er schränkt sich in der Möglichkeit der Wahl anderer Formen der Souveränitätsverwirklichung freiwillig ein. Aber diese Selbsteinschränkung soll nicht unwiderruflich sein und die grundlegenden Rechte des Staates auf politische und wirtschaftliche Unabhängigkeit, auf die Gleichheit mit anderen Staaten, auf die Nichteinmischung, auf die Selbstverteidigung, auf die Teilnahme an den internationalen Organisationen nicht verletzen. Ein Verstoß gegen diese Rechte stellt einen Verstoß gegen die Staatssouveränität dar[311]. Nur das Volk kann darüber entscheiden, ob es seine Souveränität aufgeben möchte[312].

Da der internationale Vertrag bestimmte Pflichten vorsieht und die Pflichten immer „moralische" Einschränkung der Handlungsfähigkeit sind, führt solche Souveränitätsverwirklichung zur zeitweiligen freiwilligen Einschränkung (Selbsteinschränkung) der Souveränität der höheren Ineressen wegen.

Das Niveau der Einschränkung der Souveränität nach dem völkerrechtlichen Vertrag hängt, meiner Meinung nach, von verschiedenen Faktoren ab, z.B. von dem Regelungsbereich, der Teilnehmeranzahl und den vorgesehenen Sanktionen im Falle der Nichterfüllung der Vereinbarungen.

Der Außenaspekt sieht eine weite Kompetenz vor, die der Staat in den internationalen Beziehungen nützt[313]. Diese Kompetenz erstreckt sich auf jede innere Angelegenheit, die Außenkompetenz wird, nachdem sie Gegenstand des internationalen Vertrags geworden ist[314]. Aber wenn die entsprechende Frage nicht mehr vom Völkerrechtsvertrag geregelt wird, dann wird sie wieder innerstaatlich geregelt[315]. Z.B. die Fragen der Staatsangehörigkeit gehören zur inneren Kompetenz des Staates. Aber in Einzelfällen werden sie Gegenstand der völkerrechtlichen Vereinbarungen. Die internationalerechtliche Regelung der Fragen über die Staatsangehörigkeit findet auf der Grundlage der Verwirklichung der Staatssouveränität statt und wird in der innerstaatlichen Gesetzgebung festgeschrieben[316]. Wenn die Wirkung des Vertrags endet, werden diese Fragen nationalstaatlich geregelt.

---

311 Levin D., op. cit.

312 Moiseev A., op. cit.

313 Levin D., op. cit.

314 Uschakov N. Souveränität im modernen Völkerrecht [Ушаков Н.А. Суверенитет в современном международном праве. – Москва 1963], S. 207.

315 Levin D. Aktuelle Probleme der Völkerrechtstheorie [Левин Д.Б. Актуальные проблемы теории международного права. – М.: Наука, 1974], S. 67.

316 Schevtsov V., op. cit., S. 38.

Also können in den Fällen, in denen es nicht um das Menschheitsinteresse geht[317], die Staaten ihre Kompetenz in jedem Bereich wiederaufnehmen, wenn die Geltung des Vertrags für sie aufgehört hat. Die Verpflichtung zur Nichtausübung der Zuständigkeiten auf die Verwirklichung der Einzelrechte der Staaten soll nicht permanent werden[318].
Bis also der Staat bestimmte Fragen wiederaufnimmt, bedeutet seine Teilnahme im völkerrechtlichen Vertrag die freiwillige zeitweilige Einschränkung. Wenn der Staat das Recht auf Vertragsabschluss einmal verwirklicht hat, schränkt er sich in der Möglichkeit der nächsten Verwirklichung dieses Rechts ein, z.B. im Bezug auf andere Staaten (abhängig vom Gegenstand des Vertrags), da der Staat als Vertragsteilnehmer bestimmte Verpflichtungen annimmt und für ihre Erfüllung oder Nichterfüllung die völkerrechtliche Verantwortung trägt[319].

14. Das Ausmaß der Selbsteinschränkung

Abhängig von der Teilnehmerzahl, der Wichtigkeit und der Zahl der vom Vertrag geregelten Fragen kann man über das Ausmaß der Einschränkung sprechen.

Nach der Teilnehmerzahl werden die Verträge in bilaterale und multilaterale eingeteilt. Die Bilateralen haben einen geringen Einfluss auf die Minderung der Kompetenz des Staates in einem bestimmten Bereich oder in mehreren Bereichen. Es geht um die gegenseitige Vereinbarung in bestimmten Fragen. Diese Verträge regeln einen geringen Umfang der Rechtsbeziehungen, die nicht global sind. In diesem Fall übernehmen die Staaten die Pflicht, die Bedingungen der Verträge und die Grundsätze des Völkerrechts zu erfüllen.

Die multilateralen Verträge werden oft für die Regelung von Problemen mit universaler oder regionaler Bedeutung abgeschlossen. Die Staaten haben die Verantwortung für eine immer höher werdende Zahl der Teilnehmer.

Wenn die Staaten völkerrechtliche Verträge abschließen, übergeben sie ihre Zuständigkeiten nicht, aber manchmal verzichten sie auf eigene Interessen zum Nutzen von allgemeinmenschlichen Interessen. Sie üben ihre Kompetenz nicht aus, wenn solche Ausübung für die Weltgemeinschaft schädlich sein kann. Der Verzicht ist „freiwillig“, weil die entsprechenden Staaten auch Teil dieser Weltgemeinschaft sind und die Konsequenzen auch für sie nachteilig sein würden.

317 Es geht um die Völkerrechtsgrundsätze und ius cogens

318 Maleev Y., op. cit., S. 51 – 65.

319 Schevtsov V., op. cit., S. 37.

Auf solche Weise gerät die innere Souveränität unter Druck wegen der Interdependenz zwischen den Staaten[320].

15. Entwicklung der internationalen Beziehungen versus Souveränität

Die Institutionalisierung des Völkerrechts wächst besonders durch die internationalen Gerichtshöfe und internationalen Organisationen mit eigenen Zuständigkeiten auf Rechtsgebung. Die Grenzen zwischen dem Verfassungsrecht und dem Völkerrecht werden langsam verwischt. Das führt zur Entstehung der Normenhierarchie im Völkerrecht. Nach der Meinung einiger Völkerrechtler ist es der richtige Weg der Entwicklung der Zivilisation, sie betrachten die Souveränität als Faktor, der diese Entwicklung bremst[321].

Oft schreiben die Autoren, dass für die effektive Entwicklung der internationalen Zusammenarbeit der Austausch der Souveränität eines bestimmten Staates gegen die „vereinigte Souveränität", „Supremation des gemeinsamen Willens" notwendig ist[322]. Solche Meinung sieht das Verschwinden der Souveränität und die Übertragung der Macht vom Staat zur Staatengemeinschaft vor[323].

Die Souveränität ist aber eine notwendige Bedingung harmonischer internationaler Beziehungen. Die negative Haltung bezüglich dieser Erscheinung, Versuche ihre Notwendigkeit zu verneinen können zu „unvorhergesehenen Folgen" führen[324]. Die Rolle des Staates wächst wegen der Komplizität der gesellschaftlichen Prozesse, die den Verwaltungseinfluss brauchen[325]. Viele Völkerrechtler glauben, dass es zu früh ist, das Verschwinden und sogar die Schwächung der Souveränität zu vermuten[326]. Die Außenpolitik des Staates soll der Festigung seiner Unabhängigkeit und der Souveränität dienen[327]. Dafür nimmt er an der

---

320 Haltern Ulrich, op. cit., S. 9, siehe auch Chayes Abram, Handler Chayes Antonia The New Sovereignty: Compliance with International Regular Agreements, Harvard University Press, 1995, P. 27.

321 Gapotiy V., op. cit., S. 50.

322 Levin D. Hauptprobleme des modernen Völkerrechts [Левин Д.Б. Основные проблемы современного международного права. – Москва1958], S. 200 – 208.

323 Schevtsov V., op. cit., S. 70.

324 Kremen V., Gorlatsch M. Politologie: Wissenschaft über die Politik [Політологія: наука про політику. За ред. Проф. В.Г. Кремень, проф. М.І. Горлач. – Київ-Харків: "Єдінорог" 2002], S. 438.

325 Salnikov V., Stepanin S., Chabibullin A. Staatlichkeit als Phänomen und Objekt der Typologie: theoretisch-methodologische Analyse [Сальников В.П., Степанин С.В., Хабибуллин А.Г. Государственность как феномен и объект типологии: теоретико-методологический анализ. – СПб.: Фонд «Университет», 2001], 208 S., S. 98 – 99.

326 Gapotiy V., op. cit., S. 63.

327 Madisson V., Schahov V., op. cit.

internationalen Kooperation teil, schließt völkerrechtliche Verträge ab, gründet internationale Organisationen in Zusammenarbeit mit anderen Subjekten des Völkerrechts usw.

Die sekundären Völkerrechtssubjekte ersetzen die Staaten nicht, ihre Wechselwirkung wird durch den Wettbewerb und die Zusammenarbeit charakterisiert[328]. Die Souveränität verschwindet nicht[329] und wird auch nicht geschwächt, nur die Formen ihrer Verwirklichung werden geändert und die Bereiche ihrer Anwendung werden sogar erweitert[330]. Es wird auf der Notwendigkeit der Souveränitätserhaltung beharrt, aber die Möglichkeit ihrer Evolution entsprechend den Änderungen der Staatsinteressen nicht verneint[331].

Also gibt es zwei gegenteilige Meinungen. Eine ist, dass der Staat seine Politik nicht unabhängig von anderen Mitgliedern der inernationalen Gemeinschaft bestimmen kann und deswegen die Souveränität geschwächt wird[332], die andere umgekehrt, dass die Rolle des Staates wächst.

Die Souveränität spiegelt die Möglichkeiten des Staates wider. Sie ist die notwendige Voraussetzung der Verwirklichung seiner Funktionen und Aufgaben[333].

Die Souveränität hindert aber die Gründung der globalen völkerrechtlichen Vernetzung der Staaten nicht. Nur die Grenzen der Souveränitätseinschränkung in diesem Prozess werden durch diese Staaten womöglich selbst bestimmt[334].

Die Souveränität existiert nicht aufgrund des Völkerrechts, sie kann von ihm weder gegründet noch bestritten werden[335]. Der Staat tritt den internationalen Beziehungen als souveräne Einheit bei. Die Souveränität ist kein Ergebnis der Teilnahme an der internationalen Zusammenarbeit.

---

328 Kremen T. Staatssouveränität in den Zeiten der Globalisierung [Кремень Т. Державний суверенітет у добу глобалізації // Політика і час. – №10. – 2003], S. 36 – 41.

329 Saskia Sassen, op. cit., p. 31.

330 Kremen T., op. cit.

331 Tschekalenko L., op. cit.

332 Kremen T., op. cit., S. 37.

333 Gapotiy V., op. cit., S. 24.

334 Meschtscheryakova O. Supranationalität im Recht der Europäischen Union und Problem der Souveränität: Dissertation [Мещерякова О.М. Наднациональность в праве Европейского Союза и проблема суверенитета: Автореф. Диссертации д-ра юрид. Наук: 12.00.10. – Москва 2010], S. 19.

335 Uschakov N., op. cit., S. 68.

16. Übergang zum dritten Unterkapitel

Den Inhalt der Souveränität bestimmt das nationale Recht, einige Merkmale legt das Völkerrecht fest und fließt dadurch mit ein. Das Völkerrecht bestimmt die Bedingungen und den Rahmen der Souveränitätsverwirklichung mittels der Normen und Grundsätze, die höhere Rechtskraft im Bezug auf nationales Recht haben. Der Staat kann irgendwelche innere Kompetenz internationalrechtlicher Regelung unterwerfen. Er entscheidet, inwieweit der Umfang seiner Zuständigkeiten gekürzt wird. Solche Kürzung soll aber nicht unwiderruflich sein. Im Falle der Vertragskündigung regelt das nationale Recht die Fragen wieder. Es bezieht sich nicht auf die Völkerrechtsgrundsätze, die die Souveränität vor anderen Völkerrechtssubjekten schützen.

Die Beziehungen zwischen den Staaten zeichnen sich durch die Unabhängkeigkeit von den Anweisungen anderer aus. Heutzutage hängen sie aber von der Völkerrechtsordnung ab.

Aber wenn ihre Souveränität dabei bedroht wird, können sie diese völkerrechtlich, gewohnheitsrechtlich oder sogar einfach „praktisch", d.h. völkerrechtswidrig, schützen. Die letzte Variante ist nicht legitim, kann aber nicht immer verhindert werden.

III. DER SCHUTZ DER SOUVERÄNITÄT IM VÖLKERRECHT

Es wird die Souveränität, die völkerrechtlich erreicht ist, auf vielen verschiedenen Wegen geschützt. Zum einen wird sie geschützt von Seiten der internationalen Gemeinschaft zum anderen von Seiten des Staates selbst. Nachstehend sind einige der Schutzwege angegeben.

1. Die Kontrolle über die Souveränitätsverwirklichung durch die internationale Gemeinschaft

Der Staat, der überzeugt ist, dass seine Souveränität verletzt wurde oder fast vor der Verletzung steht, kann die internationalen Organisationen und die anderen Staaten um Hilfe bitten, seine Souveränität zu schützen. Die Initiative kann auch einseitig von der internationalen Organisation ausgehen.

Die zum Schutz der staatlichen Souveränität beauftragte Organisation ist die Organisation der Vereinten Nationen, deren Satzung als „Verfassung der internationalen Gemeinschaft"[336] angesehen werden kann. Und wenn die Satzung in Bezug auf ihre Mitglieder verletzt wird, dann hat sie das Recht sich einzumischen. Für den betroffenen Staat ist die UNO „fast die letzte Institution im Kampf für die nationale Souveränität"[337].

Die UNO ist verpflichtet, die Kollektivmaßnahmen für die Beseitigung der Souveränitätsverletzung, die den Frieden gefährdet, zu verwenden. Das Organ der UNO, das die scharfen Maßnahmen in Bezug auf Souveränitätsverletzer treffen darf, ist der Sicherheitsrat, der auf der Grundlage der UNO-Satzung militärische und nichtmilitärische Sanktionen verhängen kann (Art. 24, Kap. XVII).

Gemäß Art. 24 der UNO-Satzung trägt der Sicherheitsrat die Hauptverantwortung für die Erhaltung des internationalen Friedens und der Sicherheit. Er hat das Recht zu entscheiden, welche provisorische, präventive oder Zwangsmaßnahmen für die Erhaltung des Friedens notwendig sind[338]. Die UNO-Friedensoperationen werden nur dann angewendet, wenn nach der Empfehlung oder aufgrund der verbindlichen Entscheidung des Sicherheitsrates die Staaten ihre Militärmittel der UNO übergeben[339].

Wegen des Veto-Rechts der ständigen Mitglieder ist der Souveränitätschutz durch den Sicherheitsrat manchmal nicht effektiv.

Das andere Organ, das über die Gerechtigkeit im Fall der Souvernitätsverletzung entscheidet, ist der Internationale Gerichtshof. Der IGH ist das Hauptrechtsprechungsorgan der UNO. Sein Status ist in der Charta der Vereinten Nationen und im IGH-Statut geregelt.

Parteien vor dem IGH können nur souveräne Subjekte des Völkerrechts sein, d.h. nur Staaten, und nur solche, die UNO-Mitgliedsstaaten sind oder solche, die keine Mitglieder der UNO sind, aber das Statut ratifiziert haben.

Um sicher zu sein, dass das Gericht eine objektive Entscheidung trifft, sollen alle Richter unterschiedlicher Nationalität von allen Weltregionen sein. Was den Auswahlprozess objektiv macht, ist auch die gemeinsame Wahl der Richter durch die Generalversammlung und den Sicherheitsrat. Außerdem sind die Richter nicht Vetreter ihrer Staaten, sondern sie sind völlig unabhängig und entscheiden ausschießlich auf der Grundlage des internationalen Rechts.

Damit das Gericht für den Fall zuständig wird, muss es dazu auch von den vom Statut bestimmten Seiten aufgefordert werden. Außerdem sollen, damit es im bestimmten Fall zuständig wird, alle beteiligten Parteien diese Zuständigkeit anerkennen, entweder durch einen völkerrechtlichen Vertrag oder durch eine

336 Nincic Djura, op. cit., p. 35.

337 Urquhart Brian, op. cit., p. 7.

338 Uschakov N., op. cit., S. 123.

339 Schepelev M. Theorie der internationalen Beziehungen [Шепєлєв М.А. Теорія міжнародних відносин: Підручник. – К.: Вища шк., 2004], 622 S.

Unterwerfungserklärung. Die Entscheidungen des IGH sind für die Parteien bindend.

Die Urteile des Gerichtshofs werden normalerweise befolgt. Aber wenn die Parteien versuchen sie zu ignorieren, kann die Durchsetzung der IGH-Entscheidungen durch den Sicherheitsrat durchgesetzt werden (Art. 94 Abs. 2 der Charta der Vereinten Nationen).

Ein anderes Mittel der Kontrolle über die Einhaltung der Grundsätze bezüglich der Souveränität ist der diplomatische Druck (völkerrechtlicher Begriff ist Retorsion[340]), der sowohl von Seiten der internationalen Organisationen als auch von Seiten der anderen Staaten ausgeübt werden kann. Dieses Mittel ist völkerrechtlich nicht vorgeschrieben, aber doch in vielen Fällen effektiv. Es folgt aus der Natur der internationalen Beziehungen und faktischen Abhängigkeit der Staaten voneinander. Der ausdrückliche diplomatische Druck kann aber als Einmischung in die inneren Angelegenheiten des Staates angesehen werden. Darum sind die Staaten sehr vorsichtig mit harten Aussagen, die als Bedrohung wahrgenommen werden können. Aber auch die weichen Aussagen der staatlichen Behörden bezüglich der Nichtzulassung bestimmter Handlungen des Staates bedeuten in der Diplomatie harte Verwarnungen. Der Staat kann sie natürlich ignorieren, aber mit negativen Konsequenzen für sich.

Auch die internationalen Organisationen können diplomatischen Druck ausüben, wenn die Zusammenarbeit mit ihnen für die Interessen dieses Staates notwendig ist. In den meisten Fällen geht es um die Willkür nach innen (Menschenrechtsverletzungen, Unterstützung der illegalen Handlungsarten, Kernwaffenentwicklung), welche eine Bedrohung für die Rechtssicherheit der internationalen Gemeinschaft darstellt. Die Willkür nach außen ist heutzutage nicht so leicht, da für sie härtere Sanktionsmaßnahmen gelten.

Der diplomatische Druck wird z.B. bei der Durchsetzung der Entscheidungen des Europäischen Gerichtshofes für Menschenrechte eingesetzt. Er sieht so aus, dass der Staat die Autorität verliert, wenn er eine Entscheidung, die gegen ihn getroffen wird, nicht befolgt, und von anderen nicht verlangen kann die Entscheidungen zu befolgen. In diesem Sinne werden die Menschenrechte als Instrument des Einflusses der Staaten aufeinander benutzt.

Beispiele für den diplomatischen Druck sind mit Ländern wie dem Iran, Weißrussland und neuerdings auch der Ukraine verbunden.

Der Druck ergibt sich aus dem Einreiseverbot für die Regierungsmitglieder in die Staaten, die den Druck ausüben, in dem Handelsembargo, in dem Verbreiten der Informationen in den Medien; als Konsequenz wird die Stimme des nicht gehorchenden Staates von der Weltgemeinschaft auch nicht „gehört“. All das

340 Fink Udo, op. cit., S. 45.

fügt dem Business des entsprechenden Staates Schaden zu. Der Schaden für die Wirtschaft kann zur Schwächung der Autarkie dieses Staates führen.

2. Die Kontrolle über die Souveränitätsverwirklichung durch die Staaten

Das Instrument der Außenpolitik des Staates, durch welches er seine Interessen schützt, ist das Instrument der diplomatischen Vertretungen[341] – Vertretungen des Staates in einem anderen Land oder bei einer internationalen Organisation.

Diese diplomatischen Einrichtungen vertreten die Interessen des Entsendungsstaates. Meiner Meinung nach wird eher sogar die Regierung des Staates vertreten, obwohl, wenn die Regierung wechselt, die diplomatische Vertretung weiter tätig bleibt: der Staat ist immer da, aber es hängt von der Regierung ab, wie dieser Staat zum bestimmten Zeitpunkt von dem Empfangsstaat wahrgenommen wird.

Die Funktionen der Vertretungen werden durch die gesetzlichen Vorschriften des Entsendungsstaates bestimmt[342]. Dazu gehört die Aufnahme von Kontakten und die Entwicklung der Möglichkeiten das Potenzial des Staates friedlich durchzusetzen. Außerdem tragen die Vertretungen zur Gewährleistung der Verbindungen zwischen verschiedenen Behörden beider Staaten bei.

Auf solche Weise hat der Staat formelle und informelle Möglichkeiten das eigene Interesse zu fördern, Stellungnahmen zu äußern: es sind die Menschen, die die Beziehungen zwischen den Staaten unterstützen.

Neben den Massenmedien stellen die diplomatischen Vertretungen die Kommunikationsmittel zwischen den Staaten dar und daher kann der Staat, der die Souveränitätsverletzung ausübt, rechtzeitig entsprechend reagieren.

Wenn alle diplomatischen Mittel ausprobiert worden sind und nicht geholfen haben, dann können die Staaten zum Schutz ihrer Souveränität die anderen Gegenmaßnahmen treffen, nämlich Repressalien. Sie sind zwar an sich rechtswidrig, können aber, als Veranlassungen des Souveränitätsverletzers, als rechtmäßiges Verhalten gerechtfertigt werden. Udo Fink nennt ein paar Beispiele der Repressalien: Nichterfüllung vertraglicher oder anderer Verpflichtungen, das Einfrieren von Inlandskonten des Völkerrechtsverletzers, die Sperrung der Ho-

341 Repeckyy V. Diplomatisches und konsularisches Recht [Репецький В.М. Дипломатичне і консульське право. Підручник. — 2-ге вид., перероб. і доп. — К: Знання, 2006], S. 9.

342 Ibid., S. 82.

heitsgewässer und des Luftraums für Fahrzeuge des entsprechenden Staates usw. Die Repressalie soll gewaltfrei und verhältnissmäßig sein[343].

3. Andere Mittel des Schutzes der Souveränität im Völkerrecht

Innerhalb der Vielseitigkeit der Wege der internationalen Zusammenarbeit gibt es verschiedene Mittel zum Schutz eigener Interessen.

Beim Abschluss eines völkerrechtlichen Vertrags sowie beim Beitritt zu einer internationalen Organisation haben die Staaten die Möglichkeit das Gleichgewicht der Interessen zu berücksichtigen. Es geht unter anderem um das Einstimmigkeitsprinzip (auch Konsens), die Vorbehalte und um den Austritt aus den Verträgen und internationalen Organisationen.

Das Einstimmigkeitsprinzip bedeutet, dass beim Treffen der Entscheidung alle Parteien der gleichen Meinung sind, wobei alle „ja" oder „nein" sagen, wobei bei einem Konsens keiner „nein" sagt. Alle Parteien sind bei der Abstimmung gleich, und jede Partei hat das Veto-Recht. So wird die Mehrheit der völkerrechtlichen Verträge abgeschlossen, da es dem Prinzip der souveränen Gleichheit entspricht.

Manche internationale Organisationen haben das Einstimmigkeitsprinzip als uneffektiv abgelehnt. Die entsprechenden Mitgliedsstaaten haben einer solchen Organisation der Entscheidungsfindung und Beschlussfassung zugestimmt.

Wenn der Staat interessiert ist, dem Vertrag beizutreten, hat aber dabei Vorbehalte (Befürchtungen für das eigene Interesse), kann er die einseitige Erklärung abgeben, dass die bestimmten Regeln des Vertrags auf ihn mit Änderungen oder überhaupt nicht angewendet werden[344]. Solch ein Vorbehalt ist aber nur dann möglich, wenn der Vertrag es zulässt. Wenn nicht, dann braucht der Vorbehalt die Zustimmung der anderen Parteien.

Wenn z.B. der Staat, dessen Vorbehalt von anderen Parteien nicht akzeptiert wird, dem Vertrag beitritt, später herausfindet, dass er für seine Interessen negative Konsequenzen haben kann, dann kann dieser Staat aus dem Vertrag austreten.

Die Kündigung des Vertrags ist auf jeden Fall möglich, wenn er es vorsieht. Wenn es keine Regelung dazu im Vertrag gibt, sollen die Parteien abstimmen.

---

343 Hebenstreit Johannes Repressalien im humanitären Völkerrecht. Baden-Baden: Nomos Verlagsgesellschaft, 2004, 210 S.

344 Wiener Vertragsrechtsabkommen, Art. 19; Lukaschuk I. Völkerrecht. Besonderer Teil. Lehrbuch [Лукашук И.И. Международное право. Особенная часть. – 3-е изд., перераб. и доп. - М.: Волтерс Клувер, 2005], S. 110.

Sonst ist der einseitige Austritt völkerrechtswidrig[345]. So hat der Internationale Gerichtshof in der Rechtssache „Ungarn gegen die Slowakei" 1997 entschieden, dass die Benachrichtigung Ungarns, dass es von dem Vertrag von 1977 austritt, keine rechtlichen Konsequenzen hat[346].

4. Die Kontrolle über die Souveränitätsverwirklichung durch das Volk

Nicht nur die Staaten schützen ihre Souveränität, sondern auch die Völker schützen ihre und die staatliche. Sie kontrollieren den Staat bei der Souveränitätsverwirklichung nach innen und nach außen.

Seine (staatliche) Souveränität verletzt der Staat, wenn er sie unter Gefahr im Verhältnis nach außen stellt. Das kann passieren, wenn er bestimmte Handlungen unternimmt oder unterlässt, z.B. er lässt bewusst einen anderen Staat sich in seine Angelegenheiten einmischen, fördert die Anwesenheit der Militärkräfte eines anderen Staates auf seinem Territorium, vertritt nationales Interesse der anderen Staaten auf seinem eigenen Territorium usw.

Die Volkssouveränität verletzt der Staat, wenn er mit seinen Handlungen oder durch die Unterlassung von Handlungen die Menschenrechtsverletzung, Verfassungsverletzung ausübt, die staatliche Rechtsordnung bewusst vernichtet usw.

Die außenpolitischen Entscheidungen der Regierung haben Einfluss auf das innenpolitische Leben und betreffen somit den Einzelnen mittelbar. Die innenpolitischen Entscheidungen beeinflussen die Menschen unmittelbar.

Wie im ersten Unterkapitel ausgeführt, ist der Staat für das Volk gegründet. Darum soll das Ziel seiner Handlungen dem Volkswillen entsprechen. Es soll auf keinen Fall passieren, dass ein paar Leute, die die vom Volk gegebene Macht haben, über dieses Volk „verfügen".

Die legitimen Mittel des Schutzes der Souveränität nach außen sind Referenda. So soll das Volk die Möglichkeit haben, die Richtung der Politik zu ändern, wenn es die Politik seiner Regierung nicht akzeptiert.

Durch die Referenda können die Völker auch die Souveränität nach innen schützen. Auch Wahlen und Demonstrationen gehören zu den rechtlich gesicherten Schutzmöglichkeiten.

Andere Mittel, zwar nicht legitime aber praktisch mögliche, sind Revolutionen und Bürgerkriege. Die Interpretation der Souveränität von Luxemburgensis rechtfertigt diese Mittel. Sie besagt, dass die Souveränität auch die Fähigkeit

345 Siehe meine Meinung dazu weiter in der Dissertation, S. 82.

346 Lukaschuk I., op. cit., S. 126.

bedeutet, die Aspiration der ganzen Einheit in die politische Handlung zu transformieren[347].

Man müsste aber mit diesen Mitteln sehr vorsichtig sein, da im Falle des Misserfolges die Konsequenzen nicht zugunsten des Volkes sein würden. Die internationale Gemeinschaft unterstützt die Völker post factum, wenn solche „Souveränitätsverwirklichung“ von ihnen erfolgreich war.

5. Übergang zum vierten Unterkapitel

Wenn die Staaten an der internationalen Zusammenarbeit teilnehmen, ordnen sie sich den Völkerrechtsnormen unter, schaffen sie und wenden sie gleichzeitig an.

So, unter Berücksichtigung des Schutzes ihrer Interessen, schließen die Staaten die Verträge, auch die Verträge sui generis, nämlich die Satzungen der internationalen Organisationen, ab.

Für die Gründung und für das Funktionieren der internationalen Organisationen erteilen ihnen die Staaten die Zuständigkeiten für die Souveränitätsverwirklichung oder für die Erfüllung der Aufgaben, die die Staaten nicht fähig sind, selbst zu erfüllen.

347 Luxemburgensis The Emergence of a European sovereignty in: Between Sovereignty and Integration, Ghita Ionescu (ed.), London 1974, p. 118 – 134, p. 131.

IV. INTERNATIONALE ORGANISATION ALS FORM DER SOUVERÄNITÄTS-VERWIRKLICHUNG UND DEREN FOLGEN

1. Die Bestimmung einer internationalen Organisation

Die Teilnahme an internationalen Organisationen ist eine besondere Form der Souveränitätsverwirklichung. Die Wirkung der internationalen Organisationen ist nicht dieselbe wie die des internationalen Vertrags, da sie im Gegnsatz zu letzterem einen „aktiven Einfluss" auf die internationalen Beziehungen hat[348].

Die Voraussetzung für die Gründung der internationalen Organisationen durch die Staaten ist das Verständnis der Gemeinsamkeit der Interessen in bestimmten Bereichen, die Überzeugung von der Notwendigkeit und den Vorteilen der gegenseitigen Zusammenarbeit und die Übereinstimmung bezüglich der Ziele und Prinzipien des Funktionierens der internationalen Organisation[349].

Die internationale Organisation ist ein Staatenzusammenschluss, der durch den völkerrechtlichen Vertrag für das Erreichen der gemeinsamen Ziele mittels der Zusammenarbeit und der gemeinsamen Handlungen gegründet wird. Die Organisation hat ihre eigene Kompetenz, ständige Organe, die Satzung und das Entscheidungsverfahren[350].

Mitglieder der internationalen Organisationen können nur die Völkerrechtssubjekte sein, d.h. entweder Staaten oder andere internationalen Organisationen, die über die entsprechende internationale Rechtspersönlichkeit verfügen. Die Mitgliedstaaten sind in den Organen vertreten. In der Praxis gibt es Ogane der internationalen Organisationen, an deren Sitzungen alle Mitgliedstaaten gleichzeitig, nur einige gleichzeitig oder nach Rotation aktiv teilnehmen.

Die Mitglieder erfüllen die von der Satzung vorgesehenen Verpflichtungen. Wenn sie sie nicht erfüllen, werden gegen sie die entsprechenden Sanktionen verhängt, z.B. Einschränkung des Stimmrechts oder sogar Ausschluss aus der Organisation.

Manchmal sind die Staaten assoziierte Mitglieder oder Beobachter, dann können sie in den Organsitzungen anwesend sein bzw. ihre Meinung äußern, sie haben aber kein Stimmrecht. Für die assoziierte Mitgliedschaft kann es verschiedene Gründe geben. Oft haben die Mitglieder und die assoziierten Mitglieder gemeinsame Ziele aber verschiedene Vorstellungen über die Erreichung dieser Ziele.

---

348 Nincic Djura, op. cit., p. 26.

349 Schepelev M., op. cit.

350 Ibid.

Der Kompromiss über gemeinsame Ziele wird in den Satzungen festgelegt. Die Satzung ist der internationale Vertrag, durch dessen Abschluss die internationalen Organisationen gegründet werden. Die Existenz der Organisation beginnt mit dem Inkrafttreten der Satzung. Auf die Satzung wird Art. 5 der Wiener Vertragsrechtskonvention angewendet, falls an der Gründung ausschließlich Staaten teilnehmen.

Der Zweck der internationalen Organisationen besteht in der gemeinsamen Verwirklichung jener Funktionen, die sie selbständig nicht durch die Staaten verwirklichen können[351].

Für die Verwirklichung der Funktionen im Rahmen der internationalen Organisationen ist also ein Kompromiss notwendig, ohne den irgendwelche Beziehungen zwischen den Rechtssubjekten nicht möglich sind, besonders, wenn sie sich für die Lösung bestimmter Probleme vereinigen[352].

2. Die Quelle der Rechtsfähigkeit der internationalen Organisationen

Die Rechte der internationalen Organisationen sind das Ergebnis der Übereinstimmung des Willens der Staaten, der sich in der Satzung widerspiegelt. Dabei werden diese Rechte durch die Ziele und Aufgaben deutlich beschränkt[353]. Die Rechte der internationalen Organisationen sind die Zuständigkeiten, zu deren Verwirklichung die Mitgliedstaaten sie beauftragen. Aber es geht, meiner Meinung nach, nicht nur um die Verwirklichung der Kompetenz der Mitgliedstaaten sondern auch um die Verwirklichung eigener Funktionen der internationalen Organisationen, was in der Folge noch zu erörtern ist.

Der Staat verfügt also über die Kompetenz, seine Regierungszuständigkeiten von anderen Subjekten verwirklichen zu lassen, was er mittels der Verträge macht, die solche Beauftragung sichern[354].

Nur im Falle der rechtlich vorgesehenen „Übertragung“ der Aufgaben aus dem Bereich der staatlichen Zuständigkeiten in den Bereich der Zuständigkeiten der internationalen Organisation bzw. Beauftragung, werden diese fähig, sie zu

351 Kremen T., op. cit.

352 Dementey N. Souveränität der Republik. Illusion oder Gesetzmäßigkeit [Дементей Н. Суверенитет республики. Иллюзия или закономерность // Народный депутат. – №8. –1991], S. 7 – 13.

353 Wiltschak Y. Rechtspersönlichkeit der internationalen Wirtschaftsorganisationen des UNO-System im modernen Völkerrecht [Вільчак Я.М. Правосуб'єктність міжнародних економічних організацій системи ООН у сучасному міжнародному праві // Університетські наукові записки. – № 4 (16). – 2005], S. 280-284.

354 Sarooshi Dan, op. cit., p. 18.

verwirklichen[355]. Wenn es zwischen den Staaten nur unverbindliche politische Vereinbarungen gibt, werden „die staatlichen Zuständigkeiten", z.B. auf Vertragsabschluss, rechtlich nicht „übertragen", d.h. die Organisation bekommt solche Zuständigkeiten nicht.

„Die Übertragung" der Zuständigkeiten durch die Staaten auf die internationalen Organisationen führt oft zum „Wechsel der Zuständigkeiten" innerhalb des Staates, besonders in den Bereichen von Exekutive und Legislative, da die Exekutivmacht den Staat in der internationalen Organisation vertritt, wenn es um die Rechtsgebung geht. Auf der nationalen Ebene ist es das Vorrecht des Gesetzgebers[356]. Die effektive Durchsetzung der Entscheidungen der Organisation hängt jedoch von allen Zweigen der Staatsgewalt ab, die die Anwendung der Entscheidungen von der Organisation im Rahmen des nationalen Rechtssystems kontrollieren. Deshalb hat der Wechsel der Zuständigkeiten keine großen Konsequenzen für die innere staatliche Organisation. Die Staaten bleiben die „Herren der Verträge".

Die internationale Organisation verfügt über die Rechte und Pflichten im Rahmen des Völkerrechts, die ihr von den Staaten für die selbständige Verwirklichung der in der Satzung bestimmten Aufgaben erteilt werden. Die Qualität und der Umfang der Aufgaben hängen von dem Wunsch und von den Vereinbarungen der Vertragsstaaten ab, und von den Aufgaben hängt der Umfang der Zuständigkeiten ab, weil die Organisationen oft solche Aufgaben bekommen, für deren Verwirklichung sie mit den Zuständigkeiten für die Fassung der verbindlichen und unverbindlichen Entscheidungen ausgestattet werden. Manche Organisationen haben nur koordinierende Zuständigkeiten, sie sind nicht beauftragt Entscheidungen zu treffen.

Die internationale Rechts- und Handlungsfähigkeit der internationalen Organisation ist also durch ihren Tätigkeitsbereich beschränkt[357], d.h. durch die ihr gestellten Aufgaben. Sie nimmt an den klar bestimmten Arten der Rechtsbeziehungen teil. Die Grenzen der Rechtspersönlichkeit sind im völkerrechtlichen Vertrag bestimmt[358].

---

355 Wiltschak Y., op. cit.; Wiltschak sowie auch andere Gelehrte sprechen oft von der „Übertragung der staatlichen Zuständigkeiten", derselben, über die der Staat verfügt. Die Frage bezüglich der Begriffe „Übertragung", „Übergabe" oder „Delegierung" der Aufgaben, Zuständigkeiten, Kompetenz, souveräner Rechte oder Souveränität wird später behandelt, siehe S. 80.

356 Sarooshi Dan, op. cit., p. 15.

357 Woynovytsch S. System und Recht der internationalen Wirtschaftsorganisationen [Войнович С.А. Система та право міжнародних економічних організацій // Український часопис міжнародного права. – №1 – 2002], S. 21.

358 Wiltschak Y., op. cit.

Von den Rechten und Pflichten, die den internationalen Organisationen von den Mitgliedstaaten erteilt werden, hängen die Rechte und Pflichten ab, die von ihr selbständig sowie infolge des Vertragsabschlusses mit anderen Völkerrechtssubjekten erworben werden können[359]. Manchmal verfügen die internationalen Organisationen über Zuständigkeiten, die in der Satzung nicht vorgesehen sind, aber für die Tätigkeit der Organisation notwendig sind – die „gemeinten Zuständigkeiten“[360]. Darum sollen sich die Mitgliedstaaten für die Erhaltung ihrer Souveränität überzeugen, dass der Umfang und die Grenzen der Zuständigkeiten der internationalen Organisationen, einschließlich der Vertragsabschlusszuständigkeiten, mit ihrem primären Willen übereinstimmen.

Der Zweck hilft, die Grenzen der Rechtspersönlichkeit der Organisation festzustellen[361], da er die Grundlage für den Umfang der Rechte und Pflichten ist. Und auch der Zweck trägt zur Erweiterung des Kompetenzbereiches der Organisation bei, weswegen auch Funktionen entstehen, über die die Staaten selbst nicht verfügen[362].

3. Die Funktionen der internationalen Organisationen

In der russischen Rechtsliteratur kann man die These über drei Arten der Funktionen finden: Regulierungsfunktionen, Kontrollfunktionen und Einsatzfunktionen[363].

Die Regulierungsfunktionen werden von den internationalen Organisationen bei der Annahme der Verhaltensnormen ihrer Mitglieder verwirklicht. Die Normen regeln die Beziehungen zwischen den Staaten, zwischen den Staaten und der Organisation, zwischen den Organisationen, zwischen der Organisation und ihren Beamten. Man muss dazu noch sagen, dass im Gegensatz zu den Organisationen die Staaten kein Recht auf die Annahme der Verhaltensregeln durch die anderen Staaten haben. Daher gehört diese Zuständigkeit zu den „eigenen“ Zuständigkeiten der internationalen Organisationen.

Die Kontrollfunktionen bestehen in der Klärung der faktischen Lage und in der Bewertung der Lage aus der Sicht der Übereinstimmung mit der Rechtsnorm

---

359 Ibid.

360 Bekyaschev K. Internationales öffentliches Recht [Бекяшев К.А. Международное публичное право. – М.: Проспект, 2001], S. 256.

361 Wiltschak Y., op. cit.

362 Darüber weiter

363 Moravetskyy W. Funktionen der internationalen Organisationen [Моравецкий В. Функции международних организаций. – Москва 1962], S. 313.

oder der politischen Verpflichtung. Die Kontrollfunktion endet mit der Feststellung der Erfüllung oder Nichterfüllung der Verpflichtung.

Bei der Verwirklichung der Einsatzfunktionen realisiert die Organisation ihre Aufgaben selbst mit Hilfe der Mittel, die ihr zur Verfügung stehen. Dazu gehören die anderen aktiven Handlungen der internationalen Organisationen. Beispiele solcher Funktionen sind die UNO-Friedensoperationen, Militäreinsätze auf einem bestimmten Territorium mit dem Zweck der Vorbeugung der Konfliktverschärfung, die den Frieden gefährdet.

4. Die Beschlussfassung der internationalen Organisationen

Die Entscheidungen der internationalen Organisationen werden auf der Grundlage der Satzungen angenommen, sie sind keine selbständige Rechtsquelle (Art. 38 der IGH-Satzung). Sie sind das sekundäre Vertragsrecht, und ihre Verletzung bedeutet die Verletzung der Satzung.

Die Entscheidungen können verbindlich und unverbindlich sein. Die Unverbindlichen haben keine rechtlichen Konsequenzen für die Staaten. Wenn die Entscheidungen der internationalen Organisationen für die Staaten verbindlich sind, dann können die Organisationen Zwang gegen sie für die Verwirklichung entsprechender Vorschriften anwenden.

Z.B. gemäß den Art. 25, 39 – 42 und Art. 94 der UNO-Satzung kann der Sicherheitsrat über für alle Mitglieder verbindliche Sanktionen gegen irgendeinen Staat entscheiden, der den Frieden gefährdet, Aggression verübt oder die Verpflichtungen nach einer IGH-Entscheidung nicht erfüllt. Die Reihe der spezialisierten UNO-Einrichtungen können kraft ihrer Satzungen die Sonderregelungen annehmen, die für diejenigen Staaten verbindlich sind, die während der bestimmten Zeit gegen sie nicht widersprechen. Z.B. Art. 22 der Satzung der Weltgesundheitsorganisation besagt, dass bestimmte Regelungen, die die Gesundheitsversammlung trifft, für alle Mitgliedstaaten in Kraft treten, nachdem ihre Annahme durch die Gesundheitsversammlung bekannt gegeben worden ist, ausgenommen für diejenigen Mitgliedstaaten, die die entsprechende Institution innerhalb der in der Bekanntgabe festgesetzten Frist von ihrer Ablehnung oder von der Erhebung von Vorbehalten in Kenntnis setzen.

Oft enthalten die Gründungsverträge die Normen über die Sanktionen im Falle der Rechtsverletzung einschließlich der Nichterfüllung der verbindlichen Entscheidungen, z.B. das Einstellen einiger Mitgliedsrechte (Stimmrecht) oder sogar Ausschluss aus der Organisation.

Ihre Entscheidungen treffen die Organisationen in den Bereichen, in denen die Staaten ihnen die Zuständigkeiten erteilt haben: Exekutive, Legislative und Judikative. Das bedeutet nicht automatisch, dass es den Staaten verboten ist, diese Zuständigkeiten selbst zu verwirklichen, dass die Verwirklichung dieser Zuständigkeiten durch die Organisation verbindlich ist oder dass solche Erteilung unwiderruflich ist. Diese Aspekte hängen von den Arten der Zuständigkeitserteilung an die Organisation ab.

5. Arten der Zuständigkeitserteilung durch die Staaten an die internationalen Organisationen aufgrund der Erläuterungen von Dan Sarooshi364

Die Erteilung der Zuständigkeiten an internationale Organisationen kann im Rahmen der „Agentbeziehungen", Delegierung der Zusatändigkeiten, und voller oder teilweiser Übergabe der Zuständigkeiten stattfinden. Diese Arten hängen von dem Grad ab, zu dem die Staaten ihre Zuständigkeiten erteilt haben[365].

Die Kriterien für die Feststellung des Grades der Zuständigkeitserteilung sind Widerrufsmöglichkeiten, Kontrolle der Staaten über die Organisation, ausschließliche oder konkurrierende Kompetenz der Zuständigkeitsverwirklichung, Verbindlichkeit der Entscheidungen der Organisation, das Vorhandensein des Sanktionsmechanismus und sein effektives Funktionieren.

Betrachten wir jede dieser Arten der Rechtsbeziehungen zwischen den Staaten und internationalen Organisationen näher, wobei die Grundlage der Analyse die Arbeit von Prof. des internationalen öffentlichen Rechts an der Universität Oxford Dan Sarooshi „Internationale Organisationen und ihre Verwirklichung der souveränen Rechte" ist[366].

„Agentbeziehungen" („agency relationships") sind von dem Internationalen Gerichtshof und der Völkerrechtskommission als besondere Form der Ermächtigung im internationalen Recht anerkannt[367]. In den Agentbeziehungen sind die beiden Subjekte die Rechtspersonen, sie schließen die Vereinbarung über das Recht des Agenten im Namen des Auftraggebers zu handeln ab. Der Zweck ist es, einige Rechte und Pflichten des Auftraggebers zu ändern. Dabei behalten die Staaten das Recht, die Zuständigkeiten parallel zu und unabhängig von der Ver-

364 Sarooshi Dan, op. cit.

365 Ibid., p. 29.

366 Ibid., p. 33.

367 Siehe Sarooshi Dan Some Preliminary Remarks on the Conferral by States of Powers on International Organizations in: Jean Monnet Working Paper 4/03, New York 2003, p. 38.

wirklichung der Zuständigkeiten durch die internationale Organisation zu realisieren.

In den Agentbeziehungen ist es klar, dass die Zuständigkeiten im Interesse des Auftraggebers verwirklicht werden; nämlich seine Rechtsbeziehungen geändert werden; und er allein für die Völkerrechtsverletzung verantwortlich ist.

Die Staaten können verschiedene Instrumente gegen die Organisation anwenden. Sie können auch die Zuständigkeiten widerrufen, was von der Natur dieser Rechtsbeziehungen vorgesehen ist. Außerdem haben die Staaten die Möglichkeit der Direktkontrolle über die Organisation, über die Verwirklichung der Zuständigkeiten durch die Organisation sowie über die Durchführung der Entscheidungen in der nationalen Rechtsordnung.

Der Staat hat auch großen Einfluss auf eine Organisation, wenn er Mitglied des Organs ist, das die Entscheidung trifft.

Die Kontrolle über die Zuständigkeitsverwirklichung spielt die entscheidende Rolle in der Bestimmung des Subjektes der Völkerrechtsakte. Es hat eine große Bedeutung für die Feststellung der völkrerrechtlichen Verantwortung.

Wenn der Staat glaubt, dass die Verwirklichung seiner Zuständigkeiten durch die Organisation seinen Interessen nicht oder nicht mehr entspricht, so kann er bestimmte Finanzmaßnahmen treffen, Vertragsänderungen vorschlagen, die Zuständigkeiten widerrufen oder über den ständigen Widerspruch gegen eine bestimmte Norm entscheiden, damit diese Norm sich später nicht in Gewohnheitsrecht umwandelt.

Eine andere Art der Rechtsbeziehungen zwischen den Staaten und internationalen Organisationen ist die „*Delegierung der Zuständigkeiten*".

Nach der Meinung von D. Sarooshi kann man über den „Grad der Delegierung" sprechen abhängig davon, welche Forderungen von einem Widerruf betroffen sind und wie lange vor dem Widerruf oder vor dem Austritt die Staaten den Antrag stellen sollen. Wichtige Kriterien sind außerdem, meiner Meinung nach, die praktischen Folgen solcher Delegierung für den Staat.

Die einzige Person, deren Rechtsbeziehungen sich bei dieser Art der Zuständigkeitserteilung ändern, ist die Organisation. Sie verwirklicht die delegierten Zuständigkeiten in ihrem Namen und für die Erreichung ihrer Ziele. Sie verfügt über den „eigenen Willen".

Die Staaten können ihre Zuständigkeiten parallel zu der Organisation verwirklichen, z.B. Rechtsakte in denselben Bereichen verabschieden oder Verträge abschließen.

Wenn die Organisation das Völkerrecht verletzt, trägt sie auch die Verantwortung. Der Staat ist nur dann verantwortlich, wenn er den entsprechenden Rechtsakt implementiert, da bei der Delegierung die Entscheidungen normalerweise nicht verbindlich sind. Der Staat ist auch dann verantwortlich, wenn er den Verstoß gegen das Völkerrecht durch die Organisation freiwillig fördert.

Der Staat hat keine effektive Kontrolle über die Art und Weise der Zuständigkeitsverwirklichung durch die Organisation. Die Einflussmittel in dem Falle der Delegierung sind: Vertragsänderung (Art. 39-40 WVK 1969), dafür braucht man aber Einstimmigkeit, deshalb ist dieses Mittel oft nicht verfügbar; einseitige Finanzmaßnahmen, wenn es keine Gerichtsinstanz gibt, die die Rechtsmäßigkeit der Entscheidung der Organisation prüfen kann. Wenn solch eine Instanz existiert, können die Finanzmaßnahmen nicht angewendet werden. Andere Möglichkeiten sind Widerruf der Zuständigkeiten, was oft nicht einfach ist, weil der Staat seine Mitgliedschaft manchmal dafür widerrufen soll, sowie ständiger Widerspruch.

Wie gesagt, der Staat hat das Recht, die Zuständigkeiten zu widerrufen und aus der Organisation auszutreten. Die Rechtsgrundlage für den Widerruf ist, nach der Meinung von D. Sarooshi, nur die Verfügbarkeit der entsprechenden Norm. Wenn es keine solche Norm gibt, ist die Frage des Austritts problematisch.

Diese These ist aber, meines Erachtens, nicht ganz richtig, weil die Staaten ihre Rechte kraft der Souveränität haben. Der Austritt aus der Organisation wird weiter in den nachstehenden Kapiteln behandelt.

Eine weitere Art der Zuständigkeitserteilung ist die „Zuständigkeitübergabe". Das Ziel der Übergabe der Zuständigkeiten ist es, den Ort der Entscheidungsfindung bezüglich der Verwirklichung der Zuständigkeiten vom Staat zur internationalen Organisation zu verschieben. Das bedeutet, dass bei der Übergabe die Erfüllung bestimmter Aufgaben aus der Verantwortung der Mitgliedstaaten in die Verantwortung des neugegründeten Völkerrechtssubjektes übergeht.

Die Verwirklichung der öffentlichen Zuständigkeiten des Staates ist die Verwirklichung der souveränen Zuständigkeiten[368] im dem Falle, dass sie mit seinen souveränen Werten übereinstimmen[369], d.h. damit, was die Staaten unabhängig von ihrem politischen System schützen[370]. Im anderen Falle ist die Verwirklichung der öffentlichen Zuständigkeiten durch die internationalen Organisationen etwas anderes als die souveränen Zuständigkeiten und kann sogar, nach der Meinung von D. Sarooshi, als Souveränitätsverletzung betrachtet weden, natürlich nur, falls es nicht um die Zuständigkeiten auf die Verwirklichung des

368 Nicht derer, die erteilt wurden, sondern der Zuständigkeiten des Staates, das Recht auf Verwirklichung derer der Organisation erteilt wurde

369 Die Konzeption der Souveränität schließt in sich einige Werte ein: Demokratie, Menschenrechte, Gleichheit, Selbstbestimmung, siehe S. Besson. Dan Sarooshi ergänzt diese Liste mit Sicherheit und Zuverlässigkeit in den inter. Bez.

370 Moiseev A., op. cit., S. 48.

„eigenen Willens“ der Organisation geht. Die Grundsätze des nationalen öffentlichen Rechts werden automatisch zur Verwirklichung der souveränen Zuständigkeiten durch die Organisation angewendet.

Je größer der Grad der Übergabe ist, desto mehr Forderungen an die nationalen Gewaltzweige gibt es, im Prozess der Zuständigkeitsverwirklichung im Rahmen der Organisation teilzunehmen, um das Konzept der souveränen Werte zu unterstützen.

Diese Forderung ist aber schwer durchführbar, denn, je größer der Übergabegrad ist, desto geringere Direktkontrolle haben die Mitgliedstaaten über die Organisation bei der Verwirklichung dieser Zuständigkeiten.

Bei der Übergabe sind die Zuständigkeiten unwiderruflich, der Staat hat keine Direktkontrolle über die Organisation, die Entscheidungen der Organisation sind verbindlich für die Staaten; die Mittel, die die Staaten gegen die Organisation verwenden können, sind sehr begrenzt.

Im Völkerrecht ist die Meinung weit vertreten, dass den einseitigen Widerruf der Zuständikeiten durch den Mitgliedstaat an die Organisation nichts rechtfertigen kann, wenn es keine Norm darüber gibt. Dies wird auch durch die IGH-Entscheidungen bestätigt[371]. Wenn der Staat die Verpflichtungen, die aus der Verwirklichung der Zuständigkeiten durch die Organisation folgen, innerstaatlich oder international aufgenommen hat, dann hat er automatisch akzeptiert, dass er nichts außerhalb der Organisation tun werde, was die Verwirklichung der Zuständigkeiten durch die Organisation stören würde. Er hat damit zugestimmt, sein Recht auf die Verwirklichung der Zuständigkeiten zugunsten der Organisation einzuschränken.

Die Maßnahmen, die die Staaten gegen die Organisation anwenden können, sind extrem begrenzt. Darum sind die Staaten sehr vorsichtig bezüglich der Erteilung der Entscheidungskompetenzen, die die Staaten verpflichten können, an die Organisation.

Die Widerrufmöglichkeit erlaubt nicht immer zu bewerten, zu welchem Grad die Zuständigkeiten übergeben sind, z.B. die Übergabe der Zuständigkeiten dem WTO-Dispute Settlement Body. Einerseits kann der Mitgliedstaat aus der Organisation einseitig austreten, andererseits sind die Entscheidungen dieses Organs wegen der „Übergabe“ für den Mitgliedstaat verbindlich, und er hat keine Direktkontrolle über diese Entscheidungen (Art. 21 (1), 22 (1), 22 (8), 26 (1)(b) WTO Dispute Settlement Understanding).

371 ICJ „Ungarn gegen Slowakei“ 25.09.1997; Lukaschuk I., op. cit., S. 126.

Die Übergabe kann teilweise oder vollständig sein[372]. Die Übergabe bedeutet nicht, dass der Staat die Zuständigkeiten für die Verwirklichung in ihrer Ganzheit übergibt. Die teilweise Übergabe sieht die Verbindlichkeit der Entscheidungen der Organisationen auf dem Territorium des Mitgliedstaates vor, die volle – die Verbindlichkeit und noch dazu die unmittelbare Wirkung dieser Entscheidungen für natürliche und juristische Personen ohne den Transformationsakt. Nur die Organisation kann die Grenzen und Anwendung der übergebenen Zuständigkeiten auslegen. Die Staaten können aber immer noch Änderungen zum Gründungsvertrag bezüglich der Grenzen oder Anwendung der übergebenen Zuständigkeiten für die Widerspiegelung einer anderen, von den Mitgliedstaaten gewünschten Interpretation, einstimmig annehmen. Bis zu diesem Zeitpunkt hat die Interpretation der Organisation Vorrang[373].

Im Falle der vollen „Übergabe" „übergeben" die Staaten ihre Zuständigkeiten der internationalen Organisation. Die Handlungen der internationalen Organisation werden dann als Handlungen des Staates betrachtet. Z.B., wenn die Organisation gegen die Menschenrechte bei der Verwirklichung der ihr übergebenen Zuständigkeiten verstößt, kann der Staat sich nicht darauf berufen, dass die Zuständigkeiten nicht er sondern die Organisation verwirklicht. Solche Rechtssachen des Europäischen Gerichtshofes für Menschenrechte wie Waite and Kennedy gegen Deutschland[374] und Matthews gegen das Vereinigte Königreich[375] bestätigen, dass die Staaten ihre primäre Verantwortung immer noch tragen.

Ein weiteres Spektrum der Maßnahmen, die die internationalen Organisationen bei der Verwirklichung der Zuständigkeiten treffen, sowie der „Übergabe" in solchen Bereichen wie politische und militärische Angelegenheiten[376], bringt viele Gelehrte zum Zweifel an der Verfassungsmäßigkeit und Notwendigkeit der ständigen Übergabe ihrer souveränen Rechte an die Organisation[377]. Die Gründe dafür können die Nichtübereinstimmung mit den souveränen Werten sein, die ultra vires Handlungen oder „detournement de pouvoir" (Abweichung der Zuständigkeiten von dem echten Ziel). In solchen Fällen können die Handlungen der Organisation den Staat in die Lage bringen, dass seine restlichen Völker-

---

372 Sarooshi Dan International Organizations and Their Exercise of Sovereign Powers, Herbert Smith Reader in International Law; University of Oxford Fellow, The Queen`s College, Oxford, University Press, 2005, p. 69.

373 Sarooshi Dan, op. cit., p. 71.

374http://sim.law.uu.nl/SIM/CaseLaw/hof.nsf/2422ec00f1ace923c1256681002b47f1/6093b338dfb67368c1256727004ba9e5?OpenDocument

375 http://www.webcitation.org/5lWx37qMR

376 Tschekalenko L., op. cit.

377 Sarooshi Dan, op. cit., p. 108.

rechtsverpflichtungen verletzt werden[378]. Der Staat ist aber, meiner Meinung nach, wenn es auch um die „Übergabe“ geht, voll souverän zu entscheiden dies zu vermeiden, solange er dessen fähig ist.

Manchmal findet, nach D. Sarooshi, die „Mutation“ der Zuständigkeiten (Übergabe – Delegierung) statt, wie z.B. in der EU (wegen des EuGH-Auslegungsmonopols), was kein Problem bei der vorhandenen Einstimmigkeit ist. Die Mutation bedeutet die Änderung der Natur der Zuständigkeitserteilung, was zu „rebus sic stantibus“ führt[379]. Die Staaten können aber im Falle der radikalen Erweiterungstransformation des Ausmaßes der Verpflichtungen von dem Vertrag zurücktreten (Art. 52 (1b) WVK).

Die Transformation der Zuständigkeiten kann zur Entstehung neuer Aufgaben führen, die sich den Staaten vor der Gründung der Organisation nicht stellen – die Aufgaben sui generis.

Z.B. im Falle der Delegierung und der Übergabe der Zuständigkeiten verfügen die internationalen Organisationen über ihren „eigenen Willen“, der nicht souverän ist und den die Organisationen in dem Völkerrechtsakt äußern. Dieser selbständige Wille ist das Ergebnis der Übereinstimmung des Willens der Staaten, nicht der Fusion dieses Willens[380]. Der Wille der internationalen Organisation existiert parallel zu dem Willen der Mitgliedstaaten und äußert sich in der Tätigkeit der Organisation und ihrer Organe[381], die manchmal die Interessen der Organisation selbst vertreten.

6. Der eigene Wille der internationalen Organisation

Im Falle der Delegierung und der Übergabe der Zuständigkeiten verfügen also die internationalen Organisationen manchmal über einen eigenen Willen, der dabei nicht souverän ist.

Die Staaten haben dann kein Recht einseitig tätig zu werden in den Bereichen, in denen sie entweder nicht kompetent sind oder die Ausübung deren dem Völkerrecht widersprechen würde. Es geht um die „gemeinsame“ Kompetenz, die auf den ersten Blick im Widerspruch zu dem Prinzip „nemo adalterum plus jurist potest quam ipse habet“ existiert.

378 Detournement de pouvoir gemäß James Fawcett (Detournement de pouvoir by International Organizations, 33 BYBIL 1957, p.311 at 316): Anwendung der nicht notwendigen Maßnahmen, siehe Sarooshi D.

379 Sarooshi Dan, op. cit., p. 61.

380 Wiltschak Y., op. cit.

381 Ibid.

Im ersten Fall wird unter anderem die innere Tätigkeit der Organisation gemeint, die Ernennung der Beamten gemäß der Satzung usw. Das Verbot der einseitigen Verwirklichung der Zuständigkeiten durch die Staaten ist die Folge der Erteilung der Zuständigkeiten, nicht aber nur der, über die die Staaten verfügen, sondern auch der neuen, die aus dem gemeinsamen in der Satzung ausgeführten Willen folgen. Die faktischen Handlungen des Staates haben dann keinen Platz für die Verwirklichung.

Im zweiten Fall geht es um die Kompetenz der Weltgemeinschaft für die Regelung der Fragen, bei denen die einseitigen Handlungen ungenügend, schädlich oder rechtswidrig sind.

Meines Erachtens widerspricht die Existenz einer solchen Kompetenz im Völkerrecht dem genannten Prinzip nicht, wenn man die primäre Bedeutung der Souveränität in Betracht zieht und die faktische Fähigkeit des Staates auf ihre einseitige Verwirklichung ohne Berücksichtigung der Folgen im Völkerrecht.

Das bedeutet, dass kraft der Kompetenz-Kompetenz die Staaten sowohl die Übertragung der Zuständigkeiten an die internationalen Organisationen vereinbaren können als auch über die Schaffung der neuen, früher nicht bekannten Zuständigkeiten entscheiden.

Die Erweiterung der Zuständigkeiten der internationalen Organisationen ist naturgemäß. Die Interdependenz führt oft zur Notwendigkeit der schnellen Lösung der Probleme. Das hat einen unmittelbaren Einfluss auf die Erweiterung der Zuständigkeiten der internationalen Institutionen auf die Lösung dieser Probleme in den Grenzen, die in jedem konkreten Fall von der Satzung bestimmt werden. Die Interdependenz der Staaten führt auf diese Weise zur Zunahme an Fragen, die der völkerrechtlichen Regelung unterliegen. Es spiegelt sich in den Verträgen und in den Satzungen wider.

7. Hypothese über die Vermehrung der Zuständigkeiten

In der These vieler Autoren[382], die überzeugt sind, dass ungeachtet der Übergabe der Zuständigkeiten an internationale Organisationen die Staaten weiter über diese Zuständigkeiten verfügen, ist ein Konflikt angelegt. In meinem Verständnis bedeutet die Übergabe, dass über die Zuständigkeiten die Organisation verfügt und nicht mehr die Staaten, obwohl es vorübergehend sein kann, dass die Staaten über sie nicht *weiter*, sondern *wieder* verfügen; und wenn die Staaten über die Zuständigkeiten weiter verfügen, dass heißt geichzeitig mit der Organisation, dann geht es nicht um die Übergabe, zumindest nicht um die Übergabe der staatlichen Zuständigkeiten.

382 Z.B. Witschak Y., Moyseev A.

Meiner Meinung nach sind die Zuständigkeiten wirklich ein derivatives Element von den Rechten der Mitgliedstaaten. Sie sind aber selbständig.

Bei der Delegierung und Übergabe der Zuständigkeiten geht es nicht um die Übergabe (oder Delegierung) derselben Zuständigkeiten des Staates. sondern um „die Übergabe (Delegierung)" der neugegründeten Zuständigkeiten,

Es werden die Zuständigkeiten für die Organisation neugegründet. Eben diese Zuständigkeiten werden „übergeben" oder „delegiert". Das sind die Zuständigkeiten, die der Organisation erlauben die Kompetenz auszuüben. Mit der Kompetenz ist der entsprechende Bereich (souveräne Rechte der Staaten oder eigene Rechte der Organisation) gemeint. Die Zuständigkeiten, die extra für die entsprechende Organisation geschaffen werden, stellen in ihrer Gesamtheit „eigene Zuständigkeiten der internationalen Organisation" dar. Außer der eigenen Kompetenz verfügt die Organisation also auch über die eigenen Zuständigkeiten.

Somit sind die Zuständigkeiten vom Subjekt nicht entziehbar. Darum werden die Zuständigkeiten auf die Verwirkichung der Kompetenz des Staates vermehrt und nicht gemindert.

Nur die Kompetenz-Kompetenz kann nicht vermehrt werden, weil sie Kern der Existenzfähigkeit des Staates, seines unbegrenzten Willens ist.

Die Aussagen über die „Übergabe" oder „Delegierung" der staatlichen Zuständigkeiten sind nicht angemessen. Jede Erteilung der Zuständigkeiten bedeutet, meiner Meinung nach, Beauftragung. Sogar bei „der Übergabe" kann es um die Erteilung der funktionalen Zuständigkeiten gehen und nicht um die Übergabe der Souveränität oder ihrer Elemente[383], wie es z.B. Angelina Gros-Tschorbadjiyska meint[384], die in ihrer Arbeit immer über die „transfer of sovereignty" spricht. Sie nennt sogar den Moment des Verlusts der Souveränität – Moment, wenn der Staat die Möglichkeit verliert, einen bestimmten Bereich zu regeln. Dieser Moment ist ein zeitliches Element der „Übertragung der Souveränität"[385].

„Die Übergabe der Souveränität" bedeutet den Verlust der staatlichen Souveränität in ihrer Ganzheit, weil zwar die Zuständigkeiten (unter der Bedingung, dass sie immer noch bei den Staaten bleiben) „geboren" oder „vermehrt" werden können, nicht aber die Souveränität. Sogar, wenn man vermutet, dass die Zuständigkeiten bei der Übergabe verlorengehen, kann man es sich noch vorstellen, obwohl es sehr widersprüchlich ist. Aber die Aussage, dass die Staaten we-

383 Moiseev A., op. cit., S. 375.

384 Gros-Tschorbadjiyska Angelina, op. cit., p. 56.

385 Ibid., p. 57.

gen der Übergabe nicht mehr voll souverän sind, stimmt mit der UNO-Satzung und der Völkerrechtspraxis nicht überein.

8. Die Souveränitätseinschränkung wegen der Mitgliedschaft in der internationalen Organisation

Nach allgemeinen Vorstellungen kann man von der „Übergabe" der Zuständigkeiten dann sprechen, wenn der Staat der Verbindlichkeit ihrer Entscheidungen zustimmt und wenn die Organisation das ausschließliche Recht auf die Kompetenzausübung hat.

Es gibt Meinungen in der Literatur, dass von freiwilliger Einschränkung der Souveränität dannzu sprechen ist, wenn die Staaten eine bestimmte „supranationale" Organisation gründen, zum Nutzen derer sie auf einige souveräne Rechte verzichten[386]. Man meint, dass die Souveränität dann eingeschränkt wird, wenn der Staat einen Teil seiner souveränen Rechte verliert. Also ein freiwilliger Verzicht auf souveräne Zuständigkeiten oder ihre Übertragung auf die internationale Organisation „schränkt die Souveränität der Staaten ein", obwohl die Staaten an dieser Übertragung interessiert sind. Sie ist für die Verwirklichung ihrer Interessen nötig[387], weil nur auf diese Weise ihre übernationalen Bedürfnisse, Interessen und Ziele gewährleistet werden können.

Nach einigen Meinungen stellt eine solche Einschränkung eine Ausnahme aus dem Prinzip der souveränen Gleichheit dar im Bezug auf die Staaten, die keine Mitglieder entsprechender Organisation sind[388]. Wenn es aber auch die Ausnahme ist, ist sie völkerrechtlich üblich und zulässig, d.h. völkerrechtskonform. Es gibt aber im Völkerrecht keine Ausnahmen aus der souveränen Gleichheit der Staaten. Darum muss man die Theorie über die Einschränkung der Souveränität infolge der Erteilung der Zuständigkeiten durch die Staaten an die internationale Organisation mit geltendem Völkerrecht in Übereinstimmung bringen.

Wie im ersten Unterkapitel ausgeführt, kann nur das Verständnis der Souveränität als souveräner Rechte zu der Schlussfolgerung führen, dass die Souveränität oder die souveränen Rechte sich bei der Übergabe der Zuständigkeiten einschränken[389].

---

386 Tschekalenko L., op. cit.

387 Moiseev A., op. cit., S. 59.

388 Wiltschak Y., op. cit.

389 Kostenko M., Lavrenova N. Die EU nach Maastricht: Föderation, Konföderation oder internationale Organisation [Костенко М.Л., Лавренова Н.В. ЕС после Маастрихта:

Der Staat kann aber, meines Erachtens, einen Teil seiner souveränen Rechte nicht verlieren oder übergeben, da sie in ihrer Ganzheit betrachtet werden, und bei dem Verlust aller souveränen Rechte wird die Souveränität nicht eingeschränkt, sondern geht verloren. Es ist ganz anders, wenn der Staat die Zuständigkeiten für die Verwirklichung seiner souveränen Rechte einer internationalen Organisation erteilt.

Aber die souveränen Rechte der Mitgliedstaaten werden sogar bei Erteilung dieser Zuständigkeiten nicht erstetzt[390], und diese Zuständigkeiten werden nicht souverän. Da die Zuständigkeiten vermehrt und nicht gemindert werden, werden bei der Erteilung der ausschließlichen Kompetenz und bei der Ausübung anderer Arten der Kompetenzen die Zuständigkeiten der Organisation aktiv und die staatlichen eingefroren. Darum werden die souveränen Rechte auch nicht eingeschränkt.

Die Souveränität wird von mir als Fähigkeit definiert, entweder als Handlungsfähigkeit oder als Existenzfähigkeit, und abhängig davon kann sie eingeschränkt werden oder nicht.

Bei der Verwirklichung der Kompetenzen des Staates durch eine Organisation kann man über die Verwirklichung der Souveränität im Sinne von Handlungsfähigkeit sprechen, da die Kompetenzen (Bereiche des staatlichen Handelns) die Elemente der Handlungsfähigkeit sind.

Und in diesem Fall wird die Souveränität wirklich beschränkt, aber nur als Handlungsfähigkeit.

Es hat damit zu tun, dass bestimmte Änderungen in der Verwaltung des Staates erwartet werden, sowie damit, dass sich der Staat an den neuen Mechanismus der Verwirklichung einiger souveräner Rechte anpassen soll.

Solche Einschränkung ist aber vom Staat kontrolliert, sie ist auch nicht unwiderruflich.

Außerdem kann im Gegensatz zur Handlungsfähigkeit die Existenzfähigkeit niemand außer dem entsprechenden Staat verwirklichen.

Die Erteilung der Zuständigkeiten an eine internationale Organisation bedeutet immer Einschränkung – Einschränkung der Souveränität als Handlungsfähigkeit, aber niemals als Existenzfähigkeit, die der Sinn der Souveränität ist.

Die Erteilung der Zuständigkeiten führt also zur Souveränitätseinschränkung, nicht aber zum Souveränitätsverlust[391]. Das bedeutet, dass die Existenzfähigkeit nicht berührt wird. Mehr als das, durch die Einschränkung der Hand-

---

федерация, конфедерация или международная организация? // Государство и право. – №4. – 1994], S.105-136.

390 Wiltschak Y., op. cit.

391 Meschtscheryakova O., op. cit., S. 11, 35.

lungsfähigkeit erweitert der Staat die Wege der Souveränitätsverwirklichung, wenn es auch über die Vermittlung der internationalen Organisation ist. Und auf solche Weise festigt er seine Position in den internationalen Beziehungen sowie innerstaatlich und gewährleistet seine Existenzfähigkeit.

9. Souveränität einer internationalen Organisation?

Die internationalen Organisationen können über die Souveränität nicht verfügen. Obwohl sie über einen eigenen Willen und weite Beschlussfassungszuständigkeiten verfügen und manchmal den Zwang anwenden können, ist doch ihre Existenzfähigkeit, im Gegensatz zum Staat, begrenzt. Die internationalen Organisationen verfügen über keine selbständige Gewalt und territoriale Hoheit, sie haben keine eigene Bevölkerung[392], d.h. sie verfügen nicht über die Mittel, die den Staat selbstgenügsam machen. Ihre Existenzfähigkeit ist von dem souveränen Willen der Staaten abhängig.

Außerdem kann die Existenz der internationalen Organisation beendet werden, wenn es vom Vertrag vorgesehen ist, wenn es einen Grund gemäß der Vertragsrechtskonvention gibt oder wenn es dem Willen der Vertragsparteien entspricht.

10. Schlussfolgerungen zum ersten Kapitel

Die Souveränität ist die internationalrechtlich geschützte verwirklichte oder noch nicht verwirklichte Fähigkeit einer bestimmten potenziell autarken Organisationsstruktur zur Verwirklichung des eigenen Willens, selbständig und unabhängig. Dabei bedeutet die Autarkie die Fähigkeit zur Existenz mit Hilfe eigener Mittel. Die Mittel sind das Territorium, das Volk, die eigene Rechtsordnung (die Fülle der souveränen Rechte), die Gewalt, die Möglichkeit den Zwang anzuwenden, Steuern, Infrastruktur, Militär usw. Außerdem charakterisiert das Vorhandensein der folgenden fünf Elemente die Souveränität: das Existenzinteresse, der Wille, die Gewalt, die Entscheidung und der Zwang. Die Fähigkeit, sie selbständig zu verwirklichen, zeugt von der Vollendung solcher Organisationsstruktur wie dem Staat und von ihrer Autarkie. Als solche wird sie von ihr Ähnlichen anerkannt. Der souveräne Staat ist also der Staat, der als solcher von der internationalen Gemeinschaft anerkannt wird, unter der Bedingung, dass die inneren Voraussetzungen für die Verfügbarkeit der Souveränität erfüllt sind.

392 Tunkin G., op. cit., S. 33 – 36.

Als Existenzfähigkeit ist die Souveränität absolut, sie kann nicht übergeben oder beschränkt werden. Funktional aber, als Handlungsfähigkeit, die von der Existenzfähigkeit derivativ ist, kann sie und soll sie sogar eingeschränkt werden.

Für die Erreichung der Interessen ihrer Völker sind die Staaten verpflichtet, die Normen ius cogens und die Grundsätze des Völkerrechts einzuhalten. Darum ist die Souveränität i.S. der Handlungsfähigkeit a priori beschränkt.

Der Grund für die Souveränitätseinschränkung ist die Notwendigkeit der Effektivität in der Verwirklichung eigener Interessen. Der Abschluss der völkerrechtlichen Verträge ist die Souveränitätsverwirklichung, aber die Verträge selbst sehen Verpflichtungen vor, was die Freiheit der Staaten in der Realisierung ihrer Funktionen berührt, darum wird die Souveränität bei der Verwirklichung einerseits eingeschränkt (als Handlungsfähigkeit), andererseits durch die Erweiterung der Verwirklichungsarten, die der Vertrag eröffnet, gewährleistet (als Existenzfähigkeit).

Die Selbteinschränkung soll auf keinen Fall unwiderruflich sein und darf den Bereich der Kompetenzhoheit nicht berühren.

Die Staaten können die Zuständigkeiten auf die Verwirklichung ihrer souveränen Rechte äußeren Subjekten übertragen, sie können jede innere Kompetenz zwischenstaatlicher Regelung unterwerfen, nicht aber den Bereich der Kompetenzhoheit.

Bei der Übertragung der Zuständigkeiten an internationale Organisationen verlieren die Staaten ihre souveränen Rechte nicht, die Rechte werden durch die Zuständigkeiten nicht ersetzt. Aber die Souveränität der Staaten i.S. der Handlungsfähigkeit wird eingeschränkt, weil bestimmte Änderungen in der Verwaltung des Staates erwartet werden und der Staat sich an den neuen Mechanisamus der Verwirklichung einiger souveräner Rechte anpassen soll. Die Gewalt der internationalen Organisationen ist nicht selbständig, darum verfügen sie nicht über die Souveränität. Im nächsten Kapitel werden diese Fragen im Kontext der Zuständigkeitserteilung und Souveränitätsverwirklichung in der Europäischen Union betrachtet.

B. GEWÄHRLEISTUNG DER EXISTENZFÄHIGKEIT MITTELS EINSCHRÄNKUNG EIGENER HANDLUNGSFÄHIGKEIT IM KONTEXT DER GLOBALISIERUNGSPROZESSE

I. DIE UNVERMEIDBARKEIT DER TEILNAHME AN DEN GLOBALISIERUNGSPROZESSEN

1. Definition der Globalisierung: Positives

Globalisierung ist ein Prozess der weltweiten Interdependenz der Staaten in allen Lebensbereichen[393]: Politik, Finanz, Wirtschaft, Handel, Recht usw. Globalisierung ist ein Prozess, bei dem die Staaten mehr miteinander verbunden und von allen anderen Subjekten abhängig werden[394].

Die Staaten nähern sich einander sowohl in den ihrer Lebensqualität, im Gewinn, in den Preisen, im Lohn[395], als auch kulturell, politisch und rechtlich an.

Die Entwicklung des internationalen Handelns, der Finanzmärkte, des See-, Bahn-, Luftverkehrs, der Verbindungsquellen wie Telefon und Internet, der Massenmedien und des Technologieprogresses im Allgemeinen haben den praktischen Grund für die Globalisierung geschaffen.

Parallel zum Globalisierungsprozess sind aber auch viele „globale" Probleme entstanden, die man nicht erwartet hat, die aber mit den sozialen Prozessen der modernen Welt verbunden sind[396]. Es geht unter anderem um Nuklearenergie, Weltraum, Weltozean, Umweltschutz, Nutzung der Massenmedien über Satelliten, Wachstum der Bevölkerung, Verbreitung von Krankheiten usw.[397]

---

393 Grinin L. Globalisierung und nationale Souveränität. Geschichte und Gegenwart [Гринин Л.Е. Глобализация и национальный суверенитет. История и современность. №1. –2005], S. 6 – 31.

394 Grinin L. Was passiert mit der Souveränität in den Zeiten der Globalisierung? [Гринин Л.Е. Что происходит с суверенитетом в век глобализации? // Вестник Российского университета дружбы народов. Серия «Международные отношения». №1 (8) – Москва, 2007], S. 22 – 27.

395 Moiseev A., op. cit., S. 112.

396 Ibid., S. 103

397 Ibid.

Die globalen Probleme und der Prozess der Globalisierung sind nicht das Gleiche[398]. Die Probleme sind die Konsequenz der immer enger werdenden Interdependenz der Staaten. Sie haben Weltcharakter und berühren das Interesse aller Menschen der Welt. Sie können nicht isoliert gelöst werden, und von ihrer Lösung hängt die Existenz der Menschheit ab[399]. Daher brauchen sie die Intervention der ganzen internationalen Gemeinschaft, die sie auch „global" regeln soll[400].

Die Ziele der Globalisierung ändern sich mit der Änderung der Herausforderungen der modernen Welt. Heutzutage zählen zu den Zielen, nach Moyseev[401], Vorbeugung gegen Nuklearkriege, Senkung des Bevölkerungswachstums in den armen Ländern, Vorbeugung gegen Umweltverschmutzung, Sicherung der Wirtschaftsentwicklung, Versorgung mit den Naturressourcen, Überwindung des Abstands zwischen armen und reichen Ländern, Beseitigung von Armut, Hungersnot und Analphabetentum.

Auf dem Wege der Erreichung dieser Ziele verbessert sich der Gesundheitsschutz, aktiviert sich die Tätigkeit der Privatunternehmen, TNK, der nicht regierungsabhängigen internationalen Organisationen, die für Demokratie kämpfen[402].

Neue Technologien und Informationsaustausch haben die staatlichen Angelegenheiten transparent gemacht[403].

Man kann auch die Vereinfachung der wirtschaftlichen Beziehungen zwischen den Staaten infolge der Vergrößerung des Kreises der Kontakte verschiedener Arten und Niveaus unter den Bürgern verschiedener Länder beobachten[404].

Die Dichte und die Ständigkeit der Kontakte zwischen den Staatsoberhäuptern ist ebenfalls gewachsen[405]. Nicht nur Außenämter sondern auch fast jeder Administrativapparat hat heute seine „eigenen" auswärtigen Beziehungen[406].

---

398 Ibid.

399 Ibid.

400 Ibid., S. 102.

401 Ibid., S. 104.

402 Stiglitz J. Im Schatten der Globalisierung. Probleme der Theorie und Praxis der Verwaltung [Стиглиц Дж. В тени глобализации. Проблемы теории и практики управления, Журнал „Deutschland" 4/2002].

403 Moiseev A., op. cit., S. 139.

404 Grinin L. Globalisierung und Prozesse der Transformation der nationalen Souveränität [Гринин Л.Е. Глобализация и процессы трансформации национального суверенитета // Век глобализации №1, 2008], S. 86 – 97.

405 Grinin L. Was passiert mit der Souveränität in den Zeiten der Globalisierung? [Гринин Л.Е. Что происходит с суверенитетом в век глобализации? // Вестник Российского

Somit können die Staaten unter den Bedingungen der Globalisierung ihr nationales Potenzial entwickeln und die Wirtschaftstätigkeit besser regeln[407].

Konsequenterweise haben die Staaten ein Interesse an der Globalisierung, da sie naturgemäß globale Probleme sowie Kriege zu vermeiden streben. Sie möchten auch den Zugang zu den technologischen und wirtschaftlichen Änderungen und zum Weltprogress im Ganzen haben. Darum nehmen die Staaten an den Globalisierungsprozessen freiwillig teil, sie dienen ihrem Nutzen. Außerdem fördert ihre Teilnahme an der Globalisierung ihr Prestige in der internationalen Arena[408].

2. Die Rolle der Globalisierungsinstitute

Die Wirtschaft entwickelt sich schneller als die Politik, sie hat die nationalen Grenzen überschritten und bedarf der supranationalen Regelung[409].

Bei der Globalisierung erteilen die Staaten ihre Zuständigkeiten den großen internationalen Organisationen zur Lösung der Probleme, die sie einseitig nicht lösen können. Die größten von diesen Organisationen, gemessen an ihrer Macht, sind UNO, WTO, IWF, Weltbank.

Die UNO ist die einzige globale Institution, die sich mit den globalen politischen Problemen beschäftigt[410]. Unter ihrer „Patronage" gibt es aber viele spezialisierte Agenturen und andere mit ihr verbundene Organisationen, die für verschiedene Bereiche des Zusammenlebens der Staaten zuständig sind (z.B. WHO, Postunion, ILO, WIPO, Weltbank, IWF usw).

Für die Lösung globaler Probleme in den spezifischen Bereichen wie Handel, Finanzen und Entwicklung sind entsprechend WTO, Weltbank und IWF verantwortlich

---

университета дружбы народов. Серия «Международные отношения». №1 (8) – Москва, 2007], S. 22 – 27.

406 Ziebura Gilbert Nationales Interesse und übernationale Ordnung in: Nationale Souveränität oder Übernationale Integration? Gilbert Ziebura (Hrsg.), Berlin: Colloquium Verlag, 1966, 175 S.

407 Moiseev A., op. cit., S. 89.

408 Grinin L. Globalisierung und Prozesse der Transformation der nationalen Souveränität [Гринин Л.Е. Глобализация и процессы трансформации национального суверенитета // Век глобализации №1, 2008], S. 86 – 97.

409 Grinin L. Souveränität in der Ära der Globalisierung [Гринин Л.Е. Суверенитет в век глобализации / Ильин М.В., Кудряшова И.В. (ред.) Суверенитет. Трансформация понятий и практик. – М.: МГИМО – Университет, 2008], S. 104 – 128.

410 Urquhart Brian, op. cit., p. 10.

Seit 1947 galt das General Agreement on Tarifs and Trade. Dieser zwischenstaatliche Vertrag sah die Abschaffung der Schranken des internationalen Handelns vor. 1995 wurde der Vertrag in die internationale Organisation – WTO – umgewandelt. Heutzutage besteht die Welthandelsorganisation aus 153 Mitgliedern und 29 Kandidaten auf Mitgliedschaft.

Somit hat sich im Rahmen der WTO das Konzept des freien Handels entwickelt, das zur Steigerung der Umfänge des Handels geführt hat[411]. Die Institutionsstruktur der WTO sichert die Kontrolle über die Nationalpolitik im Bereich des Handels[412].

Der Handel ist der Kern der Interessen der Staaten, weil er einen friedlichen Weg der Unterstützung der Existenzfähigkeit darstellt. Und dieser „Kern der staatlichen Interessen" steht unter der internationalen Kontrolle.

Der andere Bereich, der die Lebensfähigkeit der Staaten sichert, ist der Bereich der Finanzen. Die Organisation, die sich in den Zeiten der Globalisierung um die Finanzstabilität in der Welt kümmert, ist der Internationale Währungsfond. Er besteht aus 187 Mitgliedern. Die Beschlüsse werden mit Mehrheit von 85% getroffen, und das Gewicht jedes Mitglieds wird durch seine Wirtschaftsmacht bestimmt[413].

Der IWF existiert auf Grundlage der Steuer der Steuerzahler aus aller Welt[414]. Dabei ist der IWF gegenüber den Steuerzahlern nicht berichtspflichtig, er wird nur von den Finanzministern und von den Oberhäuptern der Nationalbanken der Mitgliedstaaten kontrolliert[415].

Auch die Weltbank ist eine internationale Finanzorganisation. Sie hat zum Ziel, den Staaten, die sich entwickeln, finanzielle und technische Hilfe zu leisten.

Die Staaten werden über den Verwaltungsrat vertreten, der aus Finanzministern besteht. Er ist das Höchstorgan, das die Entscheidungen trifft und die Politik der Bank bestimmt. Für die Mitgliedschaft in der Weltbank soll der Staat Mitglied der IWF sein. Die Stimmenzahl der Staaten hängt von ihrem Anteil am Bankkapital ab. Dieser Anteil hängt aber vom Anteil dieser Staaten an der Weltwirtschaft ab. Also treffen jene Staaten die Entscheidungen, die große Erfolge im weltwirtschaftlichen Bereich haben.

Die Weltbank gewährt Kredite an Länder, die sie brauchen, und die Entscheidungen über die Kredite hängen von den mächtigsten Staaten ab. Die Investitionskredite werden für die Finanzierung der Erzeugung von Waren und

---

411 Moiseev A., op. cit., S. 136.

412 Moiseev A., op. cit., S. 137.

413 Stiglitz J., op. cit.

414 Ibid.

415 Ibid.

Dienstleistungen im Rahmen von Projekten zur sozialen und wirtschaftlichen Entwicklung gewährt. Die Kredite für die Entwicklung oder die „Kredite für strukturelle Umwandlungen“ sind Kredite für die Unterstützung der politischen und institutionellen Reformen.

Unter den Zielen und Bedingungen für die Gewährung der Kredite finden sich die Abschaffung der Armut und Hungersnot, die Gewährleistung der allgemeinen Ausbildung, die Förderung der Gleichheit zwischen Männern und Frauen, der Kampf gegen Infektionskrankheiten sowie der Umweltschutz.

Ungeachtet ihrer Erfolge werden alle diese Globalisierungsinstitute stark kritisiert. Es gibt die weit verbreitete Überzeugung, dass die mächtigen Staaten die Globalisierung (freier Handel, freier Zugang zu Rohstoffen, Anwendung Dollar und Euro als internationale Währungen, Einmischung der internationalen Institutionen in die innere Politik der Staaten) zugunsten der entwickelten Länder nutzen[416].

Die Kontrolle über die Tätigkeit dieser Organisationen hängt von den Beiträgen der Mitgliedsstaaten ab[417]. Als Ergebnis werden die Entscheidungen im Interesse der entsprechenden Staaten getroffen[418]. Somit erfüllen der IWF und die Weltbank den Willen der reichen Länder[419]. Letztere haben die Kredite immer dazu gegeben, um ihre militärischen, wirtschaftlichen und ideologischen Ziele durchzusetzen[420]. Die Politik der obengenannten Organisationen ergänzt die Politik dieser Länder.

Internationale finanzielle Institutionen verkörpern die „Werte des kapitalistischen Westens“[421]. Sie sind mehr interessiert an inneren Änderungen der Staaten, an die sich die Kredite richten, als an der Zurückzahlung[422].

Für die reichen Länder ist es vorteilhaft, die armen zur Eindämmung der Gefahren, die von ihnen ausgehen[423], zu unterstützen. Aber die internationalen Kreditinstitute nennen als offizielles Argument für die Leistung der Außenassistenz gegenüber den schwachen Staaten, dass sie aus dem Weltwettbewerb fak-

416 Stiglitz J. Globalization and its Discontents, London 2002; Stiglitz J. Making Globalization Work, London 2006.

417 Moiseev A., op. cit., S. 132.

418 Ibid.

419 Stiglitz J., op. cit.

420 Krasner Stephen D. Sovereignty. Organized Hypocrisy, Princeton University Press, New Jersey 1999, p. 149

421 Ibid.

422 Ibid.

423 Moiseev A., op. cit., S. 107.

tisch ausgeschlossen sind und ihr Überleben ohne finanzielle Assistenz nicht möglich wäre[424].

Viele Experten und Gelehrte glauben aber, dass der echte Grund für die Entwicklungshilfe die Angst der entwickelten Industrieländer ist, dass die armen Länder einmal ihren Reichtum bedrohen können[425]. Die Armut der Länder der Dritten Welt schadet den Wirtschafts- und Sicherheitsinteressen der reichen Länder[426].

Es gibt immer Bedingungen für die Gewährung eines Kredits von Seiten der interessierten Staaten, die auf die entsprechende Organisation Einfluss haben. Die Bedingungen der Weltbank und des IWF beziehen sich unter anderem auf die Fragen der Subsidien, Zahl der Angestellten bei der Regierung, Indexation der Löhne, Steuerfragen usw. (als „governance assistance“)[427].

Auch das Konzept der Marktwirtschaft wurde von der Weltbank und dem IWF den armen Ländern aufgesetzt, die ihre Kredithilfe brauchten[428].

Das Problem der Außenschulden der armen Staaten schafft mehr Abhängigkeit von außen; sie werden „Situationsgefangene“. Für ihre Existenzfähigkeit brauchen sie einfach diese materielle Unterstützung, aber dabei sind sie zu solchen Änderungen gezwungen, die diesen Staaten oft nicht eigen sind.

Die großen Teile ihrer „westfälischen Souveränität“ sollen sie aufgeben. Auf den ersten Blick sieht es so aus, dass die Staaten ihre Souveränität konkludent verlieren. Aber nach der Meinung von S.D. Krasner widerspricht die äußere „government assistance“ der westfälischen Souveränität nicht[429]. Sie ist eher eine Erscheinung der internationalen Rechtssouveränität, solange der Einfluss sich auf die beschränkten Politikbereiche richtet und nur der Verbesserung der Existenzfähigkeit des Staates dient[430].

---

424 Jackson Robert J., op. cit., p. 24.

425 Ziebura Gilbert Nationales Interesse und übernationale Ordnung in: Nationale Souveränität oder Übernationale Integration? Gilbert Ziebura (Hrsg.), Berlin: Colloquium Verlag, 1966, S. 152.

426 Krasner Stephen D. Power, the State, and Sovereignty. Essays on International Relations, Routledge 2009, p. 238.

427 Ibid., p. 241.

428 Stiglitz J., op. cit.

429 Krasner Stephen D., op. cit.

430 Ibid., p. 241.

3. Subjekte der Vorteile der Globalisierung

Es gibt eine klare Ungleichheit im Erhalt der Vorteile[431]. Das Gleichgewicht der positiven und negativen Elemente der Globalisierung sieht unterschiedlich für die unterschiedlichen Staaten aus[432].

Die Globalisierung hat zur Entwicklung der wirtschaftlich starken Staaten beigetragen (China, Indien)[433]. Dagegen hat sie bei den armen Staaten nichts geändert[434]. Die Ausweitung des Wettbewerbs auf die schwachen Staaten hat eher zur Senkung ihres Lebensniveaus geführt.

Es ist paradoxerweise noch immer so, dass die Zahl der Armen beim Wachsen des Welteinkommens größer wird[435].

Die Globalisierung beschleunigt die Vergrößerung des Abstandes zwischen Reichen und Armen[436].

Von der Globalisierung profitieren am meisten die Staaten, die die starken Partner haben, die den inneren Frieden genießen und deren Gesellschaft sich der demokratischen Werte bewusst ist[437].

4. Die Folgen der Globalisierung

Die Entwicklung der Marktbeziehungen in der Welt ist also einer der wichtigsten Gründe für die rapiden Änderungen, die nicht immer „gut“ sind[438].

Die Globalisierung verursacht einen „disorder“, der „disorientiert“[439]. Nach der Meinung von Brian Urquhart kann die Globalisierung Quelle der Instabilität in der Welt sein[440].

Die feste Verbindung der nationalen Ökonomien untereinander führt z.B. zur rapiden und oft unkontrollierbaren Reaktion auf lokale Krisen an verschie-

---

431 Grinin L. Souveränität in der Ära der Globalisierung [Гринин Л.Е. Суверенитет в век глобализации / Ильин М.В., Кудряшова И.В. (ред.) Суверенитет. Трансформация понятий и практик. – М.: МГИМО – Университет, 2008], S. 104 – 128.

432 Ibid.

433 Bundegaard Christian, op. cit.

434 Ibid.

435 Stiglitz J., op. cit.

436 Urquhart Brian, op. cit., p. 13.

437 The Responsibility to protect in: Report of the international Commission on Intervention and State Sovereignty, International Development Research Centre, Ottawa 2001, p. 7.

438 Urquhart Brian, op. cit., p. 11.

439 Sciarra Silvana, op. cit., p. 270.

440 Urquhart Brian, op. cit.

denen Orten der Welt[441] (z.B. die Finanzkrise 2008, Angst vor US-default 2011 usw).

Die Information verbreitet sich schneller als je zuvor. Nachrichten über Krisen verursachen sofort eine Panik, was zur Vertiefung der Krisen führt. Nachrichten über neue Arten der negativen Tätigkeit der Menschen inspirieren die Täter überall auf der Welt. Telekommunikation und Internet bilden „a single global nervous system“[442], obwohl wie Brian Urquhart betont, die Mehrheit der Menschen in der Welt keinen Zugang zu Inernet und Telefon hat. Sie leben aber größtenteils in den Ländern der Dritten Welt, und diese Länder hängen oft von der Situation in den entwickelten Ländern ab. Somit hat die Telekommunikation auf sie einen, wenn auch nicht direkten, so mindestens indirekten Einfluss.

Die Kraft der Telekommunikation konnte man 2011 erfahren, als Facebook – die „Internet-Kontaktbörse“ - „Netzwerk des politischen Protests“ geworden war[443]. Die „dezentrale und unübersichtliche Organisation der Proteste durch Facebook“ konnte von der Staatsmacht in Ägypten nicht kontrolliert werden[444]. Die Abschaltung des Internets und der Handynetze[445] ist der Regierung nicht gelungen. Die Beschränkung des Zugangs zum Internet ist überhaupt selten möglich.

In der Internetära kann die Kommunikation nicht nur als Waffe des Volkes gegen die Regierung sondern auch als Einflussmittel eines Staates auf den anderen benutzt werden. Und im zweiten Falle ist es auch nicht einfach dies zu erkennen, wobei, wenn es auch so ist, könnte es als Einmischung in die inneren Angelegenheiten des entsprechenden Staates eingeschätzt werden.

Massenmedien gestalten die Meinungen ganzer Völker. Sie tragen zur Unifizierung der Kulturen unter Einfluss der westlichen Kultur bei[446]. Es ist aber nicht für alle Staaten nütztlich. Es gibt nationale Besonderheiten, die von den entsprechenden Völkern („receiver of demokratic export“ – M.B.) nicht berücksichtigt werden. Außerdem widerspricht die kulturelle Unifizierung der histori-

441 Grinin L. Souveränität in der Ära der Globalisierung [Гринин Л.Е. Суверенитет в век глобализации / Ильин М.В., Кудряшова И.В. (ред.) Суверенитет. Трансформация понятий и практик. – М.: МГИМО – Университет, 2008], S. 104 – 128.

442 Urquhart Brian, op. cit., p. 12.

443 Sahra Gemeinder Sahra, Jakobs Andreas Revolution unter Militäraufsicht in: Die Politische Meinung. Monatsschrift zu Fragen der Zeit. 56. Jahrgang, Nr. 497, April 2011, S. 5 – 8, S. 6.

444 Ibid., S. 7.

445 Ibid.

446 Moiseev A., op. cit., S. 148.

schen Erfahrung: Im Summit G8 in Okinawa 2000 wurde Folgendes beschrieben: „cultural diversity is a source of economic and social dynamism“[447].

Die Globalisierung löst die globalen Probleme nicht, und manchmal verschärft sie sie sogar[448]: Es findet die Umwandlung der nationalen Verbrechensorganisationen in internationale statt – ein paar Privatpersonen können ganzen Staaten Schaden zufügen[449]; die Ausschöpfung der Naturressourcen wird rapid[450]; die Wirtschaftstätigkeit des Menschen führt zu Klimawechsel und globaler Erwärmung[451] und somit trägt die Globalisierung zur Ökologiekatastrophe bei[452]. Die Situation wird dadurch noch mehr verschärft, dass die Handlungen der Staaten bezüglich des Umweltschutzes nicht einheitlich sind. Die armen Länder halten die Umweltschutznormen für schädlich für die Entwicklung ihrer Wirtschaft[453].

Auch zur Stabilität der Weltwirtschaft führt die Globalisierung nicht[454]: Ungleichheit in der Entwicklung der Staaten[455]; Wachstum der Arbeitslosigkeit; Senkung des Einkommens der einzelnen Menschen; Einfluss der Krisen auf andere Staaten; Instabilität der Währungskurse; die Kleinunternehmen können sich nicht einmal in den entwickelten Staaten durchsetzen.

Das Wachstum der rechtswidrigen transnationalen Arten der Tätigkeit verursacht die Entwicklung der Schattenwirtschaft mit riesigen Umsätzen; Ausweichen vor Steuerzahlungen; Geldwäsche; Korruption; Menschenhandel und Erzeugung von Drogen sind weitere Nebenwirkungen der Globalisierung.

Das Aufdrängen der Globalisierung ohne Berücksichtigung der nationalen Spezifik der wirtschaftlichen Entwicklung ist potenziell gefährlich. Z.B. in den armen Ländern führt die aufgedrängte Privatisierung der kommunalen Dienste (Wasserlieferung, Energiesicherung usw) zur Stärkung der Armut[456]. Die Entwicklung der unifizierten Regeln im Bereich der Wirtschaft ruft die Unruhe der Bürger verschiedener Länder hervor und kann unvorhersehbare Konsequenzen haben.

---

447 Ibid., S. 149; http://www.mofa.go.jp/policy/economy/summit/2000/overview.html
448 Ibid., S. 105.
449 Ibid., S. 139.
450 Ibid., S. 100.
451 Ibid., S. 153.
452 Stiglitz J., op. cit.
453 Moiseev A., op. cit., S. 156.
454 Stiglitz J., op. cit.
455 Moiseev A., op. cit., S. 100.
456 Näher dazu und zu negativen Folgen der Globalisierung siehe Moiseev A., S. 100 – 133.

5. Übergang zum zweiten Unterkapitel

Es gibt positive und negative Momente in der Globalisierung. Der Prozess lässt sich aber nicht aufhalten, und die Staaten, die davon weniger profitieren, sollen für ihre Existenz kämpfen auf dem Wege der Einschränkung eigener Handlungsfähigkeit, weil sie gezwungen sind, den erfolgreichen Staaten zu gehorchen, um zu überleben.

II. ZWINGENDE EINSCHRÄNKUNG DER SOUVERÄNITÄT WEGEN DER GLOBALISIERUNG

1. Die Rolle des Staates in der Wirtschaft

Die Globalisierung schwächt den Einfluss der Staaten auf die „klassisch innerstaatlichen“ Prozesse. Infolge der Globalisierung ist die Rolle der Staaten in der Wirtschaft gesunken. Obwohl sie noch einige Regelungsfunktionen erfüllen, wird doch das Spektrum der Regelungsmethoden eingeschränkt[457].

Der politische Einfluss der Unternehmen wird dagegen gestärkt. Und so diktiert die „Privat“wirtschaft die öffentliche Politik der Staaten.

Außerdem verlieren die Staaten wegen der Öffnung der Grenzen zugunsten der wirtschaftlichen Entwicklung die Kontrolle über ihre Bürger.

2. Die Teilnahme an der Globalisierung der armen Staaten (Existenzfähigkeit)

Der Kernbereich der Souveränität der Staaten, der gleichzeitig auch der wichtigste Bereich der Globalisierung ist, ist der Handel. Die Globalisierungsorganisation, an der die meisten Staaten der Welt teilnehmen, ist die WTO. Sie hat strikte Forderungen an ihre Teilnehmer bezüglich der Regelung ihres Wirtschaftsverhaltens.

Die wichtigsten Forderungen der WTO sind Einschränkung der Koordinierung der Wirtschaftspolitik und Kürzung der nationalen Einschränkungsmaßnahmen (z.B. mengenmäßige Beschränkungen)[458].

Die WTO-Regeln mindern die Möglichkeiten der Staaten zum Schutz und zur Unterstützung der nationalen Unternehmen vor ausländischen Konkurrenten,

---

457 Moiseev A., op. cit., S. 127

458 Ibid., 136.

was für die schwachen Länder, die ihre Wirtschaft naturgemäß schützen wollen, nachteilhaft ist. Die effektive Entwicklung solcher Staaten hindern die schwache Infrastruktur und Außenschulden[459].

Für sie ist es schwierig, die Möglichkeiten der Globalisierung zu nutzen. Außerdem haben die Vertreter der armen Staaten, die sich entwickeln, wenig Information und Ressource für den Schutz ihrer Interessen in der WTO[460].

3. Die Einschränkung der Handlungsfähigkeit

Bereiche der Einschränkungen in den Handlungen der Staaten betreffen nicht nur die Wirtschaft, sondern sie werden auch auf Umwelt, Kommunikation, Gesundheit, Drogenregelungen und Menschenrechte erweitert[461].

Die Staaten werden weniger handlungsfrei in den Fragen der Zolltarife, des Verbots oder der Genehmigung des Imports-Exports der Waren (des Kapitals), der Geldausgabe, der Kreditnahme, der Anwendung der Todesstrafe, der Wahlrechte, der Waffenregelungen, der natürlichen Ressourcen usw.[462]

Die Staaten sollen ihre Politik an die multilateralen Anforderungen der modernen Welt anpassen. Wenn sie es nicht können, dann verlieren sie die Fähigkeit mit den Herausforderungen der Globalisierung effektiv zurechtzukommen[463].

4. Der Weltstaat

Man beobachtet die Tendenz zu Änderungen im Verhalten der Staaten, ihren Funktionen und ihrer Rolle[464].

Die Bereiche der innerstaatlichen Regelung werden immer kleiner und der internationalen immer größer[465]. Die politische Grundlage dafür sind die Prozesse, die von den Staaten nicht mehr abhängen, und die Rechtsgrundlage – internationale Verträge, die man als „Nachläufer“ dieser Prozesse bezeichnen könnte,

459 Ibid., 138.

460 Ibid., 137.

461 Urquhart Brian, op. cit., p. 11.

462 Grinin L. Was passiert mit der Souveränität in den Zeiten der Globalisierung? [Гринин Л.Е. Что происходит с суверенитетом в век глобализации? // Вестник Российского университета дружбы народов. Серия «Международные отношения». №1 (8) – Москва, 2007], S. 22 – 27.

463 Moiseev A., op. cit., S. 92.

464 Grinin L., op. cit.

465 Ibid.

da sie ihre Regelung durch die internationale Gemeinschaft oft „nachträglich" legitimieren.

Man spricht davon, dass die Souveränität zielgesetzt geschwächt wird[466], weil es sozusagen zum „übernationalen Wohl"[467] beitragen kann. Der Preis dafür wäre die Zentralisierung der internationalen Gewalt und die „Schwächung" der staatlichen Souveränität.

Scharfe Kritiker der Globalisierung sehen das echte Ziel der Globalisierung in der Gründung eines Weltstaates mit einheitlicher Regierung und einheitlichem Militär, einem gemeinsamen Finanzsystem, gemeinsamen Gesetzen und gemeinsamer Kultur[468].

Der Bereich, in dem sich das am stärksten manifestiert und man die zielgesetzte Interdependenz beobachten kann, ist der Bereich der Finanzen.

Eben die finanziellen Globalisierungsprozesse sind für die Souveränität gefährlich. Sie beschränken die Fähigkeit des Staates, die Finanz- und Wähungspolitik zu nutzen, um die innerstaatlichen wirtschaftlichen Prozesse effektiv zu kontrollieren[469].

Nachstehend werden ein paar Zitate einflussreicher Personen aus der Geschichte des XX. Jahrhunderts angeführt, die es uns erlauben, das weltweit interdependente Geldsystem als Hintergrund für "conspirated world government" zu beurteilen[470]:

> „We are grateful to The Washington Post, the New York Times, Time Magazine and other great publications whose directors have attended our meetings and respected their promises of discretion for almost forty years. It would have been impossible for us to *develop our plan for the world* if we had been subject to the bright lights of publicity during those years. But, the work is now much more sophisticated and prepared to march towards a *world government. The supranational sovereignty of an intellectual elite and world bankers* is surely preferable to the national autodetermination practiced in past centuries." – David Rockefeller, 1991 Trilateral Commission meeting.

> „We are on the verge of a global transformation. All we need is the right major crisis and the nations will accept the New World Order". – David Rockefeller.

466 Medvedeva I., Schischova T. Logik der Globalisierung [Медведева И., Шишова Т. Логика глобализма // Наш Современник №11 / 2011].

467 Ziebura Gilbert, op. cit., S. 151.

468 Medvedeva I., Schischova T., op. cit.

469 Kletzer Kenneth, op. cit., p. 1.

470 http://www.atlanteanconspiracy.com/2008/10/trilateral-commission.html; http://www.unitedearth.com.au/oneworldgovernment.html

> "In the next century, nations as we know it will be obsolete; all states will recognize a single, global authority. National sovereignty wasn't such a great idea after all". – Strobe Talbott, Former U.S. Deputy Secretary of State 1992.

> "To achieve world government, it is necessary to remove from the minds of men, their individualism, loyalty to family traditions, national patriotism and religious dogmas". – G. Brock Chisholm, co-founder of the World Federation for Mental Health, former director of UN World Health Organization[471].

Heutzutage kann man die Abhängigkeit der Staaten vom einheitlichen Geldsystem am Beispiel der Situation bezüglich der Außenschulden und der Wechselkursstabilität sowie der Inflationsrate[472] beobachten.

Die Instabilität der Währungskurse führt zur Einführung der einheitlichen Währung in dem engen Kreis der Staaten – zur Gründung der Währungsunion, wo sie eine gemeinsame Geldpolitik haben[473].

Die Realität der Gründung des Weltstaates, besonders aufgrund von Geldinterdependenz, ist nicht Gegenstand dieser Arbeit. Sie soll separat untersucht werden (auch im Lichte der Europäischen Währungsunion), aber die Betrachtung dieser Frage ist für das Verständnis der Widersprüche zwischen den Globalisierungsprozessen und dem traditionellen Souveränitätsverständnis notwendig, da sie nach Meinung einiger Völkerrechtler das Potential für Bürgerkriege und internationale Konflikte schaffen[474].

Man muss aber berücksichtigen, dass die Gesellschaften sehr unterschiedlich sind, darum kann es kein universales Recht geben. Wie G. Ziebura richtig betont, geht die staatliche Herrschaft immer nur aus bestehenden Gesellschaften hervor und nicht umgekehrt[475]. Außerdem fehlt der internationalen Gesellschaft als Ganzem Gleichgewicht und Integration[476].

Daher kann es, meiner Meinung nach, naturgemäß keinen Weltstaat geben.

---

471 http://www.unitedearth.com.au/oneworldgovernment.html

472 de Souza L. V., Schweickert R., Movchan V., Bilan O., Burakovsky I., Now So Near, and Yet Still So Far: Economic Relations between Ukraine and the European Union in: Kiel Discussion Papers, Band 419, April 2005, S.15.

473 Moiseev A., op. cit., S. 131.

474 Ibid., 91.

475 Ziebura Gilbert, op. cit., S. 157.

476 Ibid., S. 166.

5. Handlungsfähigkeit versus Existenzfähigkeit, oder freiwillige Souveränitätseinschränkung

Sogar wenn man die Akte der Globalisierung als Einschränkungen der Souveränität betrachtet, so sind sie meistens „zwingend freiwillig“ (M.B.), weil die Staaten es gewinnbringend finden[477].

Auch die „Übertragung“ der Zuständigkeiten an die internationalen Organisationen kann maximal zu funktionellen nicht aber zu territorialen Außenmächten führen. Diese Organisationen bekommen nur noch die Erlaubnis, bestimmte technische und ökonomische Funktionen zu verwirklichen[478].

Souveränität ist das wichtigste Merkmal des Staates im Sinne seiner Selbständigkeit[479]. Alle Staaten bleiben immer noch unabhängig, obwohl in ihren Handlungen nicht frei. De-jure Unabhängigkeit ist nicht dasselbe wie de-facto Freiheit[480]. Politische Unabhängigkeit ist ohne wirtschaftliche Unabhängigkeit nicht möglich, weil der Staat die national-wirtschaftlichen Interessen eben durch die Politik gewährleisten kann[481]. Die Globalisierungsprozesse machen die Fähigkeit der Staaten zur selbständigen Existenz von Außenumständen abhängig. Daher können die Staaten nur mit gemeinsamen Bemühungen überleben.
Außerdem werden wie auch im Völkerrecht die notwendigen Bedingungen (Voraussetzungen) für „fuller development of others aspects of sovereignty“ geschaffen[482] (wie z.B. Gleichheit im Völkerrecht oder Verkehr in der Globalisierung), weil es der Zweck der internationalen Beziehungen ist, die Entwicklung zu vereinfachen[483]. Darum soll der immer mehr wachsende Konsens zwischen den Staaten die Entwicklung der globalen Wirtschaft fördern[484]. Die entwickelte Wirtschaft der Mehrheit der Staaten könnte den Frieden und die internationale Sicherheit, um die die Welt sich seit 1945 kümmert, gewährleisten[485]:

---

477 Grinin L. Was passiert mit der Souveränität in den Zeiten der Globalisierung? [Гринин Л.Е. Что происходит с суверенитетом в век глобализации? // Вестник Российского университета дружбы народов. Серия «Международные отношения». №1 (8) – Москва, 2007]

478 Ziebura Gilbert, op. cit., S. 167.

479 Grinin L, op. cit.

480 Jackson Robert J., op. cit., p. 22.

481 Elian George, op. cit., p. 16.

482 Nincic Djura, op. cit., p. 78.

483 siehe Krasner Stephen D. Power, the State, and Sovereignty. Essays on International Relations, Routledge 2009, p. 89.

484 Saskia Sassen, op. cit., p. 23.

485 Urquhart Brian, op. cit., p. 11.

> „Like self-interested individuals, each state also seeks security rather than a situation which leads to constant war“[486].

Die Wirtschaft, der Handel und die Interdependenz, die sie schaffen, sind solche „security“.

6. Die Interessen der Staaten und die Globalisierung

Der Prozess der Suche nach Konsens ist nicht leicht, weil alle Staaten ihr eigenes Interesse nicht ignorieren können, sie setzen sie einander gegenüber[487].

Das Schwierigste bleibt das Problem der Vereinigung der nationalen und supranationalen Interessen (Interesse der integrierten Staaten), Gruppen- (der supranationalen Organisation) und Weltinteressen[488].

Einerseits, wird die Souveränität des Staates geschwächt, andererseits, wird die Zahl der Regelungsbereiche des Staates größer[489].

Die Globalisierung ist ein vielfältiger Prozess. Im Grunde wird die Souveränität als Handlungsfähigkeit gekürzt (z.B. wirtschaftliche Strategie), aber in einigen Momenten auch die Handlungsfähigkeit gefestigt und sogar erweitert (Sprach-, Kultur- und Sozialfunktionen des Staates)[490].

Als Folge, auf der Suche nach Gleichgewicht, geben die Staaten einige ihrer Interessen auf um andere durchzusetzen.

7. Das Interesse der Staaten als Priorität: selbstgenügsame Staaten

Das Interesse des Staates sieht materiellen Wohlstand sowie soziale und physische Qualität des Lebens seines Volkes vor[491].

Das Interesse äußert sich in den expliziten politischen Zielen. Für den Erfolg dieser Ziele sollen sie öffentliche Interessen sowie die Interessen der privaten Einheiten repräsentieren[492].

Alles, was der Staat auf der nationalen und internationalen Ebene tut, dient der Verwirklichung dieses Interesses. Und wenn irgendwelche Bedingungen der

486 Newman Michael, op. cit., p. 17.
487 Grinin L, op. cit.
488 Ibid.
489 Ibid.
490 Ibid.
491 Krasner Stephen D. Power, the State, and Sovereignty. Essays on International Relations, Routledge 2009, p. 28.
492 Ibid., p. 48.

internationalen Gemeinschaft seinem Ziel nicht dienen oder diesem sogar schaden, so versucht er von diesen Bedingungen abzuweichen[493].

Aber nicht alle Staaten können es sich leisten, die Regel des internationalen Rechts zu ignorieren, sondern nur die, die nach L. Grinin die „größte" Souveränität genießen.

Nur einige Staaten können Isolationspolitik betreiben, keine internationalen Kontakte unterstützen und keiner internationalen Organisation beitreten[494]. Es geht um die ideologisch und wirtschaftlich geschlossenen Staaten[495]. Sie führen oft auch eine „harte Sicherheitspolitik", und darum „brauchen sie sich keine Sorgen machen, was der Rest von der Welt von diesem Staat hält"[496]. Aufgrund der vollsouveränen Rechte dieser Staaten entstehen oft Konflikte mit der internationalen Gemeinschaft (z.B. Kernwaffen zu schaffen)[497]. Aber die Staaten, die ihre Souveränität nicht einschränken wollen, werden von der Mehrheit als minderwertig betrachtet[498]. Die Finanzverbindungen der nicht gehorsamen Staaten werden oft durch die Weltgemeinschaft unterbrochen[499].

Um zu überleben, müssen diese Staaten fähig sein, selbständig „prosperity" zu unterstützen, legale Infrastruktur zu entwickeln, starke Institutionen zu schaffen und die verschiedenen Konflikte zu regeln[500]. Zur ihrer Autarkie brauchen diese Staaten „die ökonomischen und miltärischen Mittel für Selbsterhaltung und Selbstdurchsetzung"[501].

Im Gegensatz dazu haben viele sich entwickelnde Staaten keine starke Militärmacht, sie sind aber reich an Naturressourcen, dank deren sie ihre Unabhängigkeit bewahren[502].

Die wirtschaftliche und somit die universelle Abhängigkeit oder Unabhängigkeit eines Staates hängt also von der Möglichkeit des Staates zur selbständigen Sicherung seines politischen Zieles ab[503].

---

493 Krasner Stephen D. Sovereignty. Organized Hypocrisy, Princeton University Press, New Jersey 1999, p. 41

494 Grinin L, op. cit.

495 Grinin L, op. cit.

496 Freudenstein Roland Welches Israel hätten wir gern? in: Die Politische Meinung. Monatsschrift zu Fragen der Zeit, 56. Jahrgang, Nr. 494-495, Jan-Feb. 2011, S. 73 – 75, S. 73.

497 Grinin L, op. cit.

498 Grinin L, op. cit.

499 Medvedeva I., Schischova T., op. cit.

500 Garfinkel Michelle R., Skaperdas Stergios, Syropoulos Constantinos Globalization and Domestic Conflict in: CESIFO Working Paper 1510, Category 7: Trade Policy, Munich Jul. 2005, 32 P., p. 23.

501 Ziebura Gilbert, op. cit., S. 154.

502 Elian George, op. cit., p.7.

8. Die Unterstützung als Mittel der Autarkie

Für die Existenz eines Staates ist in den meisten Fällen die nationale und internationale Unterstützung notwendig[504].

Unabhängig von der Staatsform und dem Regime des Staates ist die Regierung imstande oder nicht imstande, alle Entwicklungen in diesem Staat zu regeln (Rechtsfragen, Steuerfragen, Kontrolle über Korruption, über Infektionskrankheiten usw.)[505]. Die Mehrheit der Staaten ist unfähig, die inneren Probleme selbständig zu überwinden.

Da die internationale Rechtssouveränität und Westfälische Souveränität nicht unbedingt innere Souveränität vorsehen[506], kann der Staat mit beschränkter innerer Kontrolle immer noch internationale Rechtssouveränität genießen und dank der Unterstützung von außen überleben.

9. Übergang zum dritten Unterkapitel

Die Souveränität des Staates im Sinne der Handlungsfähigkeit wird in den Zeiten der Globalisierung geschwächt. Dabei gibt es aber mehrere Wege der Durchsetzbarkeit für den Staat wie z.B. die Gewährleistung eigener Autarkie, was von der Weltgemeinschaft nicht begrüßt wird, oder die Integration des Staates in die “Gemeinschaft der Selbstähnlichen“, und da kommen die Staaten „stärker zusammen“.

III. ERWARTUNGEN AN DIE INTEGRATION – GEWÄHRLEISTUNG DER EXISTENZFÄHIGKEIT

1. Begriff und Ziel der Integration

Einer der Wege der gegenseitigen Unterstützung ist die Integration, die auch Teil der Globalisierung ist. Sie hilft, die gemeinsamen Probleme, die immer mehr werden, effektiver zu lösen.

503 Llewellyn David T., op. cit., p. 194.

504 Bartmann Bary, op. cit., p. 15.

505 Krasner Stephen D., op. cit, p. 12

506 Stephen D. Krasner Sovereignty. Orginized Hypocrisy, Princeton University Press, New Jersey, 1999, 264 P., p. 12

Die Integration ist die Umsetzung des politischen Willens, die Zusammenarbeit zu vereinfachen[507]. Den Hintergrund der Integration bildet die gemeinsame Zustimmung aller Staaten, die daran teilnehmen[508].

Das Ziel der Integration ist es, das materielle Element der Souveränität der Staaten zu unterstützen und die Fragen zu lösen, die sie in den Bedingungen der Globalisierung selbständig nicht lösen können[509].

2. Intergration und Globalisierung

Wie die Globalisierung ist auch die Integration immer ein „process of change“[510].

Es gibt auch Parallelen in den Theorien der Globalisierung und der Integration: Gründung eines einheitlichen Staates, Perspektiven, Möglichkeiten und Nützlichkeit der Teilnahme an beiden.

“Integration (im Original „Europeanisation”) and Globalisation are complementary, partly overlapping, mutually reinforcing, but also competing processes“[511]. Der größte Unterschied ist aber, dass die Globalisierung der Ausgleich der Ungleichen ist, und die Integration die Vereinigung der Gleichen. Die Teilnehmer der Integration sollen sich einander ergänzen und Integration sieht die Homogenität vor. Um sie zu gewährleisten[512], setzt die Integration einen bestimmten Grad der Ähnlichkeit der Staaten in den Bereichen, in denen sie sich integrieren, voraus. Dafür gibt es oft Kriterien, die es erlauben solche Ähnlichkeit festzustellen. Solche Kriterien stellen „einen minimalen Grad der Bereit-

---

507 Gros-Tschorbadjiyska Angelina, op. cit., p. 94.

508 Chobbi Y. Supranationalität und Souveränität der Mitgliedstaaten [Хоббі Ю.С. Наднаціональність та суверенітет держав-членів Європейського Союзу, 2009].

509 Meschtscheryakova O. Souveränität der Mitgliedstaaten der Europäischen Union und Hauptursachen der Niederlage des Vertrags über die Verfassung für Europa [Мещерякова О.М. Суверенитет государств-членов Европейского Союза и основные причины провала договора, устанавливающего Конституцию для Европы // Вестник РУДН: Серия: «Политология». – №1. – М.: Изд. РУДН, 2008].

510 Christiansen Thomas, op. cit., p. 2.

511 Snyder Francis Europeanisation and Globalisation as Friends and Rivals: European Union Law in Global Economic Networks in: The Europeanisation of Law. The Legal Effects of European Integration, Francis Snyder (ed.), Oxford-Portland Oregon, 2000, p. 293 – 320, p. 293.

512 Brasche U. Europäische Integration: Wirtschaft, Erweiterung und regionale Effekte, 2 Aufl., München, Wien 2008, S.266.

schaft“ für die Integration in politischer, ökonomischer und institutioneller Hinsicht dar[513].

Wenn die Staaten, die sich integrieren wollen, noch gewisse Unterschiede haben, sollen sie zu deren Überwindung bestimmte Kriterien noch vor der kompletten Integration erfüllen.

Die gemeinsamen Probleme werden mehr mit der Zahl der Subjekte, die sich integrieren[514]. Das heißt, die Probleme der einzelnen Staaten, Nationen, Regionen und anderen Subjekte werden vereinigt, und die Entscheidungen, die in den internationalen Zentren getroffen werden, haben Folgen für die Mehrheit der Staaten[515].

Insoweit gibt es heutzutage Bedingungen, die dazu führen, dass der Staat nicht mehr Grenze des geäußerten Willens ist, er gibt diesen Platz an die großen internationalen Institutionen ab[516].

Trotzdem gibt es bei der Integration mehr Möglichkeiten für die Verwirklichung der Souveränität der Staaten als bei der Globalisierung.

Außerdem gibt es viele positive Momente in der Integration, wie z.B. Marktgröße und Wettbewerbsstärkung. Auch die Menschenrechte sind unter besserem Schutz[517], da der Bereich der Menschenrechte zusätziche Einflussmöglichkeiten der Staaten aufeinander darstellt.

3. Die Notwendigkeit der Integration

Es gibt enorm viele Begründungen für die Notwendigkeit der Teilnahme der Staaten an den Integrationsprozessen in verschiedenen Bereichen.

---

513 Jaks J. Osterweiterung der Europäischen Union: Herausforderung für die Beitrittsländer aber auch für die Europäische Union in: Erweiterung und Vertiefung der Europäischen Union: Perspektiven und Engpässe, Rolf H. Hasse, Karl-Ernst Schenk, Andreas Wass von Cyege (Hrsg.), Band 27, Baden-Baden 2000, S. 87.

514 Grinin L. Globalisierung und Prozesse der Transformation der nationalen Souveränität [Гринин Л.Е. Глобализация и процессы трансформации национального суверенитета // Век глобализации №1, 2008], S. 86 – 97.

515 Grinin L. Globalisierung und Prozesse der Transformation der nationalen Souveränität [Гринин Л.Е. Глобализация и процессы трансформации национального суверенитета // Век глобализации №1, 2008], S. 86 – 97.

516 Grinin L. Was passiert mit der Souveränität in den Zeiten der Globalisierung? [Гринин Л.Е. Что происходит с суверенитетом в век глобализации? // Вестник Российского университета дружбы народов. Серия «Международные отношения». №1 (8) – Москва, 2007].

517 Bundegaard Christian, op. cit.

Z.B. im Bereich der nationalen Sicherheit, die unabdingbares Element der staatlichen Souveränität ist, sind mehrere Staaten unfähig, ihre militärische Verteidigung zu sichern ohne Beitritt zu den Systemen der ständigen Allianzen[518]. Einer der Gründe dafür ist die Forderung nach Abschluss der internationalen Abrüstungsverträge, wobei die selbständigen Abwehrmöglichkeiten der entsprechenden Staaten eingeschränkt werden und ihre Sicherheit von den anderen abhängig wird. In diesem Sinne derogieren die Staaten von ihrer vollen Unabhängigkeit.

Es gibt Meinungen, dass die Integration dem kollektiven Sicherheitssystem der Sicherung der nationalen Souveränität und territorialen Unversehrtheit dient[519].

Der Mangel an Fähigkeit eines Staates wird durch die gemeinsame Fähigkeit kompensiert[520]. Die entsprechenden Staaten werden zusammen stärker. Die Integration erlaubt "to allocate costs to cope with new uncertainties"[521]. Daher ist die Integration nicht "a threat, but an enabling"[522].

Einige Theoretiker meinen sogar, dass die Integration der beste Weg der Organisation der Welt heutzutage ist[523]. Sie ist einfach ein „optimaler Weg der Organisation des politischen Lebens"[524].

Außerdem gibt die Integration den Impuls an die Staaten, ihre Regelungsrolle auszuüben[525]. In der Integration kann man nationales Potenzial effektiv durchsetzen[526], und alles, was zur Effektivität beiträgt, trägt zur Souveränität bei[527].

---

518 Beloff Max The Political Crisis of the European Nation-State in: Between Sovereignty and Integration, Ghita Ionescu (ed.), London 1974, p. 25 – 31, p. 26.

519 Derevjanenko S. Ratifikation / Denonsierung der völkerrechtlichen Verträge der Ukraine als Gegenstand des allgemeinukrainischen Referendums [Дерев'яненко С. Ратифікація / Денонсація міжнародних договорів України як предмет всеукраїнського референдуму // Вісник Львів. ун-ту. Серія міжн. відносини. – Вип. 25. – 2008], S. 156 – 163. – S. 156.

520 Siehe de Witte Bruno, op. cit., p. 50.

521 Siehe Camilleri Joseph A., op. cit., p. 28.

522 Juha Jokela Europeanization and Foreign Policy. State Identity in Finland and Britain, Routledge 2011, 168 P., p. 139.

523 Elian George, op. cit., p. 7.

524 Krasner Stephen D. Power, the State, and Sovereignty. Essays on International Relations, Routledge 2009, p. 88.

525 Sciarra Silvana, op. cit., p. 270.

526 Ziebura Gilbert, op. cit., S. 167.

527 Siehe de Witte Bruno, op. cit., p. 49.

4. Regionale Integrationsmodelle

Die regionale Integration dient dem Schutz vor negativen Folgen der Globalisierung. Die Staaten, die meistens territorial nah sind, halten es für notwendig, sich auch politisch und wirtschaftlich zu vereinigen. Die politische Integration dient unter anderem der territorialen Sicherheit der vereinten Staaten und die wirtschaftliche der materiellen.

Die wirtschaftliche Integration kann auf vielen verschiedenen Wegen stattfinden: Präferenzzone, Freihandelszone, Zollunion, der Gemeinsame Markt (vier Freiheiten), Wirtschaftsunion, Wirtschafts- und Währungsunion.

Die integrierten Staaten schaffen meistens die Organisation, die für die Koordinierung der Integrationsprozesse verantwortlich ist[528], z.B. NATO für die militärische Integration; Nordamerikanische Freihandelszone, Euroasiatische Wirtschaftsgemeinschaft für die wirtschaftliche; die Europäische Union könnte Beispiel für beide Arten der Integration sein.

Die Wirtschaftsunionen als Form der Vereinigung der Staaten sind heute ziemlich verbreitet und einige von ihnen schließen in sich die Mehrheit der Staaten ein[529].

Die Union der Unabhängigen Staaten (CIS) ist auch eine Art Versuch der wirtschaftlichen und sogar politischen Integration. Nach Meinung einiger Autoren ist sie die „rapide" Alternative der UdSSR, die nicht sehr erfolgreich ist[530].

Heutzutage versuchen einige CIS-Mitgliedstaaten sich enger zu integrieren. So gibt es z.B. seit 2010 die Vereinbarungen zwischen Russland, Weißrussland und Kasachstan über die Zollunion, Kirgistan und Tadjikistan überlegen noch. Die neugeschaffene Organisation verfügt über die Funktionen zur Gründung der gemeinsamen Zollgrenzen, Entwicklung der einheitlichen außenwirtschaftlichen Politik usw.

Die „von Russland faktisch abhängigen Staaten" werden auch von Russland zur Zollunion oder Freihandelszone immer herzlich eingeladen. Es geht unter anderem um die Ukraine[531]. In der Zeit der politischen Krise in der Ukraine im September 2003 haben vier Staaten – Russland, Ukraine, Moldawien und Weißrussland – das Abkommen über die Gründung des Einheitlichen Wirtschafts-

---

528 Moiseev A., op. cit., S. 111.

529 Grinin L. Was passiert mit der Souveränität in den Zeiten der Globalisierung? [Гринин Л.Е. Что происходит с суверенитетом в век глобализации? // Вестник Российского университета дружбы народов. Серия «Международные отношения». №1 (8) – Москва, 2007].

530 Walker Edward W. Dissolution. Sovereignty and the Breakup of the Soviet Union, Rowman&Littbefield Publishers Inc, 2003, 203 P., p. 187.

531 Kempe I. Die Europäische Union und die Ukraine in: Die Europäische Union: Politisches System und Politikbereiche, Weidenfeld W. (Hrsg.), Bonn 2006, S.512.

raums geschlossen. Es bestimmt den EWR als den "Raum der Zollterritorien der Teilnehmer, wo die Mechanismen der wirtschaftlichen Regelung die Freizügigkeit der Waren, Personen, Dienstleistungen und des Kapitals zu gewährleisten beabsichtigen; wo gemeinsame Außenhandelspolitik bis auf Gewährleistung des fairen Wettbewerbs und der makroökonomischen Stabilität" koordieniert wird[532].

Aber wegen der nicht fixen politischen Orientierung der Ukraine, die abhängig davon, wer sie regiert, entweder östliche oder westliche Richtung der Integration annimmt, und damit auch nicht entscheiden kann, was effektiver für die Erreichung ihrer Interessen ist, konnte der Vertrag nicht zustandekommen.

5. Bereiche der wirtschaftlichen Integration

Außer Kompetenz-Kompetenz gibt es fast keine Beschränkung bezüglich der Bereiche der Integration der Staaten. Zollrecht, Gesellschaftsrecht, Bankrecht, Währung, Haushalt, Steuern, indirekte Steuern, geistiges Eigentum, Schutz der Arbeitnehmer am Arbeitsplatz, finanzielle Dienstleistungen, Wettbewerbsregeln, öffentliches Auftragswesen, Schutz der Gesundheit und des Lebens der Menschen, der Tiere und der Pflanzen, Umweltschutz, Verbraucherschutz, technische Regeln und Standards, Atomgesetze und –verordnungen und Verkehr können der zentralisierten internationalen Regelung unterliegen.

6. Anpassung an die Integration

In allen diesen Bereichen sollen sich die Staaten an die Integration anpassen[533] und „das gemeinsame Micromanagement der eigenen inneren Angelegenheiten" zulassen.

Die Zuständigkeiten für die Durchführung der Integration werden den Integrationsinstitutionen auf zwei Wegen erteilt: allmähliche Erteilung (z.B. bei der geteilten Kompetenz) beschränkt die Regelungsmacht der Mitgliedstaaten; und abrupte Erteilung findet sofort beim Beitritt statt und sieht die Akzeptanz des Vorrangs vor[534].

Der Staat, der als letzter beitritt, soll einen höheren Grad der Kompetenzselbständigkeit aufgeben als jeder andere Staat vor ihm[535]. Z.B. in der Europäi-

532 de Souza L. V., Schweickert R., Movchan V., Bilan O., Burakovsky I., op. cit., S.20.

533 Flockhart Trine The Europeanization of Europe: The Transfer of Norms to Europe in Europe and from Europe in: DIIS Working Paper 2008-7, Copenhagen 2008, 37 P., p. 4.

534 Gros-Tschorbadjiyska Angelina, op. cit., p. 64.

535 Ibid., p. 65.

schen Union sollen die neuen Mitgliedstaaten die vor ihnen angenommenen Regeln ohne weitere Bedingungen akzeptieren: es gibt für sie „no gradual transfer but all at once“[536]. Sie haben, z.B., auch auch keine „opt-out“ Möglichkeiten im Gegenteil zu alten Mitgliedstaaten wie UK, Irland und Dänemark[537].

Die Integration kann wie „uploading“ – Einfluß der Integrationsorganisation auf die Staaten, als auch „downloading“ – Einfluß der Staaten auf die Integrationsorganisation, angesehen werden[538].

Man betrachtet die Integration u.a. als die Übertragung der Politik, der institutionellen Ordnung, Regeln, Normen von der Integrationsorganisation auf die Rechtssysteme der Mitgliedstaaten und Kandidaten[539].

7. Schlussfolgerungen zum zweiten Kapitel

Man behauptet, dass heute eine Schwächung der Souveränität stattfindet, die nicht von den Staaten abhängt, weil sie Folge der unkontrollierbaren Globalisierungsprozesse ist. So sind z.B. die Staaten oft nicht fähig, selbständige Existenz unabhängig von den Außenumständen zu sichern.

Es stimmt, dass um zu überleben die Staaten fähig sein müssen, entweder selbständig oder mit Hilfe der nationalen und internationalen Unterstützung „prosperity“ zu unterstützen, legale Infrastruktur zu entwickeln, starke Institutionen zu haben und die verschiedenen Konflikte zu regeln. Im ersten Falle sind sie autark, und im zweiten sollen sie sich in den Kreis der „sich ähnlichen“ integrieren.

Die Integration ist einer der Wege der gegenseitigen Unterstützung. Sie hilft, die gemeinsamen Probleme, die immer mehr werden, effektiver zu lösen. Die entsprechenden Staaten werden gemeinsam stärker.

Die regionale Integration ist auch Teil der Globalisierung. Aber wenn die Globalisierung der Ausgleich der Ungleichen auf der globalen Ebene ist, so ist die Integration Vereinigung der Gleichen auf der regionalen Ebene.

Die Integration dient dem Schutz vor negativen Folgen der Globalisierung. Die Staaten, die meistens territorial nah sind, halten es für notwendig, sich auch politisch und wirtschaftlich zu vereinigen. Die politische Integration dient unter

536 Ibid., p. 5.
537 Ibid., p. 250.
538 Flockhart Trine, op. cit., p. 5.
539 Ibid., p. 9; Bulmer Simon Theorizing Europeanization, in: Europeanization: New Research Agendas, Paolo Graziano, Marten P. Vink (ed.), Basingstokoke: Palgrave Mac Millan, 2007, 46 – 58.

anderem der territorialen Sicherheit der vereinten Staaten und die wirtschaftliche der materiellen.

C. RECHTSGRUNDLAGE DER SOUVERÄNITÄTSVERWIRKLICHUNG IN DER EUROPÄISCHEN UNION

I. RECHTSGRUNDLAGE DER ZUSTÄNDIGKEITSÜBERTRAGUNG IM NATIONALEN RECHT DER MITGLIEDSTAATEN UND IM RECHT DER EUROPÄISCHEN UNION

1. Die Union als Föderation

Es ist allgemein bekannt, dass nach ihrem primären Status die Europäische Union eine internationale Organisation ist. Aber die Fragen bezüglich der Verwirklichung der Staatssouveränität in der EU werden von den Theoretikern separat betrachtet, weil in der Rechtsnatur der EU bedeutende Unterschiedlichkeiten im Vergleich zu den klassischen internationalen Organisationen beobachtet werden. Deswegen wird die EU manchmal als ein „hybrid", „in between"[540]: etwas zwischen der internationalen Organisation und dem Staat bezeichnet.

Schon am Anfang der europäischen Integration existierten die Projekte, die den Zerfall der Nationalstaaten und die Gründung der europäischen Föderation vorsahen. Die Gründe für die Prognosen über die Vereinigung der Staatssouveränitäten[541] waren und bleiben weiterhin die Einzigartigkeit und Unvorhersehbarkeit der Rechtsnatur der Europäischen Union.

Es sind folgende Tendenzen im europäischen Denken bekannt: Föderalismus, Konföderalismus und Funktionalismus[542].

Die Föderalisten erwarten den Ersatz der nationalen Regierungen durch die europäische. In Angelegenheiten von gemeinsamem Interesse werden in diesem Falle gemeinsame Entscheidungen getroffen.

Die Funktionalisten sind überzeugt, dass die Regierungen der Staaten und die Institutionen der EU nicht anders als parallel funktionieren können, aber in den Angelegenheiten von gemeinsamem Interesse werden auch gemeinsame Entscheidungen getroffen.

---

540 Christiansen Thomas, op. cit., p. 4.

541 Zvarytsch R., op. cit.

542 Spinelli Altiero Ein „europäisches Europa" – Föderation oder Konföderation in: Nationale Souveränität oder Übernationale Integration? Gilbert Ziebura (Hrsg.), Berlin: Colloquium Verlag, 1966, S. 42 – 56, S. 47.

Somit geht es bei Föderalismus und Funktionalismus um die Ausführung der Entscheidungen sowie die Kontrolle durch eine gemeinsame von den Mitgliedstaaten unabhängige Verwaltungsbehörde.

Die Konföderalisten verzichten auf eine gemeinsame politische Behörde und beharren auf dem Funktionieren der EU nur aufgrund von Abkommen, wobei es um ständige zwischenstaatliche Zusammenarbeit geht; und die Regierungen verpflichten sich auf bestimmten Gebieten gemeinsamer Interessen gemeinsame Entscheidungen anzustreben.

Im Gegensatz zum Föderalismus und Konföderalismus, die eher politischer Natur sind, ist für den Funktionalismus nicht die politische Natur der Vereinigung sondern das „geordnete tägliche Leben der Menschen" wichtig[543]. Meiner Meinung nach sind die Funktionalisten am nächsten an der europäischen Wirklichkeit.

Noch im Jahr 1966 wurde Europa als „Europa der supranationalen Bürokratie", und nicht als „Europa der Staaten oder der Völker" angesehen[544].

Die EU hat man mit einer Föderation sofort nach der Unterzeichnung des Maastrichter Vertrags verglichen, jetzt aber immer weniger[545]. Z.B. J. Pinder war noch vor dem Inkrafttreten des Vertrags von Maastricht 1993 und der Erweiterung der EU auf fast zweifache Größe im Jahre 2004 überzeugt, dass die EU sich in Zukunft bestimmt in eine Föderation umwandelt[546].

Nach der Meinung vom Professor der Europäischen institutionellen Politik an der Universität Maastricht Thomas Christiansen gibt es im Moment keine starken Argumente für eine „souveräne Union"[547]. Auch gemäß dem russischen Gelehrten Prof. A. Moyseev gibt es keine Voraussetzungen für die Umwandlung der EU in einen Bundesstaat[548], die Staaten sollen auch wirklich „interessiert" sein, auf die Souveränität zu verzichten, um auf sie zu verzichten[549]. Außerdem, können sie es ohne Zustimmung ihrer Völker nicht machen.

Es ist aber sehr zweifelhaft, dass die Völker solcher Mitgliedstaaten wie Frankreich, Deutschland oder Vereinigtes Königreich darin einwilligen würden,

543 Ibid., S. 48.

544 Ibid., S. 56.

545 Siehe Christiansen Thomas, op. cit., p. 27.

546 Pinder J. Zu der weiten föderalistischen Gemeinschaft: feste Symbiose von Osten und Westen Europas [Пиндер Дж. К широкому федеративному сообществу: прочный симбиоз Востока и Запада Европы // Мировая экономика и международные отношения. – №12 – 1991], S. 67 – 77.

547 Christiansen Thomas, op. cit., p. 26.

548 Moiseev A., op. cit., S. 278.

549 Ibid.

„Subjekte der Föderation“ zu sein[550]. Schon kann man separatistische Bewegungen und Desintegration der administrativen Strukturen in den europäischen Ländern beobachten (Belgien); im Falle von schwierigen politischen Situationen äußern die Staaten den Willen, die Sicherheitsmaßnahmen wie z.B. Grenzkontrollen (Dänemark, Frankreich) einzuführen usw.

Im Laufe der Integration wurde klar, dass die Staaten ihr Recht auf eigene Identität und nationale Souveränität beibehalten möchten und die Supranationalität der Europäischen Union die Grenzen hat, die die Staaten selbst bestimmen[551].

Außerdem kann die Gründung eines einheitlichen europäischen Staates sui generis Probleme im Bezug auf die Außenwelt verursachen, wenn der Rest der Welt nicht willig wird, die innere Teilung der Zuständigkeiten anzuerkennen, wenn es z.B. ihrem Interesse schaden würde[552]. In ihrer heutigen Gestaltung hat die EU solche Probleme nicht, da die dritten Staaten an ihr als einem starken Partner interessiert sind (großer Markt, starke Wirtschaft, liberale Politik zu dritten Ländern usw.)[553].

2. „Kampf um die Souveränität“

Die Völkerrechtler sprechen oft davon, dass sich die Prozesse in der EU durch den Kampf für die Souveränität auszeichen[554].

Wie können die Staaten ihre Souveränität sichern? Welche Wege der Souveränitätsverwirklichung gibt es ohne Gefahr, sie zu verlieren? Ist solche Gefahr real? Diese Fragen werden in diesem Unterkapitel besprochen.

Da gemäß dem Lissabonner Vertrag 2009 die EU Rechtsnachfolgerin der Europäischen Gemeinschaft wurde und es jetzt als einzige Rechtsperson die Eu-

550 Walker Edward W., op. cit., p. 91.

551 Meschtscheryakova O. Supranationalität im Recht der Europäischen Union und Problem der Souveränität: Dissertation [Мещерякова О.М. Наднациональность в праве Европейского Союза и проблема суверенитета: Автореф. Диссертации д-ра юрид. Наук: 12.00.10. – Москва 2010], S. 22.

552 Siehe Gros-Tschorbadjiyska Angelina, op. cit., p. 94.

553 Ibid., p. 94.

554 Meschtscheryakova O. Souveränität der Mitgliedstaaten der Europäischen Union und Hauptursachen der Niederlage des Vertrags über die Verfassung für Europa [Мещерякова О.М. Суверенитет государств-членов Европейского Союза и основные причины провала договора, устанавливающего Конституцию для Европы // Вестник РУДН: Серия: «Политология». – №1. – М.: Изд. РУДН, 2008].

ropäische Union gibt, wird die EU im Sinne des Lissabonner Vertrags betrachtet[555].

Der besondere Rechtsstatus der EU wurde noch vor der Transformation der EG in die EU gestaltet, und zwar ein paar Jahre nach der Entstehung der Europäischen Wirtschaftsgemeinschaft 1957. Er war mit dem in der Satzung auferlegten Zweck dieser Organisation verbunden.

Die Europäische Union etablierte sich als hochintegriertes internationales primär wirtschaftliches Bündnis und später, nach Meinung von Peter Pernhalter, als „Vereinigung der in den Staaten organisierten Völker Europas“[556]. Das Recht, auf Grund dessen sie funktioniert, ist „das Recht eines höheren Entwicklungsniveaus des Rechts der internationalen Organisationen“[557].

Die ukrainische Rechtsenzyklopädie definiert die EU so:

> „Die Europäische Union ist eine internationale regionale Organisation der europäischen Staaten, im Rahmen deren eine neue Rechtsordnung entwickelt ist, die die Merkmale des internationalen sowie des nationalen Rechtssystems hat“[558].

Bei der Analyse dieser Definition entsteht die Frage, ob das Vorhandensein der Merkmale des nationalen Rechtssystems das Vorhandensein der Merkmale der Souveränität bedeutet, oder ob sich die Merkmale der Souveränität der EU-Mitgliedstaaten ändern?

In den internationalen Organisationen wird die Qualität der Souveränität der Mitgliedstaaten nicht geändert: die Staaten genießen Hoheit und Unabhängigkeit auf ihrem Territorium, für die Bürger hat die Gewalt des Staates Priorität. Das kann man über die Mitgliedstaaten der EU ohne vorherige Erforschung der Frage nicht sagen.

Zum ersten Mal in der Entwicklungsgeschichte der internationalen Organisationen entsteht das Dilemma, um die Hoheit welcher Macht es geht: der EU-Macht oder doch der Staatsmacht? Ist die Macht der Staaten gegenüber der EU selbständig oder teilen sie diese Selbständigkeit und Hoheit? Können die Staaten unabhängig von der EU funktionieren, oder sind die nationalen Rechtssysteme an das EU-Rechtssystem zu dem Grad angepasst, dass die Staaten ihre primär fundamentalen Funktionen ohne vorherige Reglementierung durch die EU-Institutionen nicht erfüllen können?

---

555 Zum Unterschied zwischen der Rechtsnatur der EG und der EU vor dem Lissabonner Vertrag siehe z.B. Ress Georg Ist die EU eine juristische Person? In: EuR – Beiheft, 2/1995, S. 27.

556 Pernhalter P. Föderalistische Raumordnung – eine europäische Herausforderung, Wien 1994, S.35.

557 Streinz R. Europarecht, 6 Aufl., Heidelberg 2003, S. 51.

558 Juristische Enzyklopädie, Band 1, 2, 3 [Юридична енциклопедія. – К.: “Українська енциклопедія” ім. М.П.Бажана, „Derzava“, Kyiv 1998. – Т. 1, 2, 3], Band 2, S. 399.

Obwohl der EU die Zuständigkeiten auf solche Reglementierung erteilt wurden, die sie auch unabhängig verwirklicht, bekommt sie diese Zuständigkeiten auf der Grundlage des Grundsatzes der begrenzten Einzelermächtigung.

3. Die unionsrechtliche Grundlage für die Erhaltung der Zuständigkeiten durch die EU

Art. 5 des Vertrags über die Europäische Union nennt[559] und erklärt das Prinzip, das nicht eindeutig im Art. 5 Abs. 1 EGV formuliert wurde. Erstens wird erklärt, dass das Prinzip der begrenzten Einzelermächtigung für die Abgrenzung der Zuständigkeiten gilt und die Pinzipien der Subsidiarität und Verhältnismäßigkeit für die Verwirklichung dieser Zuständigkeiten gelten. Zweitens wird klar festgeschrieben, dass alle Zuständigkeiten, die die Union von den Mitgliedstaaten auf Grund des Prinzips der begrenzten Einzelermächtigung nicht bekommt, bei den Mitgliedstaaten bleiben (Art. 5 Abs. 2 EUV).

Gemäß diesem Prinzip sind die der EU zugeschriebenen Handlungen „nur in den vom Primärrecht vorgesehenen Bereichen“ möglich[560]. Die EU kann materiell- und prozessualrechtlich nur aufgrund von einzelnen Vertragsnormen, die sie beauftragen, handeln[561]. Es bedeutet, dass die Rechtsgebung auf der EU-Ebene nicht möglich ist, wenn die Möglichkeit für die EU, die Beschlüsse zu fassen, im Gründungsvertrag nicht vorgesehen ist[562], d.h., dass die Zuständigkeiten der EU beschränkt sind[563] und ihre Erweiterung nur nach Zustimmung aller Vertragsparteien stattfindet[564].

Demnach begrenzen die Normen, die der Europäischen Union die Zuständigkeiten erteilen, diese gleichzeitig[565].

---

559 Ziller J. Ausschuß der Regionen, Amt für Amtliche Veröffentlichungen der Europäischen Gemeinschaften, Luxemburg 2006, S.59; EuGH, Rs. 7/56 u 3/57 bis 7/57 Algera, Slg. 1957, S. 83.

560 Hesse J.J., Grotz F. Europa professionalisieren, Berlin 2005, S. 126.

561 Öhlinger T., Potacs M. Gemeinschaftsrecht und staatliches Recht: Die Anwendung des Europarechts im innerstaatlichen Bereich, Wien 1998, S. 30.

562 Rosin N. Kompetenzabgrenzung und Kompetenzausübung in der Europäischen Union, Frankfurt am Main 2003, S. 23.

563 Oppermann T. Europarecht, 2 Aufl., München 1999, S. 295.

564 Öhlinger T., Potacs M., op. cit., S. 30.

565 Thoma J. EU-Recht und Schranken hoheitlicher Staatstätigkeit in: Schriften zum internationalen und zum öffentlichen Recht, Gornig G. (Hrsg.), Band 54, Frankfurt am Main 2004, S. 153.

Dank diesem Prinzip können die Staaten das Ausmaß der Zuständigkeitserteilung kontrollieren[566], und als „Herren der Verträge"[567] sind sie für die Verteilung dieser Zuständigkeiten in der EU verantwortlich[568].

4. Die Rechtmäßigkeit der impliziten Zuständigkeiten und der Lückenschließungsklausel

Auf den ersten Blick sind die EU-Zuständigkeiten auf die Zuständigkeiten beschränkt, für die ihr das Recht auf deren Verwirklichung von den Mitgliedstaaten erteilt wurde.

Aber vom EuGH wird der Vertrag auf solche Weise interpretiert, dass der EU oft die Zuständigkeiten angehören, die man vom Vertrag nicht sofort ableiten kann.

Man spricht darüber hinaus über zwei Arten der Zuständigkeiten: explizite (ausdrücklich geäußerte) und implizite (latente) Zuständigkeiten[569]. Die Zuständigkeiten sind explizit, wenn „die Vertragsnormen eindeutig die Zuständigkeiten, zu handeln, vorsehen"[570]. Die Zuständigkeiten sind implizit, wenn die Vertragsnormen sie „stillschweigend"[571] für die Erreichung des Vertragszieles enthalten[572]. Es bedeutet, dass Implied Powers ein ungeschriebenes[573], vom Vertrag geliehenes[574] EU-Recht ist. Dabei geht es um die Auslegung der vorhandenen und nicht um die Begründung der neuen Zuständigkeiten[575]. Es werden lediglich die schon klar festgeschriebenen Zuständigkeiten sowie die Art und Weise ihrer Anwendung detailliert[576].

---

566 Borchardt K.-D. The ABC of Community Law, Luxemburg 1999, S. 26.

567 BverfGE 89, 155 (190) – Maastricht; Vgl. Dittert D. Die ausschließlichen Kompetenzen der Europäischen Gemeinschaft im System des EG-Vertrags in: Europäische Hochschulschriften, Band 3119, Frankfurt am Main 2001, S. 22.

568 Dittert D., op. cit., S. 22.

569 Neubauer A. Implizite Vertragsschlußzuständigkeiten der Europäischen Gemeinschaft und Subsidiaritätsprinzip in: Europäisches und internationales Integrationsrecht, Bruha T. (Hrsg.), Hamburg 2000, S. 9.

570 Ibid

571 Ibid

572 Fischer P., Köck H.F. Europarecht einschließlich des Rechts supranationaler Organisationen, 3 Aufl., Wien 1997, S. 323.

573 Ibid.

574 Dittert D., op. cit., S. 36.

575 Neubauer A., op. cit., S. 9.

576 Fischer P., Köck H.F., op. cit., S. 349.

Die impliziten Zuständigkeiten widersprechen dem Prinzip der begrenzten Einzelermächtigung nicht[577]. Sie sind also rechtmäßig.

In der Praxis werden die Implied Powers bei der Verwirklichung der Außenkompetenz der EU angewendet[578]. Besonders geht es um die ausschließliche Kompetenz, über die die EU in dem inneren Bereich verfügt, wo die unterschiedlichen mitgliedstaatlichen Maßnahmen schädlich sein können[579]. Wenn es solch eine innere Kompetenz bei der EU gibt, dann kann sie sie in den Außenbeziehungen verwirklichen[580].

Der EuGH hat zur Implied-Powers-Lehre beigetragen: „Damit die EU die Zuständigkeiten auf der Vertragsbasis hat, die völkerrechtlichen Verträge abzuschließen, soll sie zuerst das entsprechende Sekundärrecht ausgeben, das auf dieser Basis beruht und die internationalen Aspekte einschließt oder die EU zum Vertragsabschluss beauftragt“[581].

Die Implied-Powers-Lehre spiegelt sich im Lissabonner Vertrag wider. Art. 188 1 des Vertrags über die Verfahrensweise der Europäischen Union sieht vor, dass die EU die internationalen Verträge abschließen kann, wenn es von den Gründungsverträgen vorgesehen wird oder solcher Vertragsabschluss im Rahmen der Politik der EU für die Erreichung ihrer Ziele notwendig ist oder von dem verbindlichen Rechtsakt der EU vorgesehen ist.

Die Zuständigkeiten der EU sind sehr weitgehend und darum kann der Vertrag Lücken enthalten. Für einen solchen Fall haben die Mitgliedstaaten den Artikel im Vertrag vorgesehen, der die Schließung der Lücken im Vertrag gewährleistet (Art. 352): „Erscheint ein Tätigwerden der Union im Rahmen der in den Verträgen festgelegten Politikbereichen erforderlich, um eines der Ziele der Verträge zu verwirklichen, und sind in den Verträgen die hierfür erforderlichen Befugnisse nicht vorgesehen, so erlässt der Rat einstimmig auf Vorschlag der Kommission und nach Zustimmung des Europäischen Parlaments die geeigneten Vorschriften“.

Obwohl im Artikel bestimmt wird, dass der Vertrag die nötigen Zuständigkeiten nicht vorsieht, ist doch das von ihm vorgesehene Verfahren nötig, um den Zweck und die Ziele der EU zu erreichen.

---

577 Neubauer A., op. cit., S. 9.

578 Rosin N., op. cit., S. 32.

579 Stein T. Subsidiarität als Rechtsprinzip? in: Die Subsidiarität Europas, Merten D. (Hrsg.), Berlin 1993, S.34.

580 Neubauer A., op. cit., S. 97.

581 Ibid., S. 59; Siehe auch EuGH im Gutachten 1/94 (WTO)

Mit anderen Worten, alles, was der Erreichung der Ziele der EU dienen kann, gehört zur Kompetenz der Europäischen Union[582].

Dabei sollen keine neuen Ziele eingeführt oder die vorhandenen geändert werden[583]. Die Bedingungen für die Anwendung des Art. 352 AEUV, nämlich „die Notwendigkeit" der Handlungen von EU-Seite, Orientierung auf die Vertragsziele der EU und Mangel der notwendigen Zuständigkeiten[584], sowie Anforderungen bezüglich des Verfahrens und Einstimmigkeit sollen eingehalten werden[585]. Beispiele der Anwendung des Art. 352 (früher Art. 308) waren die Rechtsakte in den Bereichen des Umwelt- und Verbraucherschutzes, die damals als neue Bereiche der EU-Politik in der EEA 1986 eingeführt worden sind[586].

Die Lückenschließungsklausel kann man im Lissabonner Vertrag anlässlich der Unionsbürgerschaft finden. Art. 21 (2) AEUV sieht vor: „Erscheint zur Erreichung dieses Ziels ein Tätigwerden der Union erforderlich und sehen die Verträge hierfür keine Befugnisse vor, so können das Europäische Parlament und der Rat gemäß dem ordentlichen Gesetzgebungsverfahren Vorschriften erlassen, mit denen die Ausübung der Rechte nach Absatz 1 erleichtert wird", nämlich die Rechte sich frei in der Union zu bewegen und aufzuhalten.

Aber das Prinzip der begrenzten Einzelermächtigung wird auf die Tätigkeit der EU im Ganzen, d.h. auf alle Vertragsvorschriften, angewendet, auch auf diesen Artikel, für dessen Anwendung der Rechtsgrund vorhanden sein soll[587]. So hat der Gerichtshof in der Rechtssache 2/94 vom 28. März 1996 bezüglich der Möglichkeit des Beitritts der EU zur EMRK entschieden, dass Art. 308 EGV (heute 352 AEUV) keine Rechtsgrundlage für den Beitritt darstellt, da vom Vertrag keine Zuständigkeiten der EU-Organe vorgesehen sind, die Rechtsvorschriften zu schaffen oder internationale Verträge im Bereich des Menschenrechtsschutzes abzuschließen[588]. Der Artikel ist also auch heute kein Grund dafür, um den Bereich der EU-Zuständigkeiten zu erweitern.

Die Lückenschließungsnorm ist keine Rechtsgrundlage für die Harmonisierung in den Bereichen, für die die Harmonisierung vom Vertrag nicht vorgesehen wird, sowie für die Verwirklichung der Ziele der GASP.

---

582 Chatzimarkakis G. Europäischer Grundvertrag 2002: Für ein Europa der Freiheit, Bonn 1996, S. 40.

583 Rosin N., op. cit., S. 31.

584 Ibid.

585 Fischer P., Köck H.F., op. cit., S. 348.

586 Ibid.

587 Ibid.

588 EuGH, Gutachten 2/94, EMRK (27, 28, 30), Slg 1996 I, 1759.

5. Die Bedeutung der Vertragslücken für die Besonderheiten der Rechtsnatur der EU

Dank der Unklarheiten, die im Zusammenhang mit der Einführung dieser Klausel vom EuGH entstanden sind und die mehrmalig Gegenstand der Rechtsstreiten im EuGH wurden, sind heute viele Normen, die auf den Entscheidungen des EuGH zu diesen Fragen beruhen, Teil des Primärrechts der Europäischen Union.

So tritt gemäß Art. 6 (2) EUV die EU der EMRK bei. Dieser Beitritt ändert aber die in den Gründungsverträgen festgelegten Zuständigkeiten nicht.

Der Vertragsabschluss über den EU-Beitritt zur EMRK wird einstimmig vom Rat entschieden. Ein solcher Vertrag soll von allen Mitgliedstaaten ratifiziert werden. Jeder Staat hat ein Veto-Recht gegen den Beitritt (Art. 218 p. 8 AEUV).

Es ist offensichtlich, dass die Europäische Union über weitreichende Zuständigkeiten verfügt. Aber die Nationalstaaten schützen immer in erster Linie ihre Souveränität, darum versuchen sie womöglich die Zuständigkeiten einzuschränken, die der Europäischen Union erteilt sind, besonders, wenn sich bei der Verwirklichung dieser Zuständigkeiten neue, bis jetzt nicht explizit ausgedrückte Funktionen der EU herausstellen. Doch gelingt es den Staaten nicht immer ihre Souveränität zu schützen und sogar zu rechtferigen, da sie die Union als die unabhängige Organisation mit dem unabhängigen Gerichtshof, der alleinigen Institution, die die Auslegungskompetenz hat, gegründet haben.

Der EuGH ändert den Inhalt des Vertrags während seiner Interpretation, er zwingt sogar die Mitgliedstaaten, diese Änderungen anzunehmen[589]. Darum, durch seine Entscheidungen, trägt der EuGH wesentlich zur Entwicklung des EU-Rechts bei. Er erarbeitet viele neue Begriffe und Interpretationen, deren Gründe Lücken in den Verträgen sind, die infolge der Rechtsnatur der EU entstehen.

Die entsprechenden Normen, die durch die EuGH-Entscheidungen eingeführt wurden, sind heute im geschriebenen Primärrecht festgelegt, um die Transparenz des Rechts der supranationalen Organisation zu gewährleisten.

6. Andere unionsrechtliche Grundlagen für die Erhaltung der Zuständigkeiten durch die EU

In den Enscheidungen des Gerichtshofes der Europäischen Union und in den Schlussfolgerungen der Generalanwälte ist die unabhängige Position auch bezüglich des Prinzips der begrenzten Einzelermächtigung und der Besonderheiten

---

589 Alter Karen J. Establishing the Supremacy of European Law, Oxford 2001.

der Rechtsnatur der Europäischen Union ausgedrückt. So war z.B. die Stellungnahme des Generalanwaltes Moris Lagrange in der Rechtssache „Algera" vom 1957 wie folgt: Der Vertrag beruht auf der *Souveränitätseinschränkung* der Mitgliedstaaten zugunsten der supranationalen Organe mit dem Zweck der Gründung und des effektiven Funktionierens des Gemeinsamen Marktes unter Geltung des Prinzips der begrenzten Einzelermächtigung[590].

Souveränitätseinschränkungen und das Prinzip der begrenzten Einzelermächtigung sind unmittelbar miteindander verbunden.

Mit anderen Worten kann man auch sagen, dass das Prinzip der begrenzten Einzelermächtigung auf der „Souveränitätseinschränkung" beruht. Dabei ist dieses Prinzip die Grundlage für die Rechtsnatur der EU. Eben diese Position hat der EuGH in seinen grundlegenden Urteilen vertreten. In der Rechtssache Van Gend & Loos hat der Gerichtshof folgende Entscheidung getroffen: Das Ziel des Vertrags ist die Gründung des Gemeinsamen Marktes, sein Funktionieren betrifft die natürlichen und juristischen Personen unmittelbar; den Organen wurden *die Hoheitsrechte übergeben*; die Rechtsordnung ist die neue Rechtsordnung im Völkerrecht, zugunsten derer die Staaten ihre *souveränen Rechte eingeschränkt* haben[591].

Mit der Entscheidung in der Rechtssache Costa/ENEL hat der Gerichtshof seine Position bestätigt: Im Gegensatz zu den ordentlichen internationalen Organisationen hat der EUV die eigene Rechtsordnung begründet; das Recht der EU wird von den nationalen Gerichten angewendet; die Union ist auf unbegrenzte Zeit gegründet, mit eigenen Organen, Rechtsfähigkeit und Handlungsfähigkeit sowie mit der internationalen Handlungsfähigkeit ausgestattet. Sie verfügt über *die echten Hoheitsrechte*, wozu die *Einschränkung der Zuständigkeiten* der Mitgliedstaaten oder *die Übertragung der Hoheitsrechte auf die EU führten*[592].

Man kann daraus die Schlussfolgerung ziehen, dass es in der EU um die „Übergabe" der Zuständigkeiten im Sinne der Erklärungen von Dan Sarooshi geht.

Die Rechtsgrundlagen für die Übergabe auf der Ebene der Rechtsprechung sind also die Entscheidungen des EuGH Van Gend & Loos[593] und Costa gegen ENEL[594].

---

590 EuGH, Rs. 7/56 u. 3/57 bis 7/57, Algera.

591 Rs. 26/62, Van Gend & Loos in: Europarecht in Fällen, W.Hummer, B.Simma, C. Vedder. (Hrsg.), 3 Aufl., Baden-Baden 1999.

592 Rs. 6/64, Costa/ENEL.

593 Rs. 26/62, Van Gend & Loos.

594 Rs. 6/64, Costa/ENEL.

In der Rechtssache Van Gend & Loos hat der EuGH entschieden, dass den Organen die Hoheitsrechte übergeben wurden, deren Verwirklichung nicht nur die Mitgliedstaaten sondern auch die natürlichen und juristischen Personen berührt[595]. Und in der Rs. Costa gegen ENEL hat er entschieden, dass infolge der Einschränkung der Zuständigkeiten der Mitgliedstaaten oder bei der Übergabe der Hoheitsrechte *die EU über die Hoheitsrechte verfügt*[596].

Ihre „Hoheitsrechte", ihre Kompetenz zu handeln, beruht also auf der Einschränkung solcher Rechte bei den Nationalstaaten.

Diese Entscheidungen haben viel Chaos in der Theorie des Verfassungsrechts, des Völkerrechts und des Rechts der EU provoziert. Im Verlauf der Dissertation werden diese Fragen näher behandelt, auch im Lichte meines Verständnisses von der Sache.

Hoheitsrechte sind souveräne Rechte und es soll noch separat überprüft werden, ob die EU wirklich über die souveränen Rechte verfügen kann. Nach den Schlussfolgerungen des ersten Kapitels dieser Dissertation kann es irgendwelche Vereinigung der souveränen Staaten nicht geben. Wenn man vermutet, dass sie über diese verfügt, verfügt sie auch über die Souveränität, da die souveränen Rechte unabdingbares Element der Souveränität ist. Ob aber die EU durch eigene Mittel existenzfähig ist, ist fraglich.

7. „Supranationale Hoheitsrechte" und Souveränitätseinschränkung

Obwohl die EU die Zuständigkeiten auf die Verwirklichung der Hoheitsrechte hat, auf die Verwirklichung derer die Mitgliedstaaten zugunsten der EU verzichten, realisiert sie die „supranationale öffentliche Gewalt"[597], sie verfügt, wenn man will, über die „*supranationalen Hoheitsrechte*", die in der Praxis mit den staatlichen nicht identisch sind[598], weil der Gegenstand der Erteilung nicht die Rechte sind, sondern die Zuständigkeiten auf ihre Verwirklichung.

Eigene Hoheitsrechte der EU werden durch die Erteilung der Zuständigkeiten der Mitgliedstaaten an die Europäische Union auf ihre Gestaltung und Ver-

---

595 EuGH, Rs. 26/62, Van Gend & Loos, Slg 1963.

596 EuGH, Rs. 6/64, Costa/ENEL, Slg 1964, 1251.

597 Schmitz T. Integration in der Supranationalen Union. Das europäische Organisationsmodell einer prozesshaften georegionalen Integration und seine rechtlichen und staatstheoretischen Implikationen in: Schriftenreihe Europäisches Recht, Politik und Wirtschaft, Schwarze J. (Hrsg.), Band 245, Baden-Baden 2001.

598 Chapuis C. Die Übertragung von Hoheitsrechten auf supranationale Organisationen, Basel und Frankfurt am Main, 1993, S.91.

wirklichung geschaffen[599]. Dabei werden die Pflichten der Staaten vom Vermittler – der EU – geändert. Einige Zuständigkeiten, die die Staaten vor der Erteilung hatten, können sie nicht mehr verwirklichen ohne das EU-Recht zu verletzen. Deswegen führt die Erteilung der Zuständigkeiten im Sinne der Handlungsfreiheit zur Souveränitätseinschränkung für die Nationalstaaten.

8. Verfassungsrechtliche Grundlagen für die Zuständigkeitserteilung

Es gibt die Auffassung, dass die Entscheidungen des EuGH den Willen der Staaten darstellen und die Quelle dieser Entscheidungen entsprechende Verfassungsnormen sind[600].

Die Erteilung der Zuständigkeiten auf die Verwirklichung der Hoheitsrechte stellt eine bedeutende Einmischung in den Hoheitsbereich des Staates dar[601]. Die Folge der Zuständigkeitserteilung für die Souveränität der Mitgliedstaaten ist der Verlust des Rechts der selbständigen Verwirklichung aller Formen der Staatsgewalt (gesetzgebenden, vollziehenden, rechtssetzenden). Beispiele dafür sind die Modifikation des Rechts auf Gestaltung eigener Geld- oder Steuersysteme sowie die Besonderheiten der außenpolitischen Tätigkeit (z.B., in den Bereichen der ausschließlichen Kompetenz der EU) usw.

Solche Möglichkeit für die internationale Organisation soll von den Verfassungen der Mitgliedstaaten zugelassen werden. Die Staaten, die der EU beitreten wollen, haben oft verfassungsbedingte Hindernisse. Die europäischen Staaten, die im Laufe der europäischen Integration der EU beigetreten sind, hatten zuerst ihre Verfassungen mit den erforderlichen Rechtsnormen gestaltet, die ihre Teilnahme in der supranationalen Organisation ermöglichen.

In den Verfassungen mehrerer Mitgliedstaaten sind die Normen vorgesehen, die die Frage der Zuständigkeitserteilung an die Europäische Union regeln[602]. Z.B. geht es in den Verfassungen um die „Übergabe“ oder „Delegierung“ der

599 Chapuis C.,op. cit., S.88.

600 Chapuis C., op. cit., S.88.

601 Ibid., S.64; mehr zur Übertragung: Bieber R. Die Europäisierung des Verfassungsrechts in: Die Europäisierung der mitgliedstaatlichen Rechtsordnungen in der Europäischen Union, Kreuzer F.K., Scheuing H. D., Sieber U. (Hrsg.), 1 Aufl., Baden-Baden 1997, S. 77; Lepoivre H. Staatlichkeit und Souveränität in der Europäischen Union am Beispiel Frankreichs in: Europäische Hochschulschriften, Reihe II Rechtswissenschaft, Band 3600, Frankfurt am Main 2003, S. 53, 55, 231.

602 Mehr zu Öffnungsklauseln in den Verfassungen: Bieber R.,op. cit., S. 77.

Zuständigkeiten oder der Kompetenzen; der Verwirklichung der Kompetenzen[603]; Beschränkung der Souveränität oder der souveränen Rechte[604] usw.

Die Präambel der Verfassung Frankreichs 1946 sah die Einschränkung der Souveränität für die Sicherung des Friedens vor[605]. Art. 88-2 der Verfassung von 1958 mit den Änderungen von 1996 sieht die Übergabe der Kompetenzen an die EU vor. Dabei soll, nach der Entscheidung des Conseil Constitutionnel[606] die Übergabe eines bestimmten Hoheitsrechtes nicht zu seinem Verlust führen. Also Frankreich soll die Möglichkeit haben, die Tätigkeit in dem übergebenen Bereich wieder zu übernehmen[607]. Damit wird, meiner Meinung nach, bestätigt, dass die „Übergabe" keinen Verlust bedeutet. Der Staat verfügt weiter über die entsprechenden souveränen Rechte.

Art. 11 der italienischen Verfassung von 1947 enthält „limitazioni di sovranita" für die Sicherung des Friedens unter den Bedingungen der Gegenseitigkeit. Italien fördert auch die Zusammenarbeit mit den internationalen Organisationen, die Friedensziele haben. C. Chapuis interpretiert die Verfassung auf solche Weise, dass der Art. 11 die Verfassungsgrundlage für die Übergabe der Hoheitsrechte darstellt und den Verzicht auf die Verwirklichung der Hoheitsrechte bedeutet[608]. Die italienische Rechtsordnung ist also für die EU-Macht geöffnet und sieht die Verpflichtung vor, entsprechende Hoheitsrechte nicht zu verwirklichen[609].

Bis zum Jahre 1956 enthielt die Verfassung des Herzogtums Luxembourg von 1868 keine Norm über die Übergabe der souveränen Rechte. Nach den Änderungen 1956 sieht Art. 49 *bis* die Möglichkeit der zeitweiligen Übergabe der Zuständigkeiten der Legislative, Exekutive und Judikative an die internationalen Institutionen vor. Gemäß den Erklärungen des Conseil d'Etat vom 10.7.1956 geht es nur um die Verwirklichung der Hoheitsrechte, die bei der Nation als ihrer Trägerin bleiben[610], es geht also nur um die Beauftragung.

Auch in der Verfassung Belgiens von 1831 wurden Änderungen 1970 und dann 1994 vorgenommen. Nach Art. 34 kann die entsprechende Institution nach

603 Chapuis C., op. cit., S.86.

604 Ibid., S.84.

605 Maklakov V. Verfassungen der ausländischen Staaten [Конституции зарубежных государств - Сост. В.В. Маклаков 2-е изд., исправл. и доп. - М.: БЕК, 1999].

606 Siehe: Chapuis C., op. cit., S. 116-120; Urteil des Conseil constitutionnel vom 30.12.1976, JO 108 (1976) N.305,7651; Conseil constitutionnel, décision N. 92-308 DC vom 9.4.1992.

607 Chapuis C., op. cit., S.120.

608 Chapuis C., op. cit., S.123.

609 Ibid.

610 Chapuis C., op. cit., S.125; Conseil d'Etat, Avis vom 10.7.1956

Vertrag oder Gesetz zur Verwirklichung bestimmter Zuständigkeiten beauftragt werden[611].

Im Art. 93 der spanischen Verfassung von 1978 geht es um die Übergabe der Kompetenzen an die internationalen und supranationalen Organisationen[612].

Gemäß Art. 23 und 24 des deutschen Grundgesetzes von 1949 mit den Änderungen von 1997 kann der Staat seine Hoheitsrechte den zwischenstaatlichen Institutionen übergeben[613].

Art. 92 der niederländischen Verfassung von 1983 sieht die Möglichkeit für die Übergabe der Zuständigkeiten aller Gewaltenzweige an die internationalen Organisationen vor.

Paragraph 20 der Verfassung Dänemarks von 1953 enthält die Norm über die Delegierung der Zuständigkeiten[614].

Art. 28 Abs. 2 und 3 der griechischen Verfassung von 1975 regelt die Frage der Kompetenzübergabe und Souveränitätseinschränkung für die Gewährleistung der Nationalinteressen[615].

Art. 29 der Verfassung Irlands von 1937 mit den Änderungen von 1972 lässt die Mitgliedschaft in der EU zu und erlaubt die Geltung der EU-Rechtsakte auf seinem Territorium[616].

Art. 90 der polnischen Verfassung sieht die Übergabe der Zuständigkeiten der Staatsgewalt in einigen Fragen an die internationalen Organosationen vor[617].

Gemäß Art. 7 der slowakischen Verfassung kann die Slowakei die EU mit der Verwirklichung eines Teils der souveränen Rechte der Slowakischen Republik beauftragen[618].

Obwohl die Staaten solche Normen in ihren Verfassungen von sich aus angenommen haben, haben sie doch Angst, dass sie die Souveränität durch die Zuständigkeitsübergabe nicht nur einschränken, sondern sogar verlieren können[619].

---

611 http://worldconstitutions.ru/archives/157

612 http://worldconstitutions.ru/archives/149

613 http://worldconstitutions.ru/archives/155

614 http://worldconstitutions.ru/archives/152

615 http://worldconstitutions.ru/archives/153/2

616 Chapuis C., op. cit., S.160.

617 http://worldconstitutions.ru/archives/112/3

618 http://worldconstitutions.ru/archives/110

619 Maastrichter Urteil; Siehe auch: Mykiyewytsch M. Rechtsaspekte der Zusammenarbeit der Europäischen Union mit den Drittstaaten [Микієвич М.М. Правові аспекти співробітництва Європейського Союзу з третіми країнами. – Львів 2001], S.40-63.

9. Die Befürchtungen der Mitgliedstaaten bezüglich des Souveränitätsverlusts

In verschiedenen Mitgliedstaaten wird es unterschiedlich wahrgenommen, zu welchem Grad die Zuständigkeiten erteilt worden sind. Manche Staaten äußern sich zur „Übergabe der Rechte", andere zur „Übergabe der Zuständigkeiten" für ihre Verwirklichung, d.h. die Beauftragung für die Verwirklichung.

Eben hier gibt es meiner Meinung nach einen großen Unterschied. Wenn man in Betracht zieht, dass die souveränen Rechte überhaupt nicht übergeben werden können, stellen wir uns einmal vor, dass es doch möglich ist. Wie können dann die Staaten, die ohne Vorbehalt der EU ihre Rechte übergeben haben, ihre Souveränität effektiv und völkerrechtsmäßig schützen? Wie können sie beweisen, dass sie immer noch über diese Rechte verfügen (z.B. Währungsrecht)?

Einige Staaten haben bei der Übergabe der Zuständigkeiten eine besondere Stellung für die Sicherung ihrer Souveränität im Falle eines unvorgesehenen Verhaltens der EU eingenommen. Z.B. die dänischen Gerichte haben das Recht, die EU-Entscheidungen auf die Übereinstimmung mit den Beitrittsakten Dänemarks von 1973 zu prüfen[620]. Die britische Regierung hat im Bericht an das Parlament 1975 in solcher Weise Stellung genommen, dass das Parlament, obwohl es durch den Akt der Europäischen Gemeinschaften 1975 die Anwendung des unmittelbar anwendbaren Gemeinschaftsrechts gestattet hat und in diesem Ausmaß seine Zuständigkeiten delegiert hat, immer noch über die Kompetenz verfügt, den Akt, von dem die Fähigkeit des Vereinigten Königreichs abhängt, die Verpflichtungen nach dem Vertrag zu erfüllen, abzurufen. Damit hängt die Mitgliedschaft des Vereinigten Königreichs in der EU von der ständigen Zustimmung des Parlamentes ab[621].

Ähnliche Schutznormen enthält das Nationalrecht Deutschlands, nämlich das Maastrichter Urteil. Es wird dort geäußert, dass das Bundesverfassungsgericht prüft, ob die Rechtsakte der europäischen Institutionen sich in den Grenzen der übergebenen Zuständigkeiten befinden. Deutschland behält sich also das Recht vor, auf die Anwendung der EU-Rechtsakte zu verzichten, wenn sie ultra vires angenommen werden[622]. Auch in seinem Urteil bezüglich des Lissabonner Vertrags hat das Bundesverfassungsgericht die Meinung geäußert, dass der Vertrag der nationalen Verfassung nicht entgegensteht. Durch das Inkrafttreten des Vertrags wird die nationale Souveränität Deutschlands auf keinen Fall aufgegeben.

620 Sarooshi Dan, op. cit., p. 74.

621 Membership of the EC: Report on Renegotiations Presented to Parliament by the Prime Minister by Command of her Majesty, March 75, Cmnd 6003, p.39.

622 Maastricht Urteil, 89 BverfG 155.

Obwohl diese Schutznormen eine direkte Herausforderung der Costa/Enel Entscheidung darstellen, äußern sie die Befürchtungen der Staaten bezüglich des Verlusts oder der unkontrollierbaren Verwirklichung ihrer Souveränität, dabei hat es keine Bedeutung, ob es um die Übergabe oder Delegierung der Zuständigkeiten geht.

10. Der Sinn der Zuständigkeitserteilung

Die Staaten nutzen ihre internationale Rechtssouveränität, wenn sie internationale Verträge abschließen, über die sie die Teile ihrer Westfälischen Souveränität abgeben, um ihre innere Souveränität zu sichern[623]. Damit ist gemeint, dass innere Souveränität eines Staates in dem anderen verwirklicht wird (Beispiele Osmanisches Reich, Sowjetunion, USA in Westdeutschland nach dem Krieg)[624]. Gemäß dieser Interpretation ist so etwas in der EU nicht möglich, weil die EU über keine Souveränität verfügt.

Obwohl man in der EU Einschränkung der Souveränität beobachtet, bedeutet diese Einschränkung keine Schwächung. Der Verzicht auf die Verwirklichung eines Teils der Nationalsouveränität schwächt sie nicht, sondern umgekehrt, er stärkt die Staaten, erweitert das Feld der Nationalinteressen, erteilt den Staaten neue zusätzliche Möglichkeiten[625], die ihre Existenzfähigkeit besser gewährleisten.

11. Der Austritt aus der Union

Wie im vorigen Kapitel ausgeführt wurde, ist ein wichtiges Argument für die „Übergabe“ der Zuständigkeiten nach Dan Sarooshi die Unwiderruflichkeit, die in dem Fall aktuell ist, wenn im Vertrag die Übergabe der Zuständigkeiten vorgesehen ist, aber nicht vorgesehen ist, ob der Staat sie einseitig widerrufen, d.h. aus dem Vertrag austreten kann.

---

623 Krasner Stephen D. Power, the State, and Sovereignty. Essays on International Relations, Routledge 2009, p. 247.

624 Ibid., p. 248-251.

625 Meschtscheryakova O. Zentrifugale und zentripetale Tendenzen in der Europäischen Union und Probleme der Souveränität der Mitgliedstaaten [Мещерякова О.М. Центробежные и центростремительные тенденции в Европейском Союзе и проблемы суверенитета государств-членов // Вестник Российского университета дружбы народов. – Серия: Политилогия. – №1 – 2009].

Einen solchen Ansatz hat nämlich der EuGH in der Kausa Costa/Enel gezeigt[626]. Man hat aber auch den Druck von Seiten der Mitgliedstaaten nach diesem Urteil in Betracht gezogen und im Lissabonner Vertrag den einseitigen Austritt und somit den Widerruf der Zuständigkeiten auf die Verwirklichung der ausschließlichen Kompetenz der EU rechtlich vorgesehen.

Es wurde früher angenommen, dass die Staaten ihre Rechte endgültig übergeben haben und man sie nicht mehr mittels einseitiger Handlungen, die mit den EU-Zielen nicht übereinstimmen, zurückhaben kann, da der Austritt aus dieser supranationalen Organisation im Vertrag nicht vorgesehen war.

Aber die Kompetenz-Kompetenz der Mitgliedstaaten manifestiert sich auch durch das Recht auf Austritt[627].

Gemäß dem Völkerrecht ist der Austritt aus jeder Organisation der Staaten oder die Auflösung dieser Organisation möglich, wenn alle Parteien zustimmen. Das betrifft auch die Europäische Union. Es ist fraglich, ob die Zustimmung der unabhängigen Unionsorgane notwendig wäre. Normalerweise ist die EU nicht die Partei der Gründungsverträge, darum sollte man nicht nach ihrer Einwilligung fragen. Auf jeden Fall bliebe ihr Gewaltapparat ohne Unterstützung der entsprechenden Mitgliedstaaten wirkungslos.

Falls der austrittswillige Staat immer noch im Rahmen des Völkerrechts bleiben wolle, soll er die Voraussetzungen des Art. 56 Wiener Vertragsrechtskonvention einhalten. Art. 56 WVK I lautet wie folgt:

> „Ein Vertrag, der keine Bestimmung betreffend seiner Beendigung enthält und keine Kündigung oder Austritt vorsieht, kann nicht gekündigt oder verlassen werden, es sei denn es ist erwiesen, dass die Vertragsparteien die Möglichkeit von Kündigung oder Austritt zuzulassen beabsichtigten oder ein Recht auf Kündigung oder Austritt aus dem Wesen des Vertrages abgeleitet werden kann."

Wenn die Bedingungen des Art. 56 nicht vorhanden sind, bleiben die Verpflichtungen gemäß Prinzip pacta sunt servanda geltend[628].

In ihrem Kommentar zu Art. 17 des Entwurfes zur Wiener Vertragskonvention äußerte die International Law Commission (ILC) insbesondere[629]:

---

626 Sarooshi Dan, op. cit., p. 66.

627 Pitschas Ch. Die völkerrechtliche Verantwortlichkeit der Europäischen Gemeinschaft und ihrer Mitgliedstaaten in: Schriften zum Europäischen Recht, Magiera S., Merten D. (Hrsg.), Band 78, Berlin 2001, S. 113.

628 Schmitz T. Integration in der Supranationalen Union. Das europäische Organisationsmodell einer prozesshaften georegionalen Integration und seine rechtlichen und staatstheoretischen Implikationen in: Schriftenreihe Europäisches Recht, Politik und Wirtschaft, Schwarze J. (Hrsg.), Band 245, Baden-Baden 2001, S. 262.

„(b) Im Falle eines Vertrages, der das Gründungsinstrument einer Internationalen Organisation ist, hat, falls der Organisationsgebrauch nichts anderes vorschreibt, eine Partei das Recht, aus dem Vertrag und aus der Organisation auszutreten, wobei sie eine Kündigungsfrist einzuhalten hat, die das zuständige Organ der Organisation gemäß anzuwendendem Abstimmungsverfahren als angemessen beschließt."

Es gibt noch einen Weg den Vertrag zu verlassen: auf seinem Territorium solche Rechtslage faktisch einzuführen, die dem Staatswillen entspricht[630]. Der Weg ist zwar völkerrechtswidrig, der Staat hätte aber souveräne Macht das zu machen. Er könnte die Verbindlichkeit der Verwirklichung des Rechts der EU auf seinem Territorium abschaffen, die Grenzkontrolle einführen, Zoll einführen, den Import der Waren einschränken, die Ausländer ausweisen, aus der Währungsunion austreten[631] oder andere Maßnahmen treffen[632]. Solche Handlungen wären ohne vorheriges entsprechendes rechtliches Verfahren rechtswidrig und würden von anderen Staaten als unfreundlich betrachtet werden.

Obwohl die EU nicht über einen effektiven Sanktionsmechanismus verfügt[633] würde der Staat in dem angegebenen Fall für die Nichterfüllung der Verträge Verantwortung tragen, und er sollte den Abbruch der diplomatischen und wirtschaftlichen Beziehungen als gegenseitige Zwangsmaßnahme erwarten[634].

Solche Rechtslage der Unmöglichkeit des völkerrechtskonformen Austritts existierte bis zum Inkrafttreten des Lissabonner Vertrags. Jetzt sieht der Reformvertrag den Austritt aus der Union vor (Art. 50 EUV).

Der faktische Austritt aus der Union wäre aber wegen seiner katastrophalen wirtschaftlichen[635] und politischen Folgen nicht möglich. Auf diese Weise würde der Staat seine Existenz in Gefahr bringen[636]. Die Staaten haben in eine „prinzipiell dauernde Mitgliedschaft" eingewilligt[637] und das hat zum „point of no return" geführt[638].

---

629 Yearbook of the Internationale Law Commission 1963, II, 64; 50 Jahre sind genug. Österreich raus aus dem EURATOM. Pressekonferenz am 17 Januar 2007. Hintergrundpapier. http://www.raus-aus-euratom.at/downloads/Hintergrundpapier_EURATOM.pdf

630 Schmitz T., op. cit.

631 Götting F. Die Beendigung der Mitgliedschaft in der Europäischen Union in: Veröffentlichungen aus dem Institut für Internationale Angelegenheiten der Universität Hamburg, Bruha T., Oeter S. (Hrsg.), Band 25, Baden-Baden 2000, S. 47.

632 Schmitz T., op. cit., S. 263.

633 Ibid., S. 264.

634 Ibid.

635 Lepoivre H., op. cit., S. 349.

636 Pitschas Ch., op. cit., S. 113.

637 Götting F., op. cit., S. 8.

638 Lepoivre H., op. cit., S. 349.

12. Übergang zum zweiten Unterkapitel

Nichtsdestoweniger verwirklichen die Staaten, solange sie Mitglieder der Europäischen Union bleiben, ihre Souveränität selbst, zwar mit einigen Modifikationen, oder erteilen die Zuständigkeiten auf die Verwirklichung ihrer Souveränität der Europäischen Union. Die Rechtsgrundlage für die Erteilung der Zuständigkeiten sind die nationalen Verfassungsnormen der Mitgliedstaaten, Gründungsverträge und Entscheidungen des EuGH. Die Rechtsgrundlage für die Verwirklichung der Zuständigkeiten im Rahmen der EU ist der Gegenstand des nächsten Unterkapitels dieser Dissertation.

II. RECHTSGRUNDLAGE DER SOUVERÄNITÄTSVERWIRKLICHUNG DER MITGLIEDSTAATEN IM RECHT DER EUROPÄISCHEN UNION

1. Das Verständnis der Souveränitätsverwirklichung in der EU und im Recht der EU

Durch ihre Souveränitätsverwirklichung, nämlich durch die Verwirklichung des Rechts auf freie Außenpolitik gemäß dem Prinzip der souveränen Gleichheit, haben sechs europäische Staaten die Verträge über die Gründung der Europäischen Wirtschaftsgemeischaft und der Europäischen Atomgemeinschaft 1957 unterschrieben. Die Europäische Gemeinschaft für Kohle und Stahl wurde 1951 für 50 Jahre gegründet und hat ihre Tätigkeit 2002 beendet.

Am Anfang der europäischen Integration hatten die Staaten mehr Möglichkeiten die Entwicklung beschleunigend oder verzögernd zu beeinflussen. Sie haben den ersten Weg gewählt, was zur Verwirklichung auch der nicht erteilten souveränen Rechte in die Richtung der Einschränkung führte (z.B. Haushaltspolitik nach der Euro-Krise), und mit dem Abschluss jedes neuen Vertrags haben die Staaten immer noch gemeinsame Interessen bevorzugt. Sie beauftragten die EU zur Verwirklichung ihrer Kompetenzen und zur Schaffung neuer – eigener EU-Kompetenzen immer wieder und jedes Mal mit größerem Ausmaß. Mit der Unterzeichnung des Lissabonner Vertrags haben die Mitgliedstaaten ihr Vorhaben zur Integrationsvertiefung bestätigt, obwohl sie sich durch weitreichende Zuständigkeitserteilung auszeichnet.

Dabei werden das Ausmaß und die Grenzen der Verteilung der Zuständigkeiten zwischen der EU und den Mitgliedstaaten bestimmt.

Somit werden in der Dissertation unter der Souveränitätsverwirklichung der Staaten zwei Möglichkeiten verstanden: Die Erteilung der Zuständigkeiten durch die Staaten der Europäischen Union und die Verwirklichung der Kompetenzen der Staaten durch die Europäische Union und durch die Staaten im Rahmen des Rechts der Europäischen Union.

Im vorigen Kapitel haben wir herausgestellt, dass die Kriterien für die Bestimmung der Art der Erteilung der Zuständigkeiten nach Dan Sarooshi der Widerruf der Zuständigkeiten, die Kontrolle der Staaten über die Organisation, ausschließliche oder konkurrierende Kompetenz auf die Verwirklichung der erteilten Zuständigkeiten, die Verbindlichkeit der Entscheidungen der Organisation sowie das Vorhandensein des Sanktionsmechanismusses und sein effektives Funktionieren sind.

Was den Widerruf betrifft, so kann der Staat die Übertragung seiner Zuständigkeiten widerrufen, aber auch wenn es faktisch möglich ist, dann oft mit negativen Folgen für ihn. Dieses Kriterium ist also für die Bewertung des Ausmaßes der Zuständigkeitserteilung nicht entscheidend. Die Kontrolle der Staaten über die Organisation und die Verbindlichkeit der Entscheidungen ist Gegenstand der Forschung im nächsten Unterkapitel. In dem gegebenen Unterkapitel geht es um die „location for sovereign power"[639] (der souveränen Kompetenzen), nämlich um das Vorhandensein der ausschließlichen oder konkurrierenden Kompetenz auf die Verwirklichung der erteilten Zuständigkeiten bei der EU, sowie die Möglichkeit für die Staaten, ihre Zuständigkeiten parallel mit den EU-Zuständigkeiten zu verwirklichen.

2. Die Verwirklichung der Souveränität durch die EU – Kompetenzkatalog

Die Gründungsverträge, die bis zum Inkrafttreten des Reformvertrags galten, sahen den Kompetenzkatalog nicht vor, wie ihn z.B. die Verfassungen einiger Nationalstaaten enthalten. Im Lissabonner Vertrag gibt es die Normen über die Verteilung der Zuständigkeiten zwischen der EU und den Mitgliedstaaten. Sie bestimmen nicht nur das Subjekt der Verwirklichung der Zuständigkeiten sondern auch die Arten dieser Zuständigkeiten, ihre rechtlichen Konsequenzen und Bereiche (Kompetenzen), die ihnen entsprechen.

Der Vertrag über die Arbeitsweise der Europäischen Union sieht die Verteilung der Zuständigkeiten in drei Arten vor: ausschließliche, geteilte Zuständig-

639 Newman Michael, op. cit., p. 6.

keiten und unterstützende Maßnahmen der EU im Bereich der nationalen Zuständigkeiten der Mitgliedstaaten[640].

Art. 2 AEUV enthält die von dem EuGH entwickelten Normen über die ausschließliche Kompetenz. Sie bedeutet das auschließliche Recht der Europäischen Union, ihre Zuständigkeiten für die Durchführung bestimmter Kompetenzen der Mitgliedstaaten oder eigener Kompetenzen zu verwirklichen. Das bedeutet, dass ausschließlich die EU-Zuständigkeiten anwendbar sind und damit nur die EU gesetzgeberisch tätig sein kann.

Es gibt verschiedene Meinungen bezüglich der auschließlichen Kompetenz in der Fachliteratur – von der „kompliziertesten“[641] bis zum formalen[642] Problem im Bereich der Kompetenzverteilung. Doch sind die Aspekte dieser Kompetenz wegen ihrer nicht eindeutigen Interpretation nicht so einfach.

Die ausschließliche Kompetenz enthält zwei Elemente: ein materielles und ein funktionales[643] oder ein negatives und ein positives[644]. Das materielle Element der ausschließlichen Kompetenz bedeutet den Verlust des Rechts der Mitgliedstaaten, die Maßnahmen aufgrund von eigener Bewertungen zu treffen[645], und stellt damit die negative Seite dar, die den Ausschluss der Mitgliedstaaten aus der Verwirklichung der Kompetenz vorsieht[646]. Die Mitgliedstaaten sollen sich einseitiger Handlungen enthalten. Dabei verfügen die Staaten über ihre Kompetenzen weiter, die Bereiche werden nicht übergeben. Sie verfügen auch weiter über ihre eigenen Zuständigkeiten auf die Verwirklichung dieser Kompetenzen, obwohl sie sie für die Zeit der Vertragsgeltung eingefroren haben.

Das funktionale Element bedeutet die Pflicht der EU, ihre Aufgaben zu erfüllen[647]. Es soll klar dem Vertrag entsprechen. Die Nichterfüllung dieser Pflicht kann zu einer Untätigkeitsklage beim EuGH führen[648]. Die positive Seite besteht also darin, dass nur eine Instanz beauftragt und sogar verpflichtet wird, die entsprechenden Kompetenzen zu verwirklichen[649].

640 Vgl. Hesse J.J., Grotz F. Europa professionalisieren, Berlin 2005, S. 28.

641 Neubauer A., op. cit., S. 96.

642 Estella Antonio The EU Principle of Subsidiarity and its Critique, Oxford 2002, S. 90.

643 Neubauer A., op. cit., S. 103; Lecheler Helmut Das Subsidiaritätsprinzip. Strukturprinzip einer europäischen Union, Berlin 1993, S. 56.

644 Schütze R. Dual federalism constitutionalized: the emergence of exclusive competences in the EC legal order in: European Law Review, Vol. 32, No.1, 2007, S. 4.

645 Neubauer A., op. cit., S. 103.

646 Schütze R., op. cit., S.4.

647 Neubauer A., op. cit., S. 103; Lecheler H., op. cit.

648 Lecheler H., op. cit., S. 56.

649 Schütze R., op. cit.

In den Bereichen der ausschließlichen Kompetenz der EU sind einseitige Handlungen der Mitgliedstaaten verboten[650]. Das Problem entsteht aber dann, wenn die Rechtsgebung notwendig ist, und der Rat wegen der Blockierung faktisch handlungsunfähig wird[651]. In solchen Fällen hat der EuGH den Mitgliedstaaten als den „Sachwaltern des gemeinsamen Interesses“ gestattet, die Nationalmaßnahmen zu treffen, aber nur nach der Konsultation mit der Kommission und mit ihrer Zustimmung[652]. Die Staaten können auch auf der internationalen Ebene handeln, ungeachtet dessen, dass sie die entsprechenden Zuständigkeiten zugunsten der EU eingefroren haben, wenn aus völkerrechtlichen Gründen die Teilnahme der EU nicht möglich ist[653].

Es gibt kein Delegierungsverbot der ausschließlichen Kompetenz auf die Mitgliedstaaten[654]. Die Staaten handeln dann nicht aufgrund von eigenen Zuständigkeiten, sondern aufgrund von Zuständigkeiten der Europäischen Union. Sie handeln als „Agente“ der EU[655]. Dabei erfüllen sie ihre Loyalitätspflicht gemäß Art. 4 des EUV[656].

Die nationalen Maßnahmen in der ausschließlichen Kompetenz der EU werden also zugelassen[657]. Die ausschließliche Kompetenz wurde im Art. 5 des Vertrags von Nizza erwähnt, nicht aber konkretisiert[658]. Es gab keine Liste der Bereiche, die zur ausschließlichen Kompetenz gehörten. Man nannte nur einen Artikel im Vertrag, der die ausschließliche Kompetenz explizit vorsah[659], nämlich Art. 106 EUV, der das ausschließliche Recht der Europäischen Zentralbank betraf, die Ausgabe der Banknoten zu bewilligen.

Gemäß Art. 3 AEUV hat die EU die ausschließlichen Zuständigkeiten in den Bereichen der Zollunion, der Bestimmung der Wettbewerbsregeln, der Währungspolitik jener Mitgliedstaaten, deren Währung Euro ist, der Erhaltung der biologischen Meeresschätze im Rahmen der gemeinsamen Fischereipolitik sowie der gemeinsamen Handelspolitik.

Die Union hat das Recht auf die Verwirklichung der ausschließlichen Kompetenz in bestimmten Bereichen in den internationalen Beziehungen, wenn sie

---

650 Rosin N., op. cit., S. 25.

651 Streinz R., op.cit., S. 60.

652 EuGH, Rs. 804/79, Kommission/Vereinigtes Koenigreich.

653 Streinz R., op.cit., S. 57.

654 Öhlinger T., Potacs M., op. cit., S. 34.

655 Gros-Tschorbadjiyska Angelina, op. cit., p. 60.

656 Dittert D., op. cit., S. 38.

657 Fischer P., Köck H.F., op. cit., S. 337.

658 Estella Antonio, op. cit., S. 90.

659 Schütze R. Dual federalsim constitutionalized: the emergence of exclusive competences in the EC legal order, in: European Law Review, Vol. 32, No.1, 2007, S. 4.

das Recht auf die Verwirklichung der ausschließlichen Kompetenz im entsprechenden Bereich im inneren Unionsrecht hat. Die von dem EuGH eingeführte Norm im Bereich der ausschließlichen Kompetenz (Entscheidungen AETR, Kramer), die der Implied-Powers-Lehre entspricht, ist im Art. 3 Abs. 2 des Lissabonner Vertrags festgelegt. Sie bestimmt, dass solche internationalen Verträge von der Union abgeschlossen werden können, wenn (1) es von dem Gesetzgebungsakt der Union vorgesehen wird, und (2) es für die ungehinderte Verwirklichung ihrer inneren Kompetenz notwendig ist[660].

Man sieht also, dass - gemäß den Folgerungen von Dan Sarooshi zur Rolle der ausschließlichen Kompetenz für die Einschätzung der Zuständigkeitserteilung als „Übergabe" - das Element der „Übergabe" in der Union vorhanden ist. Man muss dabei berücksichtigen, dass die stärkste Einschränkung der Handlungsfähigkeit der Staaten eben über diese „Übergabe" der Zuständigkeiten auf die Verwirklichung der ausschließlichen Kompetenz der EU stattfindet.

Die ausschließliche Kompetenz ist, nach der Meinung von Europarechtlerin Angelina Gros-Tschorbadjiyska, ausschließlich „by nature"[661].

Die Mehrheit der EU-Kompetenzen ist aber ausschließlich „by exercise", d.h. nicht ausschließlich[662]. Es geht um die geteilten Zuständigkeiten, sie können jederzeit zum Staat zurückkehren, weil im Gegensatz zur ausschließlichen Kompetenz (sowie zur Rahmenkompetenz), nicht die ganzen Bereiche zur Ausübung anvertraut werden, sondern nur einige Fragen aus ihnen. Es wird immer sekundärrechtlich entschieden, welche Fragen aus dem vom Primärrecht vorgesehenen Bereich von der EU ausgeübt werden.

Art. 2 AEUV sieht nicht ausschließliche Zuständigkeiten vor, und Art. 4 bis 6 nennen die Bereiche, die zu ihnen gehören.

Die Kompetenzen, die von den Mitgliedstaaten und der EU gemeinsam verwirklicht werden, sind die geteilte Kompetenz[663], die für die EU üblich ist[664], und die Rahmenkompetenz. Für die geteilte Kompetenz haben die Staaten die EU mit den konkurrierenden Zuständigkeiten ausgestattet und für die Rahmenkompetenz mit den parallelen.

Bei den konkurrierenden Zuständigkeiten wird das „Pre-emption"-Prinzip angewendet[665]. Es bedeutet, dass die Mitgliedstaaten das Recht haben ihre Zuständigkeiten anzuwenden, bis die Union ihre eigenen Zuständigkeiten im ent-

660 Vertrag von Lissabon; Siehe auch Art. 12 Vertrag über eine Verfassung für Europa, Europäischer Konvent, 2003.

661 Gros-Tschorbadjiyska Angelina, op. cit., p. 61.

662 Ibid., p. 59.

663 Dittert D., op. cit., S. 38.

664 Gros-Tschorbadjiyska Angelina, op. cit., p. 60.

665 Ibid., p. 60.

sprechenden Bereich anwendet, d.h. bis sie auf der EU-Ebene „aktiv“ werden. Die Staaten können die Entscheidung treffen bis zu dem Zeitpunkt, an dem der entsprechende Rechtsakt von der EU verabschiedet wird[666]. Die Staaten frieren ihre Zuständigkeiten „wenn und solange die EU die Frage regelt“ ein[667]. Wenn der Rechtsakt im Rahmen der konkurrierenden Zuständigkeiten von der EU angenommen wird, so hat er Vorrang[668] vor existierenden Nationalnormen[669]. Er hat eine Sperrwirkung[670] gegenüber den künftigen Normen des nationalen Rechts[671]. Die Mitgliedstaaten übernehmen ihre Zuständigkeiten wieder, wenn die Union die eigenen nicht mehr verwirklicht.

Gemäß A. Gros-Tschorbadjiyska bildet das voll preemptive EU-Sekundärrecht aus der Sicht der Mitgliedstaaten die gleiche Situation wie die ausschließliche Kompetenz[672].

Die Bereiche der geteilten (konkurrierenden) Zuständigkeiten sind Binnenmarkt; soziale Politik; wirtschaftliche, soziale und territoriale Zusammenarbeit; Landwirtschaft und Fischerei, mit Ausnahme der ausschließlichen Kompetenz zur Erhaltung der Meeresschätze; Umweltschutz; Verbraucherschutz; Verkehr, transeuropäische Netze; Energiebereich; der Raum der Freiheit, der Sicherheit und des Rechts; gemeinsame Sicherheitsmaßnahmen im Bereich des Gesundheitsschutzes. Auch die Visapolitik gehört dazu[673].

Gemäß Art. 2 (5) AEUV trifft die Union in den bestimmten Bereichen die unterstützenden, koordinierenden und ergänzenden Maßnahmen, ohne die Zuständigkeiten der Mitgliedstaaten zu ersetzen. Diese Bereiche gehören also zur Rahmenkompetenz. Die EU kann ihre Zuständigkeiten parallel zu den staatlichen in denselben Bereichen verwirklichen. Es gibt hier überhaupt keinen preemptiven Effekt[674].

Dabei bestreiten einige Autoren die Existenz der parallelen Kompetenz. Sie begründen es damit, dass die EU die unionsbedeutenden Fragen regelt während die Mitgliedstaaten die Fragen der innerstaatlichen Bedeutung regeln, also kompetent ist weder die EU noch sind es die Mitgliedstaaten[675]. Die Parallelität wird dann festgestellt, wenn die entsprechende Kompetenz als der gesammte Rege-

---

666 Rosin N., op. cit., S.36; Hesse J.J., Grotz F., op. cit., S. 74.

667 Ibid.

668 EuGH, Rs. 106/77, Simmenthal II, Slg 1978; EuGH, Rs. 6/64 Costa/ENEL, Slg 1964.

669 Dittert D., op. cit., S. 39.

670 EuGH, Rs. 106/77, Simmenthal II, Slg 1978, 629.

671 Dittert D., op. cit., S. 39.

672 Gros-Tschorbadjiyska Angelina, op. cit., p. 61.

673 Ibid., p. 60.

674 Ibid., p. 61.

675 So Fischer P., Köck H.F., op. cit., S. 338.

lungsbereich angesehen wird (wie bei der ausschließlichen Kompetenz) und nicht als einige Fragen des bestimmten Bereichs. Und da die Union und die Mitgliedstaaten über ihre eigenen Zuständigkeiten verfügen, verwirklichen sie auch diese im gegebenen Regelungsbereich parallel.

Die Rahmenkompetenz bedeutet für die EU, dass sie ihre Zuständigkeiten auf die Koordination und Kooperation anwendet. Sie ergänzt die Handlungen der Mitgliedstaaten durch die Rahmenvorschriften und verschiedene Programme[676], und daher sind ihre Maßnahmen „subsidiär"[677].

Im Rahmen dieser Kompetenz trifft die Union Maßnahmen zur Stärkung der engen Zusammenarbeit zwischen den nationalen Organen der Mitgliedstaaten. Der EU steht die „subsidiäre" Rolle in den folgenden Bereichen zu: Bereich der Forschung und technologischen Entwicklung; Zusammenarbeit mit dem Zweck der Entwicklung und humanitären Hilfe; regionale Politik; Ausbildung. Andere Bereiche gemäß Art. 6 AEUV sind Gesundheitschutz, Industrie, Kultur, Tourismus, Jugend und Sport, Katastrophenschutz, und administrative Zusammenarbeit.

3. Die Rechtsgrundlage für die Verwirklichung der Souveränität durch die Staaten

Mit der Verwirklichung der Souveränität durch die Staaten wird nicht nur die Erteilung der Zuständigkeiten an die EU gemeint, sondern auch die Verwirklichung eigener Zuständigkeiten für die Durchführung der staatlichen Kompetenzen im Rahmen des Rechts der Europäischen Union, d.h. der Kompetenzen, für deren Verwirklichung die EU beauftragt wird sowie der Kompetenzen für deren Durchführung die EU nicht beauftragt wird. Es geht um den Vollzug des sekundären Unionsrechts durch die Staaten: um die Durchführung der Unionszuständigkeiten im Rahmen der geteilten und parallelen Kompetenz sowie im Rahmen der seitens der EU an die Mitgliedstaaten delegierten ausschließlichen Kompetenz der EU.

Die Rolle der Staaten in den vom Vertrag bestimmten Kompetenzarten wurde oben behandelt. Der separaten Erläuterung bedarf die Frage des Vollzugs des Unionsrechts durch die Staaten: Das sekundäre Recht der EU wird durch die Staaten entweder direkt erfüllt oder durch zusätzliche nationale Rechtsakte. Auf jeden Fall wird jeder Politikbereich der Europäischen Union auf der nationalen Ebene durchgeführt. Der „strategische" Ort für die Rechtsverwirklichung ist national, und der Mechanismus für die Erfüllung der Entscheidungen der EU-

676 Streinz R., op.cit., S. 61.
677 Hesse J.J., Grotz F., op. cit., S.112.

Organe ist innerstaatlich[678]. Damit ist der Staat „key agent“ in der Implementierung der europäischen Prozesse[679].

Die Staaten verwirklichen aber nicht nur die Zuständigkeiten, die aus ihrer vertraglichen Pflicht hervorgehen sondern auch die, die sie aufgrund ihrer Souveränität haben. Es geht um die ausschließliche Kompetenz der Mitgliedstaaten (restliche Kompetenz). Ihre Kompetenz haben die Staaten nicht aufgrund vom EUV, sondern kraft ihrer Souveränität. Das kann sich auf der Grundlage der existierenden Völkerrechtsordnung nicht ändern. Alle Kompetenzen, die der EU zur Ausübung nicht vertraut werden, soll der Staat selbst ausüben. Die Grundlage ist die Verfassung und die existierende nationale Rechtsordnung.

4. Der Schutz der Souveränität durch die Mitgliedstaaten

Eine große Rolle für die Sicherung ihrer Souveränität spielt die ausschließliche Kompetenz der Mitgliedstaaten. Es geht um die Erhaltung eigener Zuständigkeiten für die Verwirklichung der souveränen Rechte (Territorium, Staatsangehörigkeit, Kompetenz-Kompetenz).

Die ausschließliche Kompetenz der Mitgliedstaaten ist die Kompetenz, die überhaupt keine Rechtsbeziehung zur Tätigkeit der Europäischen Union hat[680]. Die Zuständigkeiten, die durch den Vertrag der Union nicht übergeben werden, bleiben bei den Mitgliedstaaten. Sie gewährleisten die Souveränität der Mitgliedstaaten: in diese Bereiche darf sich die Union nicht einmischen.

Gemäß Art. 4 EUV achtet die Union die grundlegenden Funktionen des Staates, besonders, die Sicherung der territorialen Unversehrtheit, den Schutz der öffentlichen Ordnung und nationalen Sicherheit.

In der Praxis zeugen davon auch die Ausnahmen aus vier Grundfreiheiten – des Hauptbereichs der Europäischen Union.

Die Grundfreiheiten wurden für das stabile Funktionieren des Binnenmarktes eingeführt. Den Waren, den Dienstleistungen, dem Kapital und den Beschäftigten aus allen Mitgliedstaaten sollen die Staaten den Rechtsstatus erteilen, den sie ihren eigenen Waren, Dienstleistungen, ihrem eigenen Kapital und ihren Bürgern erteilen.

Sie werden aber von dieser Pflicht befreit, wenn die Erteilung eines solchen Statusses die öffentliche Ordnung, die Moral, die Sicherheit, die Gesundheit und

678 Saskia Sassen, op. cit., p. 29.

679 Ibid.

680 Moestl M. EU: Kompetenzabgrenzung zwischen Gemeinschafts- und Unionspolitiken, Wien 2004, S.72.

das Leben der Menschen, Tiere und Pflanzen sowie das nationale Kulturerbe gefährdet. Solche Gefährdungen sollen bestätigt sein und sehr eng ausgelegt werden. Sie sollen den Grundsätzen der Verhältnismäßigkeit und der Achtung der Menschenrechte entsprechen.

Die wichtigste Kompetenz, die die Staaten bei sich gelassen haben, ist die Kompetenz-Kompetenz[681]. Sie ist für die Existenz des Staates maßgebend, deswegen kann sie von niemandem sonst ausgeübt werden.

Unter der Kompetenz-Kompetenz wird der ausschließliche Bereich des Staates verstanden, in dem er selbständig entscheidet, welche Instanz für welche Zuständigkeit verantwortlich ist sowie wie sie ausgeübt wird und wieviel solcher Zuständigkeiten es bei dem Staat gibt. Der Staat wählt die Art und Weise der Vertretung seiner Interessen in allen Bereichen, die zur Kompetenz-Kompetenz gehören, selbständig[682]. Die Kompetenz-Kompetenz sieht das Recht auf Hoheit vor[683], auf Gründung und Ausübung der öffentlichen Gewalt, auf Schaffung der wichtigsten wirtschaftlichen, sozialen, kulturellen und politischen Werte, eigener Militärkräfte, Einführung der Normen über die Staatsangehörigkeit und Staatssymbole.

Die ausschließliche Kompetenz der Mitgliedstaaten stellt den Mechanismus des Souveränitätschutzes vor den internationalen oder supranationalen Strukturen dar. Die Supranationalität in der EU wird aber sehr gestärkt, darum soll ein Rechtsmechanismus gegründet werden, der das Gleichgewicht zwischen den nationalen und supranationalen Elementen im Integrationsprozess unterstützt. Die Bereiche der ausschließlichen Kompetenz der Staaten sind vor der Einmischung von Seiten der EU gesichert, nicht aber die Bereiche der geteilten Kompetenz, in denen es die Notwendigkeit des Souveränitätsschutzes immer noch gibt. Dafür wurden die Grundsätze der Subsidiarität und Verhältnismäßigkeit eingeführt, deren Bestimmung die Korrektur der Zuständigkeitsausübung zugunsten der Mitgliedstaaten ist[684].

---

681 Ermacora F. Allgemeine Staatslehre. Zweiter Teilband, Berlin: Duncker&Humblot, 1970, S.655; Dittert D., op. cit., S. 35.

682 http://www.tagesschau.de/aktuell/meldungen/0,1185,OID1326598,00.html

683 Oppermann T., op. cit., S. 298.

684 Meschtscheryakova O. Supranationalität im Recht der Europäischen Union und Problem der Souveränität: Dissertation [Мещерякова О.М. Наднациональность в праве Европейского Союза и проблема суверенитета: Автореф. Диссертации д-ра юрид. Наук: 12.00.10. – Москва 2010], S. 12.

5. Die Grundsätze der Zuständigkeitsverwirklichung in der EU

Wenn die EU ihre Zuständigkeiten aufgrund des Prinzips der begrenzten Einzelermächtigung bekommt, so übt sie diese aufgrund der Grundsätze der Subsidiarität und Verhältnismäßigkeit aus[685].

Die Subsidiarität ist gegen den Zentralismus gerichtet, somit ist sie ein Element des Föderalismus.

Im EU-Recht wird die Subsidiarität als „Architekturprinzip der künftigen föderalistischen Ordnung in Europa“[686] oder fundamentales Prinzip der supranationalen Rechtsordnung in Europa betrachtet[687].

Der Begriff der Subsidiarität entstammt der katholischen Soziallehre[688]. Aus dem Leiteinischen „subsidium“ wird er als „Hilfe“ übersetzt, z.B. einer der Ehepartner hilft dem anderen, die Familie den Familienmitgliedern, die Gemeinde der Familie, das Land (im Bundesstaat) der Gemeinde, der Staat dem Land, die EU dem Staat. Damit sieht die Subsidiarität die Hilfe der größeren Einrichtung für die kleinere vor, insoweit wie ihre Kräfte und Ressourcen reichen[689]. Der Staat enthält sich der Ausübung seiner Aufgaben, wenn sie von der untergeordneten Einrichtung erfüllt werden können[690]. So wird es auch auf der europäischen Ebene interpretiert. Die Subsidiarität in der EU bedeutet, dass die Entscheidungen „möglichst bürgernah“ getroffen werden[691].

Nach Auffassung des ehemaligen Präsidenten der Europäischen Kommission, Romano Prodi, kann die EU sich nicht um alles kümmern, sie hat auch dafür keine Zuständigkeiten. Die Union konzentriert sich nur auf die strategischen Aufgaben, „sie erfüllt eine globale Funktion“[692].

Auf der Ebene der EU wurde der Begriff der Subsidiarität im Spinelli-Bericht 1975 erwähnt (Bericht der Kommission über die politische Union), dann

685 Ziller J. Ausschuß der Regionen, Amt für Amtliche Veröffentlichungen der Europäischen Gemeinschaften, Luxemburg 2006, S. 58; Estella Antonio, op. cit., S. 91.

686 Hirsch G. Die Auswirkungen des Subsidiaritätsprinzips auf die Rechtssetzungsbefugnis der Europäischen Gemeinschaften, Vortrag vor dem Europa-Institut der Universität des Saarlandes, Saarbrücken 1995, S. 68 – 85.

687 Ibid.

688 Rosin N., op. cit., S. 34.

689 Timmermann H. Subsidiarität und Föderalismus in der EU in: Dokumente und Schriften der Europäischen Akademie Otzenhausen, Band 83, Berlin 1998, S.42 – 64.

690 http://www.hanisauland.de/lexikon/s/subsidiaritaet.html

691 Dittert D., op. cit., S. 21.

692 Prodi R. Für ein starkes Europa, das auf ein großes Ziel ausgerichtet und handlungsfähig ist in: Die Union, Vierteljahreszeitschrift für Integrationsfragen, 2/2001.

im Projekt des Europäischen Parlaments zum Vertrag über die Europäische Union 1984 usw.

Das Prinzip der Subsidiarität wurde zum ersten Mal in der Einheitlichen Europäischen Akte angenommen, nämlich im Bereich des Umweltschutzes (Art. 130r IV EEA)[693]. Als allgemeines Prinzip wurde es durch den Maastrichter Vertrag 1992 eingeführt. Der damalige Art. 5 EGV sah vor, dass die EU in den Bereichen, die nicht in die ausschließliche Kompetenz der EG fallen, nur nach Subsidiaritätsprinzip tätig wird, (1) sofern und soweit die Ziele der in Betracht gezogenen Maßnahmen auf der Ebene der Mitgliedstaaten nicht ausreichend erreicht werden (wenn der Bereich transnationale Aspekte aufweist[694], z.B. Umweltschutz, Wettbewerbsverzerrungen[695]), (2) und daher (3) wegen ihres Umfangs oder ihrer Wirkungen besser auf Gemeinschaftsebene erreicht werden können. Nicole Rosin erklärt dieses Prinzip aus der Sicht der „positiv-" und „negativ-" Kriterien, wo „nicht ausreichend" als Negativkriterium und „besser" als Positivkriterium erwähnt sind. Beide sind „kausal" und durch „und daher" miteinander verbunden"[696].

Nach Nicole Rosin müssen die Mitgliedstaaten sich anstrengen, die Ziele ausreichend zu erreichen, weil „die Zuständigkeit vorrangig bei den Mitgliedstaaten liegen soll"[697] und die Union „bei nicht ausreichender Zielerreichung durch die Mitgliedstaaten" beweisen muss, dass sie es „besser" kann"[698]. Falls sie es nicht beweist, darf sie auch nicht tätig werden sondern nur die Mitgliedstaaten[699].

Das Subsidiaritätsprinzip gilt für die nicht-ausschließlichen Kompetenzen der EU, und nur diese sollen dem Subsidiaritätstest unterliegen[700].

Im Protokoll über die Anwendung der Prinzipien der Subsidiarität und Verhältnismäßigkeit[701] sind die Aspekte angedeutet, die man bei der Überprüfung der Einhaltung der Voraussetzungen des Art. 5 berücksichtigen muss: finanzielle Auswirkungen wie im Fall eines Europäischen Rahmengesetzes, die Auswir-

693 Dittert D., op. cit., S. 20.

694 Rosin N., op. cit., S. 37; Protokoll über die Anwendung der Grundsätze der Subsidiarität und der Verhältnismäßigkeit

695 Rosin, N., ibid.

696 Ibid., S. 36.

697 Ibid., S. 35.

698 Ibid., S. 107.

699 Estella Antonio, op. cit., S. 98.

700 Stein T. Subsidiarität als Rechtsprinzip? in: Die Subsidiarität Europas, Merten D. (Hrsg.), Berlin 1993, S. 34.

701 Protokoll über die Anwendung der Grundsätze der Subsidiarität und der Verhältnismäßigkeit, Protokoll nr.2, Amtsblatt der Europäischen Union C 115/206, 9.05.2008.

kungen auf die von den Mitgliedstaaten zu erlassenden Rechtsvorschriften, einschließlich gegebenenfalls der regionalen Rechtsvorschriften; und andere qualitative und quantitative Kriterien.

Im Lissabonner Vertrag wurde die Formulierung des Subsidiaritätsprinzips geändert. Art. 5 EUV besagt, „in den Bereichen der nichtausschließlichen Kompetenz der EU wird die Union nur tätig, sofern und soweit die Ziele der in Betracht gezogenen Maßnahmen von den Mitgliedstaaten *weder auf zentraler noch auf regionaler oder lokaler* Ebene ausreichend *verwirklicht* werden können, *sondern* vielmehr wegen ihres Umfangs oder ihrer Wirkungen auf Unionsebene besser zu *verwirklichen* sind".

Der Lissabonner Vertrag sieht auch ein neues Verfahren für die Einhaltung der Grundsätze der Subsidiarität und Verhältnismäßigkeit vor[702]. Die nationalen Parlamente werden beauftragt, die Entwürfe der Rechtsakte der Union zu prüfen, nämlich

> „Die Kommission macht die nationalen Parlamente im Rahmen des Verfahrens zur Kontrolle der Einhaltung des Subsidiaritätsprinzips nach Artikel 5 Absatz 3 des Vertrags über die Europäische Union auf die Vorschläge aufmerksam, die sich auf Artikel 352 stützen".

Die Zentralfunktion des Subsidiaritätsprinzips hat sich aber mit den Vertragsänderungen nicht geändert.

Jedes Jahr legt die Europäische Kommission dem Europäischen Rat und dem Europäische Parlament, dem Rat und den nationalen Parlamenten den Bericht über die Anwendung des Subsidiaritätsprinzips vor[703]. Seit dem Inkrafttreten des Reformvertrags gehört der Subsidiaritätsbericht auch zur Kompetenz des Ausschusses der Regionen[704].

Die Adressaten der Subsidiarätät sind die Unionsorgane im Rahmen ihrer Aufgaben und Zuständigkeiten. Gegenstand dieses Prinzips sind die Maßnahmen und Handlungsformen der Organe (Rechtsakte). Also die Unionsorgane wenden dieses Prinzip an und die nationalen Parlamente kontrollieren seine Einhaltung (Art. 6 des Protokolls über die Anwendung der Grundsätze der Subsidiarität und der Verhältnismäßigkeit, Art. 5 p. 3 EUV).

Es bestätigt die These, dass die Zuständigkeiten in erster Linie den Mitgliedstaaten gehören[705].

---

702 Hesse J.J., Grotz F., op. cit., S. 28.

703 Glossar Institutionen, Politiken und Erweiterung der Europäischen Union, in: Amt für amtliche Veröffentlichungen der Europäischen Gemeinschaften, 2000, S.62.

704http://portal.cor.europa.eu/subsidiarity/SiteCollectionDocuments/annual%20report%202010/Subsidiarity%20Annual%20Report%202010_cdr57_11_de.pdf

705 Rosin N., op. cit., S. 35.

Im Ministerrat der EU bekommen die Vertreter der Mitgliedstaaten die Legitimation von den nationalen Parlamenten; für die Berücksichtigung der Positionen der Mitgliedstaaten bezüglich bestimmter Fragen führt die Kommission die Konsultationen mit den nationalen Experten und mit den Parlamentsausschüssen der nationalen Parlamente; die Kommission und der Rat informieren die nationalen Parlamente über ihre Entscheidungen; das Europäische Parlament informiert die nationalen Parlamente über die Fragen, die es besprechen wird.

Die Organe der Europäischen Union hängen also im bestimmten Ausmaß von den Organen der Nationalstaaten ab. Das hängt damit zusammen, dass die Politik der Union auf der nationalen Ebene durchgeführt wird.

Aufgrund des Subsidiaritätsrinzips haben die nationalen Parlamente die Möglichkeit bekommen, die supranationalen Organe zu kontrollieren und die von ihnen erlassenen Rechtsakte über den EuGH zu annulieren[706]. Darum stellt das Subsidiaritätsprinzip eine Schranke für die Erweiterung der Zuständigkeiten der Unionsorgane dar, und somit ist es die Schranke für die Entwicklung der supranationalen Elemente in der Europäischen Union[707].

Das Subsidiaritätsprinzip ist eine Rechtsnorm mit ethischem Inhalt[708]. Es soll in der EU als der Maßstab für die Verwirklichung der Ziele[709], die Schranke für die Kompetenzausübung[710] angesehen werden. Und deswegen erfüllt es eine Schutzfunktion[711] für die Mitgliedstaaten.

Das Verhältnismäßigkeitsprinzip („Prinzip der Erforderlichkeit“[712]) ist ein weiterer Kompetenzausübungsgrundsatz[713]. Es setzt den Organen Schranken bei der Schaffung und Erfüllung des Rechts, den Mitgliedstaaten bei der Erfüllung des EU-Rechts und der EU im Bezug auf die Mitgliedstaaten[714]. Das Prinzip der Verhältnismäßigkeit ist ein „Gebot des schonendsten Mittels“[715]. Das bedeutet,

706 Meschtscheryakova O. Supranationalität im Recht der Europäischen Union und Problem der Souveränität: Dissertation [Мещерякова О.М. Наднациональность в праве Европейского Союза и проблема суверенитета: Автореф. Диссертации д-ра юрид. Наук: 12.00.10. – Москва 2010], S. 32.

707 Ibid., S. 33.

708 Pieper S.U. Subsidiarität, Köln, Berlin, Bonn, München 1994, S.86.

709 Timmermann H., op. cit., S. 42 – 64.

710 Streinz R., op.cit., S. 61.; Dittert D., op. cit., S. 21; Auch: Protokoll über die Anwendung der Grundsätze der Subsidiarität und der Verhältnismäßigkeit

711 Dedial J. “Schillerndes” Subsidiaritaetsprinzip in der EU: Begrenzte Verwirklichung eines ordnungspolitischen Prinzips in: Neue Zürcher Zeitung, 26.10.1994, S.25.

712 Rosin N., op. cit., S. 34.

713 Stein T., op. cit., S. 29.

714 Streinz R., op.cit., S. 65.

715 Rosin N., op. cit., S. 42.

dass nur die Richtlinie erlassen werden soll, wenn das gleiche Ziel genauso wirksam mit einer Richtlinie wie mit einer Verordnung erreicht werden kann[716].

Der EuGH erhält ständig Anfragen, ob die gewählten Maßnahmen geeignet, erforderlich und angemessen für das Erreichen des Zieles sind[717]. Diese Kriterien sind für das Verhältnismäßigkeitsprinzip entscheidend.

Außer dieser Prinzipien der Kompetenzverteilung muss auch das Loyalitätsprinzip bzw. die „Unionstreue“[718] erwähnt werden, was in Art. 4 EUV eingeschrieben ist. Es bedeutet, dass die EU und die Mitgliedstaaten einander bei der Ausübung der vom Vertrag vorgesehenen Aufgaben unterstützen. Im Art. 13 (2) EUV ist die Organloyalität vorgesehen: „Die Organe arbeiten loyal zusammen“.

Mit anderen Worten sind die Mitgliedstaaten im Bezug aufeinander und auf die EU verpflichtet; dasselbe gilt auch für die Organe der EU, die den Mitgliedstaaten zur Loyalität verpflichtet sind[719]. Das bedeutet, dass den Organen eine „illoyale Ausweitung der Unionskompetenzen zu Lasten von Rechtssetzungs- und Handlungskompetenzen der Mitgliedstaaten untersagt ist“[720].

Die Einhaltung der Grundsätze der Zuständigkeitsverwirklichung wird außer von den nationalen Parlamenten auch vom EuGH kontrolliert[721]. Die im Vertrag dafür vorgesehenen Mittel sind Nichtigkeitsklage wegen Unzuständigkeit nach Art. 263 AEUV, Untätigkeitsklage nach Art. 265 AEUV und Vorabentscheidungsverfahren nach Art. 267 AEUV.

So sieht der Europarechtler der Universität Madrid Antonio Estella das mit dem Maastrichter Vertrag 1993 eingeführte Subsidiaritätsprinzip als ein „Argument“ für die Mitgliedstaaten die Nichtigkeitsklage gegen die mit Mehrheit erlassenen Rechtsakte zu erheben[722].

Wenn der Rechtsakt ohne Kompetenzgrundlage (Nichteinhaltung des Prinzips der begrenzten Einzelermächtigung oder des Subsidiaritätsprinzips[723] sowie des Prinzips der Verhältnismäßigkeit) erlassen wird, so wird die Kompetenz überschritten[724]. Aber die Mitgliedstaaten sind nicht verpflichtet, die Kompetenzüberschreitung zu beweisen, sondern die EU ist verpflichtet, die Einhaltung

716 Ibid.

717 EuGH, Rs.279/84, 280/84, 285/84 und 286/84, Rau/Kommission. Slg.1987, 1069.

718 Rosin N., op. cit., S. 42.

719 Ibid., S. 43.

720 Ibid.

721 Ibid., S. 27.

722 Estella Antonio, op. cit., S. 89.

723 Ibid., S. 91.

724 Rosin N., op. cit., S. 126.

der entsprechenden Grundsätze des Rechts der Europäischen Union nachzuweisen[725].

6. Übergang zum dritten Unterkapitel

Die Verwirklichung der Souveränität der Staaten in der Europäischen Union unterscheidet sich in vielen Momenten von der Souveränitätsverwirklichung im klassischen internationalen Recht. Die Besonderheit der Zuständigkeitsarten und die Notwendigkeiten des Schutzes der Souveränität der Staaten insbesondere durch die Kompetenzausübungsschranken sind Folge der Einzigartigkeit der Europäischen Union, die man durch das Wort „Supranationalität" bezeichnet.

III. SUPRANATIONALITÄT DER EU UND VERWIRKLICHUNG DER SOUVERÄNITÄT DER MITGLIEDSTAATEN DURCH DIE EUROPÄISCHE UNION

1. Die Supranationalität der EU

Aus den Quellen und aus der Theorie des Rechts der Europäischen Union wissen wir, dass sich ihre Rechtsnatur durch die Supranationalität auszeichnet.

Supranationalität (supranationality, supranationalite) entstammt dem Lateinischen *supra*, was *über* bedeutet und beschreibt die Natur der öffentlichen Gewalt einer internationalen Organisation[726].

Die Frage der Supranationalität ist eine Frage der Theorie[727]. Der Begriff ist im Zusammenhang mit der europäischen Integration nach dem zweiten Weltkrieg entstanden[728]. Damals entsprach ihm aber objektiv wenig; der Begriff hat sich später mit Inhalt gefüllt. Die Autoren der Texte der politischen und internationalen Dokumente (Resolution des Europäischen Kongresses 1948, Deklaration von Robert Schumann vom 9. Mai 1950, wo die Teilfusion der nationalen Souveränitäten vorgesehen war, Vertrag über die Gründung der Europäischen Verteidigungsgemeinschaft vom 27. Mai 1952, Entwurf des Vertrags über die Gründung der Europäischen Politischen Gemeinschaft), die diesen Begriff ent-

725 Ibid., S. 41.

726 Siehe Creifelds C. Rechtswörterbuch, 17 Auflage, München 2002, S.344.

727 Griller S. Grundzüge des Rechts der EU in: Springer Notes/Springer Wien New York 1996, S.118.

728 Hummer W., Schweitzer M. Europarecht, 5 Auflage, Berlin 1996, S. 4.

hielten, hatten unterschiedliche Vorstellungen über ihn[729]. Auch heute ist es noch nicht so einfach eine eindeutige Schlussfolgerung bezüglich des Begriffs der Supranationalität zu ziehen.

Einige Autoren der EU-ausländischen Fachliteratur versuchen die Supranationalität zu definieren und sogar ihre Beziehung zur nationalen Souveränität zu bestimmen, geraten aber dabei in ihren Schlussfolgerungen in Verwirrung. Sie verstehen die Supranationalität als „Prinzip", obwohl es kein Prinzip ist.

So z.B. betrachtet die ukrainische Autorin Yulia Hobbi das Verhältnis der Supranationalität und der Souveränität als zweier Prinzipien und kommt zum Schluss, dass „das Prinzip der Supranationalität die staatliche Souveränität nicht hindert, obwohl es sie wesentlich beschränkt"[730]. Andererseits äußert sie die Meinung, dass die EU-Mitgliedstaaten nicht mehr souverän sind[731] oder wenigstens „sie die Souveränität allmählich verlieren"[732].

Anderen Gelehrten, die länger an dem Problem forschen und einen weiten Einblick in die europäische Fachliteratur haben, tragen zur ukrainischen und russischen Lehre über das Recht der Europäischen Union bedeutend bei.

Die Geschichte des Begriffs der Supranationalität beschreibt der russische Völkerrechtler A. Moiseev[733]. Er beschäftigt sich auch mit dem Verhältnis der Supranationalität und der Souveränität.

Eine andere russische Gelehrte, E. Shibaeva, schreibt, dass die Frage der Supranationalität der internationalen Organisation eine Frage der Korrelation zwischen der Souveränität der Mitgliedstaaten und den Zuständigkeiten der von ihnen gegründeten Organisation ist, wo freiwillige „Übergabe" der souveränen Rechte stattfindet und die Supranationalität von dem Ausmaß der „Übergabe" abhängt[734].

---

729 Tolstuchin A. Die Europäische Union und das Problem der Supranationalität [Толстухин А. Европейский Союз и проблема наднациональности//Московский журнал международного права – №4 – 1997, S. 38 – 50.

730 Chobbi Y. Einfluß der Supranationalität auf die Souveränität der Mitgliedstaaten [Хоббі Ю.С. Вплив наднаціональності на суверенітет держав-членів / Держава і право. Вип. 46. – с. 555 – 559].

731 Chobbi Y. Rechtsnatur der Europäischen Union: Definitionsproblem [Хоббі Ю.С. Правова природа Європейського Союзу: проблема визначення / Держава і право. Вип. 47. – с. 590 – 595], S. 593.

732 Chobbi Y. Supranationalität und Souveränität der Mitgliedstaaten [Хоббі Ю.С. Наднаціональність та суверенітет держав-членів Європейського Союзу, 2009].

733 Moiseev A., op. cit., S. 264.

734 Schybayeva E. Zu der Frage der Supranationalität der zwischenstaatlichen Organisationen des universellen Charakters [Шибаева Е.А. К вопросу о наднациональности межправительственных организаций универсального характера // Московский журнал международного права. – №4. – 1992], S. 8;

In ihrer Dissertation bestimmt die Autorin O. Meschtscheryakowa die Supranationalität als die Organisationsart der internationalen Zusammenarbeit der souveränen Staaten, die durch die Einschränkung ihrer Souveränität die internationale Organisation mit den supranationalen Zuständigkeiten für die Ausübung der ihr gestellten Aufgaben ausstatten[735].

A. Moiseev betrachtet die Supranationalität als die Art, in der die Staaten das Verhalten der Partner kontrollieren können, während das allgemeine Niveau der Voraussicht, Stabilität und Sicherheit erhöht wird[736].

Die Supranationalität wird auch als Qualität des politischen Systems verstanden, das sich in der Tätigkeit der EU-Organe manifestiert[737].

In der europäischen Lehre des EU-Rechts definiert man die Supranationalität[738] als Fähigkeit einer internationalen Organisation, in einigen „früher vollsouveränen Bereichen", die üblicherweise unter die staatliche Hoheit fallen, die Staaten ohne ihre Zustimmung zu verpflichten[739], z.B. durch die Fassung der Entscheidung mit Stimmenmehrheit oder durch die Fassung der Entscheidung von unabhängigen Organen[740].

In der Praxis sieht die Supranationalität, die das politische System der EU charakterisiert[741], eine besondere institutionelle Struktur vor mit den unabhängigen Organen, die aus den internationalen Beamten bestehen (die Beamten sind keine Vertreter der Mitgliedstaaten); die Zuständigkeiten auf die Schaffung der verbindlichen Rechtsvorschriften; Entscheidungsfassung mit Mehrheit der Stimmen; unmittelbare Wirkung des EU-Rechts; Vorrang und Selbständigkeit des EU-Rechts; unmittelbare Durchsetzbarkeit des Rechts der EU; unabhängige obligatorische Gerichtsbarkeit; finanzielle Selbständigkeit der Europäischen Union.

Mykiyewytsch M. Rechtsaspekte der Zusammenarbeit der Europäischen Union mit den Drittstaaten [Микієвич М.М. Правові аспекти співробітництва Європейського Союзу з третіми країнами. – Львів 2001].

735 Meschtscheryakova O. Supranationalität im Recht der Europäischen Union und Problem der Souveränität: Dissertation [Мещерякова О.М. Наднациональность в праве Европейского Союза и проблема суверенитета: Автореф. Диссертации д-ра юрид. Наук: 12.00.10. – Москва 2010], S. 6.

736 Moiseev A., op. cit., S. 267.

737 Chobbi Y. Supranationalität und Souveränität der Mitgliedstaaten [Хоббі Ю.С. Наднаціональність та суверенітет держав-членів Європейського Союзу, 2009].

738 Zu Begrif „Supranationalität" mehr Pitschas Ch., op. cit., S. 108.

739 Schweitzer M., Staatsrecht III – Staatsrecht, Völkerrecht, Europarecht, 7. Aufl., 2000, S. 87.

740 Hummer W., Schweitzer M., Europarecht, 5 Aufl., Berlin 1996, S. 4.

741 Streinz R. Europarecht, 6 Aufl., Heidelberg 2003, S. 52.

2. Die Verwirklichung der Kompetenzen der Staaten durch die EU

Alle diese supranationalen Elemente sind mit der Verwirklichung der Kompetenzen der Staaten durch die Europäische Union verbunden.

Die Grundlage für das Verhältnis zwischen der Souveränität der Mitgliedstaaten i.S. der Handlungsfreiheit und der Supranationalität der Europäischen Union bildet das Ausmaß, in welchem die EU-Organe das Recht haben, die Kompetenzen der Mitgliedstaaten zu verwirklichen.

Die EU hat viele Merkmale, die nur den Staaten eigen sind. Sie ersetzt aber die Staaten nicht. Auch die EU-Institutionen ersetzen die Organe des Staates nicht, sie üben auch die staatlichen Kompetenzen nicht auf demselben Wege aus wie die Staaten sie ausüben.

Die Staaten und die EU haben einen unterschiedlichen Mechanismus der Zuständigkeitsverwirklichung sowie eine unterschiedliche Organstruktur. Die Gewaltenteilungstheorie sieht vor, dass die Gewaltenzweige einander kontrollieren, da man nur auf diese Weise den Machtmissbrauch im Staat vermeiden kann[742]. Die EU ist kein Staat, sie verwirklicht nicht ihre Souveränität, sondern die Souveränität der Mitgliedstaaten, sie hängt sehr stark von ihren Gründern ab[743], wird von ihnen kontrolliert und kennt deswegen keine Gewaltenteilung[744].

3. Die Verteilung der Zuständigkeiten zwischen den Organen

Die der Union auferlegten Aufgaben erfüllen die Unionsorgane: Ministerrat, Kommission, Gerichtshof, Rechnungshof, Europäisches Parlament, Europäische Zentralbank. Sie zeichnen sich durch das „institutionelle Gleichgewicht“[745] aus und sind supranational.

Die Organe erfüllen die rechtsetzenden und vollziehenden Funktionen zusammen.

Das Europäische Parlament ist kein Organ „über“ die nationalen Parlamente, es erfüllt die Funktion der Legitimierung der Union nicht. Seine Zuständigkeiten sind vom Vertrag beschränkt. Seine Aufgaben übt es zusammen mit den Regie-

742 Mantl W. Elemente europäischer Staatlichkeit in: Skriptum „Aktuelles aus Österreich“, 3/2001, S. 12.

743 Oppermann T., op. cit., S. 92.

744 Hesse J.J., Grotz F., op. cit., S. 41.

745 Rs. 138/79, Roquette Freres/Rat, Slg 1980, 3333.

rungen und Parlamenten der Mitgliedstaaten[746] aus. Die Abgeordneten des Parlaments, die von den Unionsbürgern direkt gewählt werden, vertreten die internationalen Interessen[747] politischer Bedeutung, sie sind von den Staaten sowie von der EU unabhängig. Das Europaparlament ist politisch selbständig, was zur einfachen Entscheidungsfassung nicht beiträgt[748].

Die rechtsetzende Funktion des Vertretungsorgans der europäischen Völker wird mit den Änderungen zu den Gründungsverträgen immer mehr erweitert.

Bis zum Abschluss des Lissabonner Vertrags waren die Funktionen des Europäischen Parlaments ziemlich eingeschränkt. Vielleicht hatte es damit zu tun, dass die EU als zwischenstaatliche Vereinigung gegründet wurde, deswegen haben sich mehr die Mechanismen der Verwirklichung der Souveränität der Staaten entwickelt als die der Souveränität der Völker.

Solcher Ansatz im Recht der EU wurde wegen des „Demokratiedefizits" stark kritisiert[749]. Die Kritik wurde immer bei den Vertragsänderungen berücksichtigt, und als Ergebnis hat das Parlament heute eine der führenden Rollen in der europäischen Rechtsgebung inne. Gemäß dem Lissabonner Vertrag hat es das Recht auf gemeinsame Entscheidnungsfassung (Art. 294 AEUV).

Mit dem Parlament übt seine rechtsetzenden Funktionen der Rat aus (Art. 16 EUV)[750]. Im Rat werden die offiziellen Stellungnahmen der Mitgliedstaaten vertreten.

Er kann aber die Entscheidungen sowohl einstimmig als auch mit Mehrheit fassen (Art. 238 AEUV).

Im Vergleich zum Vertrag von Nizza erweitert der Lissabonner Vertrag die Möglichkeiten der Entscheidungsfassung mit qualifizierter Mehrheit. Die neuen Bereiche des Lissabonner Vertrags, in denen die Entscheidungen mit Mehrheit getroffen werden, sind unter anderem die Zusammenarbeit in den Bereichen Justiz und Inneres, gemeinsame Verkehrspolitik, Asylfragen, Kontrolle an den Außengrenzen, diplomatischer und konsularischer Schutz.

---

746 Dieter H. S. Zur Europäisierung des Deutschen Verfassungsrechts in der Europäischen Union, Kreuzer F.K., Scheuing H. D., Sieber U. (Hrsg.), 1 Aufl., Baden-Baden 1997, S. 90.

747 Schrödter E. Das Europäische Parlament zwischen Stigmatisierung und Machtgewinn in: Das Europäische Parlament. Supranationalität, Repräsentation und Legitimation, Maurer, A., Nickel, D. (Hrsg.), Band 54, Baden-Baden 2005, S. 259.

748 Meschtscheryakova O. Supranationalität im Recht der Europäischen Union und Problem der Souveränität: Dissertation [Мещерякова О.М. Наднациональность в праве Европейского Союза и проблема суверенитета: Автореф. Диссертации д-ра юрид. Наук: 12.00.10. – Москва 2010], S. 26.

749 Oppermann T., op. cit., S. 98.

750 Rosin N., op. cit., S. 24.

Einerseits fördern die Mehrheitsentscheidungen die Bereitschaft zu Verhandlungen und erleichtern die Entscheidungsfassung[751], damit die „tägliche" Arbeit der EU nicht gehindert wird.

Andererseits schwächen die Entscheidungen, die mit der Mehrheit getroffen werden, die Kontrolle der Staaten über die Politikbereiche, für die die Möglichkeit der Stimmenmehrheit vorgesehen wird[752].

Die Rechtsakte der Europäischen Union, die mit Mehrheit angenommen werden verpflichten die Mitgliedstaaten zu einem bestimmten Verhalten oft gegen ihren Willen[753]. Dabei findet oft die Modifikation ihrer politischen Prioritäten statt[754].

Der Europäischen Kommission werden die Zuständigkeiten für den Vollzug der Gründungsverträge erteilt. Die Kommission ist ein unabhängiges Organ der EU, ihre Mitglieder handeln in ihren Interessen, und ihre Beamten sind die EU-Beamten.

Auf der Grundlage der Verträge verwirklicht die Kommission die koordinierenden, vollziehenden und administrativen Funktionen (Art. 17 (1) EUV). Sie trifft die Entscheidungen gemäß Art. 250 AEUV.

Die Kommission vertritt die EU im Privatrecht. Die internationalen Beziehungen, andere Staaten und internationale Organisationen betreffend, werden von der Kommission und vom Ratspräsidenten gemeinsam geführt. Art. 17 EUV bestimmt die Zuständigkeiten der Kommission im Bereich der Außenbeziehungen.

Im Rechtssetzungsverfahren hatte die Kommission vor dem Inkrafttreten des Lissabonner Vertrags das ausschließliche Initiativrecht. Aber in diesem Bereich sind wesentliche Änderungen vorgenommen worden. Gemäß Art. 17 Abs. 2 EUV kann der Gesetzgebungsakt der Europäischen Union auf Vorschlag der Kommission erlassen werden, wenn nichts Anderes in den Verträgen vorgesehen ist. Andere Arten der Rechtsakte können auf Vorschlag der Kommission nur dann erlassen werden, wenn es in den Verträgen vorgesehen ist. Gemäß Art. 289 (4) AEUV können die Gesetzgebungsakte auf die Initiative einer Gruppe der Mitgliedstaaten oder des Europäischen Parlaments, auf die Empfehlung der EZB oder den Antrag des EuGH oder der EIB, in den vom Vertrag vorgesehenen Fällen, erlassen werden.

---

751 Schmans M. Einstimmigkeitsprinzip, Mehrheitsprinzip und Konsensverfahren auf Vertragskonferenzen zur universellen völkerrechtlichen Rechtssetzung, Göttingen 1984, S. 29.

752 Estella Antonio, op. cit., S.69.

753 Chapuis C., op. cit., S.36.

754 Estella Antonio, op. cit., S. 53, 65, 68.

Ein anderes Organ, das eine große Rolle für die Supranationalität spielt, ist die Europäische Zentralbank. Aufgrund der Vorschriften der Gründungsverträge findet hier die „partage du pouvoir monétaire" (Teilung der Gewalt im Währungsbereich) statt[755]. Die Währungspolitik, die das Attribut der Staatssouveränität ist, wird von der EZB mit dem Zweck der Preisstabilität in voller Unabhängigkeit geführt[756]. Die nationalen Banken üben mit Rücksicht auf das Subsidiaritätsprinzip[757] die auf der europäischen Ebene bestimmte Währungspolitik dezentralisiert aus[758]; sie sind „Agenten des zentralisierten Banksystems" geworden[759].

Die gemeinsame Währungspolitik soll aber auf der Basis der klaren Haushaltsdisziplin begründet werden[760]. Dies hat die Euro-Krise, deren Folgen zur Zentralisierung der Wirtschaftspolitik geführt haben, bestätigt. Es betrifft auch die Staaten, die ihre Unabhängigkeit von der EZB gesichert haben. In diesem Sinne ist die Währungsunabhängigkeit eine Frage des Grades[761]: die Erhaltung der eigenen nationalen Währung durch einige Mitgliedstaaten bedeutet nicht, dass sie von der Währungsunion nicht berührt werden.

Die Autoren der britischen wissenschaftlichen Arbeiten haben die Währungspolitik ihres Staates lange vor der Einführung des Euro verteidigt[762]. Heute hat das Vereinigte Königreich zusammen mit Dänemark ein exklusives Recht, die Währungsunabhängigkeit von der EU zu genießen. Die neuen Mitgliedstaaten der Europäischen Union haben solche Möglichkeit nicht. Wenn alle Kriterien erfüllt werden, sollen sie ihre Währungsunabhängigkeit zugunsten der EU aufgeben. Die EZB wird in bestimmten Fragen der Währungspolitik an Stelle der heutigen Nationalbanken auftreten. Dasselbe betrifft Schweden, das seit langem die Voraussetzungen zur Einführung des Euro vorsätzlich nicht erfüllt. Seit 2011 geht es aber nicht nur um Währungsabhängigkeit, sondern auch um Selb-

---

755 Lepoivre H. Staatlichkeit und Souveränität in der Europäischen Union am Beispiel Frankreichs in: Europäische Hochschulschriften, Reihe II Rechtswissenschaft, Band 3600, Frankfurt am Main 2003, S. 323.

756 Pitschas Ch., op. cit., S. 120.

757 Siehe Art. 5 EGV

758 Lepoivre H., op. cit., S. 322.

759 Sciarra Silvana, op. cit., p. 270.

760 Mykiyewytsch M., Bodnaryuk I. Verantwortlichkeit der Mitgliedstaaten gemäß dem Vertrag über die Gründung der Europäischen Gemeinschaft: Ausnahmen aus der allgemeinen Praxis [Микієвич М., Боднарюк І. Відповідальність держав-членів згідно з Договором про заснування Європейського Співтовариства: винятки із загальної практики // Вісник Львів. Ун-ту. Серія міжнародні відносини. Вип. 25. – Львів 2008], S. 132 – 140, S. 133.

761 Llewellyn David T., op. cit., p. 169.

762 Ibid., p. 170.

ständigkeit in Fragen der Haushaltspolitik (Six-Pack, Pläne zur Fiskalunion usw.)

Das Organ der Entscheidungsfassung der EZB ist der Rat der EZB. Er besteht aus den Mitgliedern des Direktoriums der EZB und den Präsidenten der nationalen Zentralbanken. Das Direktorium trifft die Entscheidungen mit einfacher Mehrheit und vertritt seine eigenen Interessen. Die Mitgliedstaaten werden im Rat der EZB über die Präsidenten der Nationalbanken vertreten. Nur in diesem Ausmaß haben sie Einfluss auf die Währungspolitik der EU, die aber auf sie anwendbar ist.

Außer den rechtssetzenden und vollziehenden Funktionen haben die EU-Organe auch Kontrollfunktionen im Bezug aufeinander, ungeachtet dessen, dass die Staaten sie auch kontrollieren und dass es nicht dieselbe Kontrolle ist wie nationalstaatlich.

Das Europaparlament kontrolliert die EU-Organe in allen Politikbereichen. Aber da die Vollzugsfunktionen neben den Unionsorganen auch die mitgliedstaatliche Kompetenz ist, kann das EU-Parlament die Organe nicht effektiv kontrollieren[763].

Eine wesentliche Rolle in der Kontrolle spielt das Parlament bezüglich der Europäischen Kommission. Es kann gegen sie einen Misstrauensantrag annehmen, was zum Rücktritt der ganzen Kommission führen sollte (Art. 234 AEUV).

Außerdem berichtet die Kommission dem Parlament jedes Jahr über die Tätigkeit der Europäischen Union.

Mit anderen Worten ist die Kommission als ein unabhängiges Organ dem Europaparlament, dessen Abgeordnete direkt von den europäischen Bürgern gewählt werden, verantwortlich. Auf diese Weise könnte man feststellen, dass die Kommission den Bürgern verantwortlich ist (Art. 14 EUV).

Ein anderes Organ, das die Kontrolle ausübt, ist der Rat. Seine Kontrollfunktion besteht darin, dass es eine große Menge von Ausschüssen gibt, in denen die Beamten der Mitgliedstaaten sitzen und die im Rechtssetzungsverfahren von der Kommission angehört werden sollen.

Außer den Ausschüssen gibt es beim Rat einen anderen Kontrollmechanismus wie das ausschließliche Recht in Fragen der Höchstbeamten der EU. Durch eine einstimmige Entscheidung ändert der Rat die Zahl der Kommissionsmitglieder, reicht den Antrag beim EuGH auf die Entlassung des Kommissars ein und bestimmt den Lohn für die Beamten.

---

763 Dietmar H. Die Europäische Union. Politik, Recht, Wirtschaft, Frankfurt am Main 2000, S. 114.

Das Organ, das die Mitgiedstaaten kontrolliert, ist die Europäische Kommission. Sie überwacht die Umsetzung des Unionsrechts in das nationale Recht der Mitgliedstaaten und dessen Einhaltung durch die Mitgliedstaaten.

Z.B. bei der Nichteinhaltung des Wettbewerbsrechts durch die staatlichen Unternehmen bestimmt die Kommission die Sanktionen und die Geldstrafe. Sie kontrolliert die staatlichen Beihilfen und kann die Fusion von Unternehmen untersagen.

Was die Kontrollfunktion bezüglich der EU-Organe betrifft, so hat die Kommission das Recht, Klage gegen den Ministerrat oder gegen das Europäische Parlament an den EuGH zu erheben.

Grundsätzlich ist für die Einhaltung des EU-Rechts der EuGH verantwortlich.

Die Zuständigkeiten des Gerichts sind in den Art. 251 – 281 des Vertrags über die Arbeitsweise der Europäischen Union festgeschrieben.

Der EuGH gewährleistet die Einhaltung des Rechts bei der Auslegung und Anwendung der Verträge (Art. 19 EUV).

Der Europäische Gerichtshof ist eine unabhängige Instanz, die die Entscheidungen nach Muster der Verfassungsgerichtshöfe trifft. Die Unabhängigkeit des EuGH ist in den Art. 252 und 253 begründet. Der Gerichtshof ist aber nur bezüglich der Fragen kompetent, die in den Regelungsbereich der Verträge fallen.

Die Entscheidungen des EuGH haben Vorrang gegenüber dem nationalen Recht. Sie sind sowohl für die EU-Organe als auch für die Mitgliedstaaten verbindlich[764]. Gemäß Art. 260 AEUV sind die Mitgliedstaaten verpflichtet, die Entscheidungen des EuGH zu erfüllen, anderenfalls zahlen sie einen Pauschalbetrag oder das Zwangsgeld.

Die Gerichtsbarkeit der EU ist ausschließlich, da die Staaten ihre Streitigkeiten bezüglich der Anwendung und Auslegung der Gründungsveträge gemäß den in ihnen vorgesehenen Vorschriften beilegen sollen. Die nationalen Gerichte spielen dabei die subsidiäre Rolle gemäß Art. 274 AEUV:

> „Soweit keine Zuständigkeit des Gerichtshofs der Europäischen Union aufgrund der Verträge besteht, sind Streitsachen, bei denen die Union Partei ist, der Zuständigkeit der einzelstaatlichen Gerichte nicht entzogen".

Gemäß Art. 267 AEUV hat der EuGH das Monopol auf die Auslegung des Unionsrechts. Damit trägt er wesentlich der Entwicklung der europäischen Rechtsordnung bei. Die nationalen Gerichte sind beauftragt und in den Fällen der letztinstantlichen Gerichte verpflichtet, die Frage bezüglich der Auslegung und An-

---

764 Pitschas Ch., op. cit., S. 109.

wendung des Unionsrechts an den EuGH zu stellen. Die Nichtfragestellung stellt eine Vertragsverletzung dar[765].

Man muss auch zur Kenntnis nehmen, dass bei der Auslegung des Unionsrechts der EuGH nicht an den Willen der Mitgliedstaaten gebunden ist sondern an die Ziele der Verträge, die der Integration dienen.

Dadurch zeichnet sich die Selbständigkeit des EU-Rechts aus.

4. Die Selbständigkeit des EU-Rechts

Die EU-Organe genießen außerordentliche Selbständigkeit in der Vewirklichung der Zuständigkeiten für die Ausübung der Kompetenzen der Staaten. Diese Selbständigkeit zeigt sich u.a. in der Möglichkeit der Mehrheitsbeschlüsse.

Das Recht der Europäischen Union ist autonom und wird nach dem Prinzip «*effet utile*» angewendet[766]. Es bedeutet, dass die EU-Zuständigkeiten „größtmöglich ausgeschöpft" werden sollen[767]. In dieser Sicht legt der EuGH das EU-Recht aus. Zweck der Auslegung ist es, zu erläutern, welche Bedeutung und Wirkungsweite eine bestimmte Norm ab dem Zeitpunkt des Inkrafttretens haben soll[768]. Dabei stimmen die Mitgliedstaaten und ihre nationalen Gerichte der vorgeschlagenen Variante der Entwicklung des Unionsrechts konkludent zu[769].

Die Staaten können weder auf den EuGH noch auf die EU im Ganzen irgendeinen Druck ausüben[770]. Das hat auch damit zu tun, dass die EU finanziell unabhängig ist (Art. 311 AEUV): Der Rat erlässt gemäß einem besonderen Gesetzgebungsverfahren einstimmig und nach Anhörung des Europäischen Parlaments einen Beschluss, mit dem die Bestimmungen über das System der Eigenmittel der Union festgelegt werden. Darin können neue Kategorien von Eigenmitteln eingeführt oder bestehende Kategorien abgeschafft werden.

Zu ihren eigenen Finanzmitteln gehören[771]: Abgaben, die beim Handel von Agrarwaren mit Drittstaaten eingenommen werden, sowie Abgaben aus der ge-

---

765 Dobler Ph. Legitimation und Grenzen der Rechtsfortbildung durch den EuGH in: Der EuGH und die Souveränität der Mitgliedstaaten. Eine kritische Analyse richterlicher Rechtsschöpfung auf ausgewählten Rechtsgebieten, Roth H. G., Hilpold P. (Hrsg.), Wien 2008, S. 551.

766 Ibid., S. 520.

767 Pachinger Michael M. Die Völkerrechtspersönlichkeit der Europäischen Union in: Europäische Hochschulschriften, Reihe II, Rechtswissenschaft, Band 3810, Frankfurt am Main 2003, S. 74.

768 Rs. 61/79, Denkavit; Dobler Ph., op. cit., S. 515.

769 Dobler Ph., op. cit., S. 527.

770 Pitschas Ch., op. cit., S. 108.

771 Streinz R., op.cit., S. 248.

meinsamen Organisation des Zuckermarktes; Zoll aufgrund vom gemeinsamen Zolltarif; Anteil an Mehrwertsteuer, sonstige Annahmen (Art. 10 VO (EU) Nr. 1173/2011 vom 16.11.2011 über die wirksame Durchsetzung der haushaltspolitischen Überwachung im Euro-Währunsgebiet) usw. Die Abziehung dieser Mittel findet durch die Organe der Mitgliedstaaten unter der Kontrolle der Kommission statt[772].

Es muss zugegeben werden, dass die finanzielle Selbständigkeit der EU keine Selbstgenügsamkeit bedeutet wie es bei einem Staat sein mag.

5. Der eigene Wille der EU

Da die Qualität der Supranationalität einen bestimmten Umfang der selbständigen Existenz vorsieht, kann die internationale Organisation mit solcher Qualität auch eigene Interessen haben[773].

Die Beziehungen der Mitgliedstaaten zu der von ihnen gegründeten supranationalen Organisation werden wegen ihrer übermäßigen Selbständigkeit erschwert[774]. Obwohl die rechtssetzende Tätigkeit der EU-Organe im Rahmen der erteilten Zuständigkeiten stattfindet, ist sie oft darauf gerichtet, die eigenen Zuständigkeiten zu erweitern. Und wie oben ausgeführt, spielt dabei der Gerichtshof eine große Rolle. Es passiert darum, weil die Gerichtsentscheidung auch die Rechtsquelle in der EU ist. Der EuGH hat also die „rechtssetzende“ Funktion, und in seinen Entscheidungen führt er die Normen und Prinzipien ein, die man in den Gründungsverträgen nicht findet, sogar wenn die Einführung dieser Normen ursprünglich nicht in der Absicht der Mitgliedstaaten war[775].

Aber eine solche institutionelle Struktur mit dem unabhängigen Gericht trägt zur Vertretung der Interessen der supranationalen Struktur bei[776] und *gewährleistet die Schaffung des eigenen Willens* der EU[777], der für die Erreichung des EU-Zieles – des Gemeinsamen Marktes – notwendig ist. Die Supranationalität, die Organstruktur und der eigene Wille dienen dem Aufbau der Marktfreiheit und der Realisierung der vier Verkehrsfreiheiten: der freie Verkehr von Waren,

772 Ibid., S. 249.

773 Moiseev A., op. cit., S. 342.

774 Meschtscheryakova O. Supranationalität im Recht der Europäischen Union und Problem der Souveränität: Dissertation [Мещерякова О.М. Наднациональность в праве Европейского Союза и проблема суверенитета: Автореф. Диссертации д-ра юрид. Наук: 12.00.10. – Москва 2010], S. 20.

775 Ibid., S. 30.

776 Chapuis C., op. cit., S.30.

777 Borchard K-D. Das ABC des Gemeinschaftsrechts in: Europäische Dokumentation, 1999, S. 24.

Dienstleistungen, Personen und Kapital. Dank dieser supranationalen Elemente wird auch die Konkurrenz gesichert[778].

6. Unionsrechtliche Instrumente der Kompetenzverwirklichung

Die Organe, die die Aufgaben der EU erfüllen, sind mit allen notwendigen Instrumenten ausgestattet. Die Entscheidungen treffen sie gemäß dem festgelegten Verfahren[779].

Die Grundlage für die Anwendung der entsprechenden Entscheidungen sind die Vorschriften anlässlich der Harmonisierung[780] (die Richtlinie als Instrument), und andere Beauftragungsnormen im Vertrag, die die Koordinierung (Richtlinie, Verordnung, völkerrechtlicher Vertrag als Instrumente) und Unifizierung[781] (Verordnung als Instrument) vorsehen.

Die Unionsorgane verfügen also über die Zuständigkeiten, die Rechtsakte zu erlassen[782]. Die Instrumente dafür sind außer den Verordnungen, Richtlinien und völkerrechtlichen Verträgen die Empfehlungen und Stellungnahmen. Die Richtlinien und Verordnungen haben eine große Bedeutung für die Handlungsfreiheit des Staates und somit auch für seine Souveränität. Besonders wichtig sind die Verordnungen, weil sie allgemeine Geltung haben und in allen ihren Teilen für alle verbindlich sind und unmittelbar in jedem Mitgliedstaat gelten (Art. 288).

Die Richtlinien werden oft für die Harmonisierung der gesetzlichen Vorschriften angewendet. Die Rechtsgrundlage für die Harmonisierung sind Artikel 114, 115 und 352 AEUV. Sie wird in den folgenden Bereichen geführt: Arbeitsrecht (z.B. die Richtlinie 1975 über Massenentlassungen), Agrarpolitik (RL 1991 über Kennzeichnung und Registrierung von Tieren; RL 1993 zur Bekämpfung der bakteriellen Ringfäule der Kartoffel), Verkehrspolitik (RL 1991 über den Führerschein), Bankrecht (RL 1989 über Eigenmittel der Kreditinstitute), Wertpapier und Börsenrecht (RL 1993 über Wertpapierdienstleistungen), Versicherungsrecht (RL 1992 zur Koordinierung der Rechts- und Verwaltungsvor-

778 Wagner M. Das Konzept der Mindestharmonisierung, Berlin 2001, S.22.

779 Müller-Graff P.-Ch. Die Kompetenzen in der Europäischen Union in: Die Europäische Union: Politisches System und Politikbereiche, Weidenfeld W. (Hrsg.), Bonn 2006, S. 143.

780 Wagner M., op. cit., S.20.

781 Birk R. Die Europäisierung des Arbeitsrechts in: Die Europäisierung der mitgliedstaatlichen Rechtsordnungen in der Europäischen Union, Kreuzer F.K., Scheuing H. D., Sieber U. (Hrsg.), 1 Aufl., Baden-Baden, 1997.

782 Waltemathe A. Austritt aus der EU: Sind die Mitgliedstaaten noch souverän? Frankfurt am Main 2000, S. 68.

schriften für die Direktversicherung), medizinische Berufe (RL 1977 über die gegenseitige Anerkennung von Diplomen), Ausbildung von Seeleuten (RL 1994 über die Mindestanforderunen für die Ausbildung von Seeleuten), Gesellschaftsrecht (RL 1978 über die Verschmelzung der Aktiengesellschaften), Steuerrecht (Indirekte Steuern: Umsatzsteuer - z.B. Sechste Umsatz-Steuer-RL; spezielle Verbrauchssteuern z.B. RL 1992 zur Änderung der Verbrauchssteuern auf Zigaretten), Gesundheits-, Sicherheits-, Umwelt- und Verbraucherschutz (z.B. TabakwerbeRL 2003)[783].

Für die Richtlinien gibt es eine besondere Regel im Falle der Nichtumsetzung oder der fehlerhaften Umsetzung[784], die die negativen Rechtsfolgen für den entsprechenden Staat vorsieht. Richtlinie hat also eine besondere Wirkung für den Staat. Sie soll immer in das nationale Recht umgesetzt werden. Vor der Umsetzungsfrist hat der Staat die Stillhalteverpflichtung. Der Staat darf keine richtlinienwidrigen Normen erlassen. Er soll auch den Rahmen für die Durchführung der Richtlinie vorbereiten, und nach dem Zeitpunkt der Umsetzung hat die Richtlinie auf der Ebene der Legislative eine Sperrwirkung, die aus der Loyalitätspflicht abgeleitet wird[785]. Das heißt, dass der Staat die Rechtsakte, die auf der Richtlinie beruhen, oder die Ziele der Richtlinie nicht ändern darf. Solche Änderungen sind nur auf der Grundlage der Richtlinienänderung möglich. Auf der Ebene der Judikative sind die Staaten zur richtlinienkonformen Auslegung des nationalen Rechts verpflichtet[786].

7. Supranationale Besonderheiten des EU-Rechts und die korrespondierenden Pflichten der Mitgliedstaaten der EU

Die Rechtsakte der EU in der geteilten Kompetenz genießen Vorrang[787], wenn sie und die nationalen Rechtsakte einander widersprechen. Die Gründe und Vor-

783 Wagner M., op. cit., S.177-217.

784 Rs. C-361/88, TA-Luft, Rs. 52/75, Gemüserichtlinie

785 Gronen I.V. Die „Vorwirkung der EG-Richtlinien". Die Auswirkungen Europäischer Richtlinien auf die nationale Legislative und Judikative im Zeitraum zwischen Richtlinienvorschlag und Ablauf der Umsetzungsfrist in: Schriften des Europa-Instituts der Universität des Saarlands, Band 64, Saarbrücken 2005, S. 77.

786 Ibid., S. 20.

787 Mehr zu Vorrang: Weiler H.H.J. The Reformation of European Constitutionalism in: Die Europäisierung der mitgliedstaatlichen Rechtsordnungen in der Europäischen Union, Kreuzer F.K., Scheuing H. D., Sieber U. (Hrsg.), 1 Aufl., Baden-Baden 1997, S. 27; Lepoivre H. Staatlichkeit und Souveränität in der Europäischen Union am Beispiel

aussetzungen für die Kollisionen des nationalen Rechts mit dem Unionsrecht liegen in der unmittelbaren Anwendbarkeit der Normen, die denselben Sachverhalt unterschiedlich regeln[788].

Der Vorrang des Unionsrechts ist für den Vertragszweck notwendig, darum werden solche Kollisionen nicht vom nationalen Recht sondern vom Unionsrecht selbst gelöst. Das hat der EuGH noch im Jahre 1964 für die Sicherung der Funktionsfähigkeit der EU klargestellt[789]. Die unbegrenzte Reichweite des Vorrangs führt dazu, dass die EU-Rechtsakte, die sogar mit Mehrheit angenommen werden, eine höhere Rechtskraft haben als die Verfassungen der Mitgliedstaaten[790] sowie vorrangig gegenüber später erlassenem nationalem Recht sind. Somit ist der Grundsatz „lex superior derogat legi inferiori" auf das Verhältnis der supranationalen und staatlichen Rechtsnormen auch nicht anwendbar[791].

Das von den Unionsorganen erlassene Recht ist unmittelbar wirksam[792]. Die unmittelbare Wirksamkeit schließt unmittelbare Geltung[793] und unmittelbare Anwendbarkeit ein. Unmittelbare Geltung bedeutet direkte Wirkung ohne Umsetzungsakt (z.B. Verordnung oder Entscheidung)[794]. Die nationalen Behörden und Gerichte sind verpflichtet, den entsprechenden Rechtsakt einzuhalten und anzuwenden. Unmittelbare Anwendbarkeit sieht Rechte und Pflichten für den Einzelnen vor. Sie werden Teil ihres Rechtstatusses[795]. Der Einzelne kann sich auf diesen Rechtsakt bei den nationalen Gerichten berufen.

Frankreichs in: Europäische Hochschulschriften, Reihe II Rechtswissenschaft, Band 3600, Frankfurt am Main 2003, S. 250

788 Büdenbender M. Das Verhältnis des Europäischen Gerichtshofs zum Bundesverfassungsgericht, von Albert Bleckmann in: Völkerrecht, Europarecht, Staatsrecht, Stefan Pieper, Volker Epping (Hrsg.), Band 34, Carl Heymanns Verlag 2004, S. 30.

789 Rs. 6/64, Costa gegen ENEL

790 Rs. 11/70, Internationale Handelsgesellschaft

791 Schmitz T., op. cit., S. 291.

792 Rs. 26/62 van Gend & Loos; Rs. 43/71 Politi; Rs. 41/74 van Duyn; Rs. C-156/91, Hansa-Fleisch

793 Mehr zu unmittelbarer Geltung: Weiler H.H.J., The Reformation of European Constitutionalism in: Die Europäisierung der mitgliedstaatlichen Rechtsordnungen in der Europäischen Union, Kreuzer F.K., Scheuing H. D., Sieber U. (Hrsg.), 1 Aufl., Baden-Baden, 1997, S. 22-24

794 Chapuis C., op. cit., S.39.

795 Meschtscheryakova O. Supranationalität im Recht der Europäischen Union und Problem der Souveränität: Dissertation [Мещерякова О.М. Наднациональность в праве Европейского Союза и проблема суверенитета: Автореф. Диссертации д-ра юрид. Наук: 12.00.10. – Москва 2010], S. 22.

Was die Richtlinie anbetrifft, so hat sie eine unmittelbare Wirkung im Falle der Nichtumsetzung oder fehlerhaften Umsetzung (estoppel-Prinzip oder Verbot des „venire contra factum proprium“[796]), wenn die entsprechenden Normen hinreichend klar und ohne weitere Bedingungen sind (lassen keinen Ermessensspielraum für die Mitgliedstaaten) und Rechte für den Einzelnen enthalten.

Im Gegensatz zu den Rechtsakten der klassischen internationalen Organisationen charakterisiert sich das supranationale Recht durch das Vorhandensein des Durchsetzungsmechanismusses[797]. Im Falle der Nichteinhaltung oder des Nichtvollzuges des Unionsrechts durch die Mitgliedstaaten kann das Gericht über solche Sanktionen entscheiden wie z.B. Entziehung der Vorteile finanzieller Art oder Geldstrafe[798].

Den supranationalen Besonderheiten der EU entsprechen die Grundpflichten der Mitgliedstaaten zur effektiven Erfüllung der Aufgaben der EU[799]. Die Staaten sind verpflichtet, das Primär- und Sekundärrecht zu achten, z.B. die Richtlinien fristgemäß umzusetzen, das Unionsrecht zu vollziehen und seine innerstaatliche Durchsetzung zu gewährleisten. Sie sollen mit anderen Mitgliedstaaten und Unionsorganen zusammenarbeiten, sich um die Mitwirkung in den Organen kümmern, unionstreu bleiben, d.h. treuewidriges Verhalten unterlassen und auf „treuewidrige Ausnutzung situationsbedingter politischer Vorteile“[800] verzichten. Zu den Verpflichtungen gehört auch die Solidarität mit der EU und den Mitgliedstaaten, womit auch gemeint ist, dass die Staaten in Krisensituationen einander Hilfe leisten.

Die anderen Pflichten der Mitgliedstaaten, die auch in großem Maße ihre Souveränität berühren, sind die Pflichten bezüglich der Unionsbürgerschaft[801] sowie der Teilnahme an den Kommunalwahlen[802] der Staatsangehörigen anderer Mitgliedstaaten mit inländischem Wohnsitz.

796 Gronen I.V., op. cit., S. 132.
797 Mehr zu Durchsetzbarkeit siehe: Lepoivre H.,op. cit., S. 302, 309.
798 Chapuis C., op. cit., S.42.
799 Schmitz T., op. cit., S. 236.
800 Ibid., S. 236.
801 Lepoivre H.,op. cit., S. 333-341.
802 Dieter H. S., op. cit., S. 90; Lepoivre H., op. cit.

8. Die Beschränktheit der Supranationalität im Verhältnis zur Unbeschränktheit der Souveränität

Die Besonderheiten, durch welche die Europäische Union sich kennzeichnet und die der Supranationalität entsprechen, sind folgende[803]:

- Die Erteilung der Zuständigkeiten für die Verwirklichung der Kompetenzen der Mitgliedstaaten, und somit ihrer souveränen Rechte (Souveränität i.S. der Handlungsfähigkeit) an die Unionsorgane;
- Unmittelbare Geltung, Wirkung und Anwendbarkeit des Primär- und Sekundärrechts der Europäischen Union;
- Vorrang und Selbständigkeit des Unionsrechts, welches sichert, dass das EU-Recht von den Mitgliedstaaten weder aufgehoben noch geändert wird;
- Errichtung einer eigenen Rechtsordnung, welche von der Rechtsordnung der Mitgliedstaaten unabhängig ist, und dazu dient der Erteilung der eigenen Befugnisse Recht zu schaffen (Art. 288 AEUV);
- Die Schaffung der eigenen Kompetenz und des eigenen Willens der EU;
- Struktur der unabhängigen Institutionen, welche die Willensgestaltung der Union sichert[804] – unabhängige Organe;
- Direktwahlen zum Europäischen Parlament;
- Unabhängige Gerichtsbarkeit und Auslegung des Unionsrechts durch den unabhängigen Gerichtshof;
- Finanzielle Selbständigkeit der Union und Kompetenz im Bereich der Haushaltspolitik der Mitgliedstaaten;
- Möglichkeit der Entscheidungsfassung mit Stimmenmehrheit (insbesondere in der gemeinsamen Handelspolitik, welche praktisch genommen einen der wichtigsten Bereiche der Union darstellt, Art. 207 Abs. 4, sowie auch in den anderen Bestimmungen des AEUV).

803 Streinz R., op.cit., S. 52.
804 Borchard K-D., op. cit., S. 24.

Aber im Gegensatz zum Staat verfügt die Europäische Union über keine Kompetenz-Kompetenz, d.h. über keine Zuständigkeiten fürdie Ausübung der selbständigen Vertretung ihrer Interessen in allen Bereichen[805] und für die Befestigung der Kompetenzverteilung zwischen dem Zentrum und seinen Bestandteilen[806]. Die Kompetenz-Kompetenz sieht die Verwirklichung des Rechts auf der Grundlage der öffentlichen Gewalt und der entsprechenden Strukturen vor. Obwohl Art. 352 AEUV davon nicht weit entfernt ist und die Art. 114 und 115 AEUV eine weitreichende Kompetenz eröffnen, verbleibt doch die Kompetenz-Kompetenz bei den Mitgliedstaaten[807]. Die Geld- und Währungskompetenz, sowie seit 2011 die Kompetenz im Bereich der Haushaltspolitik der Mitgliedstaaten, tragen zur Gründung der Kompetenz-Kompetenz der Europäischen Union nicht bei.

Die Staaten haben also der EU die Zuständigkeiten weder für die Verwirklichung der Kompetenz-Kompetenz noch für die Verwirklichung einer Reihe anderer souveränen Rechte erteilt, wie z.B. territoriale Hoheit, das Recht auf das Vorhandensein der Militärkräfte, das Recht auf die Bestimmung des Rechtsstatusses der Bürger, das Recht auf Staatssymbole usw.

9. Die Folgen der Supranationalität

Unter Supranationaliät versteht man den Verzicht auf die Verwirklichung einiger Kompetenzen und somit souveränen Rechte durch die Staaten zugunsten der zwischenstaatlichen Organisation in dem Maße, dass im Verhältnis zu den Staaten die selbständige und unabhängige öffentliche Gewalt entsteht[808]. Auf diese Weise findet die „Beschränkung der materiellen Möglichkeiten der Souveränitätsäußerung"[809] des Staates statt auf dem Wege, dass die Staaten es der zwischenstaatlichen Einrichtung erlauben, ihre souveränen Rechte selbständig durch diese Einrichtung auszuüben.

Solche souveränen Rechte sind das Recht auf die Verwirklichung einiger Formen der Staatstätigkeit, auf die Erstellung des Geldsystems, Steuersystems und Haushalts, auf die Ausübung der ausßenpolitischen Tätigkeit. Die Besonderheit bezüglich dieser Rechte besteht darin, dass die Staaten die entsprechen-

805 http://www.tagesschau.de/aktuell/meldungen/0,1185,OID1326598,00.html

806 Ermacora F., op. cit., S.655.

807 Streinz R., op.cit., S. 53.

808 Creifelds C., op. cit., S. 214.

809 Yakowyuk I. Staatssouveränität der Nationalstaaten in der Europäischen Union: Definitionsproblem [Яковюк І. Державний суверенітет національних держав у складі Європейського Союзу: проблеми визначення // Вісник академії правових наук України. – №3 – 2004], S. 123 – 124.

den Zuständigkeiten erteilt haben, und jetzt werden sie über ihnen und in ihrem Namen ausgeübt.

Dabei wird der Umfang der Kompetenzen der Mitgliedstaaten größer, obwohl diese Kompetenzen mit Hilfe der Vermittlung der supranationalen Organisation verwirklicht werden.

Aber solche Zuständigkeiten der Union, wie z.B. das Recht auf die Festlegung der europäischen Bürgerschaft, sind keine Zuständigkeiten für die Verwirklichung der souveränen Rechte der Mitgliedstaaten sondern „die supranationalen Rechte sui generis“[810]. Die Bürgerschaft dieser zwischenstaatlichen Orgaisation ist eine einzigartige Erscheinung in den internationalen Beziehungen, sie ersetzt aber die Bürgerschaft der Mitgliedstaaten nicht, der Rechtsstatus der Bürger wird nicht geändert, sondern durch einige zusätzliche Elemente ergänzt.

Der Begriff „souveräne Rechte“ oder „souveräne Zuständigkeiten“ kann im Bezug auf die EU nicht angewendet werden, da die Ziele und Aufgaben von den Interessen der Staaten durch die Übereinstimmung ihres Willens bestimmt werden und der EU nur vertraglich abgestimmte Fragen in einzelnen Bereichen zur Regulierung anvertraut werden[811].

Demnach ist die Europäische Union eine „supranationale Union der Staaten“, die über die Souveränität nicht verfügen kann[812]. Die Staaten bleiben nach wie vor Träger ihrer Souveränität[813].

---

810 Siehe Schmitz T., op. cit.; Chapuis C., op. cit.

811 Meschtscheryakova O. Supranationalität im Recht der Europäischen Union und Problem der Souveränität: Dissertation [Мещерякова О.М. Наднациональность в праве Европейского Союза и проблема суверенитета: Автореф. Диссертации д-ра юрид. Наук: 12.00.10. – Москва 2010], S. 11.

812 Meschtscheryakova O. Souveränität der Mitgliedstaaten der Europäischen Union und Hauptursachen der Niederlage des Vertrags über die Verfassung für Europa [Мещерякова О.М. Суверенитет государств-членов Европейского Союза и основные причины провала договора, устанавливающего Конституцию для Европы // Вестник РУДН: Серия: «Политология». – №1. – М.: Изд. РУДН, 2008].

813 Meschtscheryakova O. Zentrifugale und zentripetale Tendenzen in der Europäischen Union und Probleme der Souveränität der Mitgliedstaaten [Мещерякова О.М. Центробежные и центростремительные тенденции в Европейском Союзе и проблемы суверенитета государств-членов // Вестник Российского университета дружбы народов. – Серия: Политилогия. – №1 – 2009]; Див.: Mykiyewytsch M. Rechtsaspekte der Zusammenarbeit der Europäischen Union mit den Drittstaaten [Микієвич М.М. Правові аспекти співробітництва Європейського Союзу з третіми країнами. – Львів 2001], S. 40 – 63. (Mykiyewytsch M. Rechtaspekte der Zusammenarbeit der Europäischen Union mit den Drittstaaten)

10. Übergang zum vierten Unterkapitel

Die Staaten verlieren ihre Souveränität nicht, sie schränken nur den Bereich ihrer Verwirklichung für sich selbst ein und gleichzeitig erweitern sie ihn auch durch die Einbeziehung der Supranationalität.

IV. ZUGESTÄNDNISSE DER HANDLUNGSFREIHEIT DER STAATEN IM FALLE DER EUROPÄISCHEN INTEGRATION

1. Die Gründe der Unzufriedenheit mit der EU

Seit Jahrzehnten fördert die EU die Annäherung der Entwicklungsländer an sich. Sie führt liberale Regeln der Handelspolitik mit diesen Ländern ein.

Die Völker der EU-Mitgliedstaaten sind mit diesen und vielen anderen Prozessen in der Europäischen Union nicht zufrieden. Einerseits vertsehen sie, dass die EU ihnen die Möglichkeiten für Durchsetzung erweitert, andererseits wollen sie die negativen Folgen der liberalen EU-Politik nicht akzeptieren.

So waren die Bürger der „alten" Mitgiedstaaten auch mit der Erweiterung nicht zufrieden. Für sie bedeuetet die Erweiterung Einströmen von Migranten, von denen Europa schon seit langem überfüllt ist[814]. Außerdem hat die illegale Immigration auch einen indirekten Einfluss auf die Verschlechterung des sozialen Lebensniveaus der Bevölkerung einiger Regionen Europas.

Die liberale Asyl- und Migrationspolitik der EU hat dazu geführt, dass heute in Europa riesige Gruppen von Menschen leben, die sich an die Werte und Lebensregeln der Europäer nicht anpassen wollen[815].

Das ist auch einer der Gründe, warum die Türkei in den Kreis der Mitgliedstaaten so lange nicht angenommen wird.

Die Unzufriedenheit mit den Entscheidungen der Europäischen Union, die nach Meinung der Bevölkerung nicht immer zugunsten der Bevölkerung sind, war der Grund für die Ablehnung der Verfassung für Europa und am Anfang auch des Lissabonvertrages durch die Völker einiger Mitgliedstaaten[816].

---

814 Gammeltoft-Hansen Thomas, Aalberts Tanja E., op. cit., p. 7.

815 Kazarinova D. Verfassung der EU: Inhalt, Gründe der Niederlage und mögliche Perspektiven [Казаринова Д.Б. Конституция ЕС: сущность, причины провала и возможные перспективы // Вестник РУДН. Серия: Политология. – №1. – 2007].

816 Ibid.

Nach Meinung der Bevölkerung ist die Mitgliedschaft in der EU Grund für die wirtschaftliche Krise der betroffenen Staaten. Andererseits, es ist nicht offenbar, dass das Außenbleiben von der EU oder der Währungsunion die entsprechenden Staaten von der Krise geschützt hätte.

Es gibt immer einen Unterschied zwischen dem Willen der Völker und dem Willen der Regierungen und der Union selbst[817].

Wenn sich die EU wegen der Volksabstimmung nicht durchsetzen kann, entsteht die Frage, ob die Referenda für die Entscheidungen bezüglich des Statusses der EU oder des Statusses der anderen Länder in der EU notwendig sind. Diese Frage ist meiner Ansicht nach positiv zu beantworten, damit sichergestellt wird, dass sich die Stellungnahme der Regierungen nicht von der Stellungnahme der Völker unterscheidet. Als Beispiel für die unterschiedlichen Positionen beider Träger der Souveränität in einem Staat – des Staates und des Volkes – kann man Griechenland im Bezug auf die Aufnahme der Türkei in die EU angeben: offiziell ist die griechische Regierung für die Mitgliedschaft der Türkei in der EU, und 70% der griechischen Bevölkerung sind dagegen[818]. Im Falle eines Referendums in Griechenland bezüglich der Annahme der Türkei in die EU würde die Türkei weiter außerhalb der EU bleiben. Dasselbe betrifft andere Kandidaten oder potenzielle Kandidaten sowie andere Fragen der globalen Integrationsprozesse in der Europäischen Union.

Außerdem haben viele Befürworter der Europäischen Union Angst, dass die „Ausdehnung der EU“ dazu führen kann, dass sie an Handlungsfähigkeit verliert[819]. Heute ist sie es aufgrund der mitgliedstaatlichen Fähigkeit zur Durchsetzung des eigenen Willens sowie des Willens der EU. Aber je mehr Völker zu diesem Kreis kommen, desto schwächer wird diese Fähigkeit.

2. Der Nutzen aus den Einschränkungen der Handlungsfreiheit in den alten und neuen Mitgliedstaaten und den Kandidaten und potenziellen Kandidaten

Für die alten Mitgliedstaaten bringt die Einschränkung ihrer Souveränität keinen Nutzen mehr[820], oder wenn sie ihn auch bringt, so sieht man ihn nicht direkt,

817 Ibid.

818 Ibid.

819 Ibid.

820 Meschtscheryakova O. Souveränität der Mitgliedstaaten der Europäischen Union und Hauptursachen der Niederlage des Vertrags über die Verfassung für Europa [Мещерякова О.М. Суверенитет государств-членов Европейского Союза и

weil man an diesen Nutzen so gewöhnt ist, dass man vergisst, dass ihn die EU mitgebracht hat.

Aber für die neuen Mitgliedstaaten und Beitrittskandidaten bedeutet die EU Quelle der wirtschaftlichen Entwicklung und Stabilität. Sie sind überzeugt, dass die Einschränkung ihrer Handlungsfähigkeit für ihre Existenz unabdingbar ist.

Die Einschränkung beginnt noch vor dem Beitritt. Die Beitrittskandidaten sind verpflichtet, acquis communautaire in ihre nationalen Rechtssysteme zu implementieren. Der Prozess der Implementierung bedeutet für sie den Prozess der Einschränkung ihrer Handlungsfreiheit, da die europäische Integration einseitig stattfindet, wobei die EU keine Verpflichtungen auf sich nimmt[821].

Die Reformen beginnen mit der Entscheidung des Staates der EU beizutreten. Darüber hinaus, während der Staat noch nicht einmal Beitrittskandidat ist, soll er Reformen auf solche Weise durchführen, um sich der Möglichkeit der Erhaltung dieses Statusses anzunähern.

Die größeren Fortschritte machen die potenziellen Kandidaten auf die EU-Integration bei ihren Bemühungen um eine politische und wirtschaftliche Annäherung[822] an die Standards der Union. Die Änderungen führen sie fort, wenn sie die Beitrittsperspektive haben[823]. Dafür sind sie auch zu Freiheitszugeständnissen in bestimmten Fragen noch vor dem Beitritt bereit.

Die Europäische Union hat aber andere Vorstellungen über die europäische Integration mancher dieser Staaten. Sie sieht für sie die „Europäisierung ohne Mitgliedschaftsperspektive" vor, und für sie hat die EU die Europäische Nachbarschaftspolitik bzw. Ostpartnerschaft eingeführt.

Solche „Integration der potenziellen Kandidaten" dient, nach Meinung der europäischen Politiker, der Schaffung einer gemeinsamen Zone der politischen und ökonomischen Stabilität[824].

Mit der ENP und Ostpartnerschaft will sich die Union vor dem „Import von Instabilität" schützen[825]. Dafür führt sie die Aktionspläne mit diesen Staaten

---

основные причины провала договора, устанавливающего Конституцию для Европы // Вестник РУДН: Серия: «Политология». – №1. – М.: Изд. РУДН, 2008].

821 http://www/moldovanova.md/ru/publications/show/358/

822 Mehr zu dem Zweck der Annäherung siehe: Saladin P. Wozu noch Staaten? Zu den Funktionen eines modernen demokratischen Rechtsstaats in einer zunehmend überstaatlichen Welt, Bern 1995, S. 30.

823 Fröhlich S. Die Europäische Union als globaler Akteur. Eine Einführung: Lehrbuch, 2008, S. 244.

824 Ibid., S. 244.

825 Ibid., S. 247.

aus[826]. Die Themen der Aktionspläne sind: Intensivierung der politischen Zusammenarbeit und der Zusammenarbeit bei der Bekämpfung gemeinsamer Bedrohungen auf Grundlage gemeinsamer Wertvorstellungen; binnenmarktbezogene Themen, die Fragen der Angleichung von Gesetzen und Normen mit einbeziehen; Intensivierung der Zusammenarbeit auf dem Gebiet der Innen- und Justizpolitik; Entwicklung von Infrastruktur-Netzwerken in den Sektoren Energie, Verkehr und Telekommunikation sowie Zusammenarbeit in Umweltfragen; Förderung direkter Kontakte im Bereich Bildung und Ausbildung, Forschung und Entwicklung, Kultur.

Die Verträge der EU mit den potenziellen Kandidaten beinhalten unter anderem Fragen des politischen Dialogs, Zusammenarbeit im Bereich der inneren Reformen, Vorbeugung von Konflikten, militärisch-technische Zusammenarbeit, Nichtproliferation der Massenvernichtungswaffen, Abrüstung, Kampf gegen den Terrorismus, Gewährleistung der Menschenrechte, Zusammenarbeit im Bereich der Migration, Kampf gegen Geldwäsche, Drogenhandel, Korruption. Auch die Fragen der engeren Zusammenarbeit im Energiebereich, der Landwirtschaft, in Gesellschaftsrecht, Verbraucherschutz, Gesundheitschutz, Kultur, Bildung, Umweltschutz, Fischerei, technologischer Entwicklung, Sport, Statistik, Tourismus, Steuer und Verkehr werden abgehandelt.

Der Staat profitiert von solcher Zusammenarbeit, da er bestimmte Werte für sich dabei erreicht. Es geht unter anderem um die Unterstützung demokratischer Wahlen, die Stärkung der Medienfreiheit, den WTO-Beitritt, die Beseitigung der tarifären Handelshemmnisse, die Steuerreform sowie die Vereinfachung der gegenseitigen Visabestimmungen[827].

Es wird angenommen, dass die potenziellen Kandidaten nur im Falle des Abschlusses der entsprechenden Verträge mit der EU die Möglichkeit haben werden, die Werte und Standards der EU zu implementieren, die einen positiven Einfluß auf das Lebensniveau der Bürger dieser Staaten haben sollen. Die Verträge über die vertsärkte Zusammenarbeit tragen solcher Implementation bei, da gemeinsame Arbeitsgruppen, Expertenkommissionen geschaffen werden, die die praktischen Empfehlungen der Machtorgane der entsprechenden Staaten ausarbeiten. Außerdem werden die Seminare, Praktika und Konsultationen gefördert, die zum Erlernen der Erfahrung der Mitgliedstaaten bezüglich des Erfolges der europäischen Integration beitragen.

---

826 Heusgen Ch. Die Nachbarschaftspolitik der Europäischen Union in: Die Europäische Union. Politisches System und Politikbereiche, Weidenfeld W. (Hrsg.), Bonn 2006, S.699.

827 Kempe I., op. cit., S.517.

Als Folge der Annäherung können solche Staaten die Verbesserung und Vertiefung der politischen und wirtschaftlichen Beziehungen sowie die Assistenz bei den institutionellen Reformen auf der Grundlage gemeinsamer Werte erwarten.

Für die Implementierung der Werte der Europäischen Union ist die volle Mitgliedschaft, meiner Meinung nach, nicht notwendig. Diese Staaten sowie die EU werden viel mehr davon profitieren, wenn sie weiter beiderseitig zusammenarbeiten und einander Nutzen auf Grundlage der vollen rechtlichen Unabhängigkeit voneinander bringen, wobei die beiden Seiten gleichberechtigte Partner im internationalen Recht bleiben, wozu natürlich die Festigung der Souveränität (der selbständigen Handlungsfähigkeit, der Autarkie) der entsprechenden Staaten notwendig ist.

So kann die Zusammenarbeit, wenn auch nicht zur vollen Mitgliedschaft in der EU, dann mindestens zur Schaffung der Freihandelszone und eines gemeinsamen Wirtschaftsraumes führen[828].

Wenn aber die Staaten den Beitritt als die einzige Möglichkeit der Gewährleistung ihrer Existenzfähigkeit betrachten, sollen sie viele Elemente ihrer Handlungsfreiheit aufgeben.

Als Erstes, um der EU beizutreten, soll der (potenzielle) Kandidat seine Verfassung auf solche Weise gestalten, dass die Erteilung der Zuständigkeiten an die EU für die Verwirklichung eigener Hoheitsrechte möglich ist, sonst würde solche Erteilung ohne Verfassungsanpassung rechtswidrig sein.

Dafür soll das Parlament die Zulassung der EU in den staatlichen Hoheitsbereich bewilligen[829]. Das heißt, dass einige Transformationen auf der Ebene der Hoheit und Unabhängigkeit stattfinden werden, sobald der Staat der EU beitritt.

3. Handlungsfreiheitszugeständnisse der Mitgliedstaaten zugunsten der EU-Institutionen: den potenziellen Kandidaten zur Überlegung

Gemäß dem Prinzip der souveränen Gleichheit werden die Entscheidungen der Staaten im Rahmen der interna-tionalen Organisation einstimmig getroffen, und die Zusammensetzung der Organe der internationalen Organisationen hängt von ihren Mitgliedern ab. Das bedeutet, dass der Staat in diesen Organen seine Interessen vertritt. Außerdem soll er sich selbst erst explizit verpflichten, damit die Verpflichtungen für ihn gültig sind (mit Ausnahme vom Sicherheitsrat der Ver-

828 Heusgen Ch., op. cit.

829 Chapuis C., op. cit., S.89.

einten Nationen und der internationalen Tribunale oder Gerichte der internationalen Organisationen).

Die Institutionen der EU sind dagegen unabhängig und treffen die Entscheidungen oft mit Mehrheit der Stimmen. In der Kommission sind die Beamten der Union vertreten, im Europäischen Parlament die Abgeordneten, die von den Bürgern der Europäischen Union direkt gewählt werden. Der Gerichtshof der Europäischen Union ist absolut unabhängig sowohl von der EU als auch von den Mitgliedstaaten. Der Rechnungshof, der die Rechnungsprüfung in der EU wahrnimmt, ist auch unabhängig. Dasselbe betrifft die Europäische Zentralbank, die weder von den Regierungen noch von den Institutionen der Union abhängig ist.

Außer im Rat der EU kann der Staat sein eigenes Interesse beim täglichen Funktionieren der Union nirgendwo vertreten. Aber auch dieses Organ entscheidet oft mit Mehrheit der Stimmen. Also sogar im Rat kann der Mitgliedstaat den Beschluss nicht immer beinflussen, z.B. wenn er „gegen" stimmt, und der Beschluss mit Mehrheit von „für" doch erlassen wird, bleibt der Beschluss geltend, auch für den „gegen"-stimmenden Mitgliedstaat. Für die Vorbehalte, wie im klassischen Völkerrecht, gibt es im Unionssrecht keinen Platz.

Zudem, erlassen diese Organe Rechtsnormen, die Vorrang vor dem nationalen Recht genießen.

Ein Nichtmitglied der EU hat das Recht auf ausschließliche Verwirklichung aller Kompetenzbereiche auf seinem Territorium. Über einem solchen Staat gibt es keine höhere Instanz, die seine Angelegenheiten bestimmen oder seine Zuständigkeiten beschränken kann. Auf der Grundlage der Hoheit hat die Verfassung des Staates Vorrang vor allen anderen Rechtsakten, die ihr entsprechen sollen. Der Staat kann irgendeinen anderen Akt der gesellschaftlichen Gewalt für nichtig erklären. Aber als Mitglied der EU kann er die EU-Rechtsakte wegen des Vorrangs des Unionsrechts sogar über die Verfassungen sowie später erlassenes nationales Recht einseitig nicht aufheben. Und die Regierungen haben oft keinen effektiven Einfluss auf die Entscheidungen bezüglich der Erlassung entsprechender Rechtsakte.

Außerdem bleibt das nationale Recht unanwendbar, wenn es zu Kollisionen zwischen EU-Recht und nationalem Recht des Mitgliedstaates kommt. Die Gesetze und andere Rechtsakte werden nicht mehr nur auf Grundlage der Verfassung des Staates angenommen sondern auf Grund der Rechtsakte der Union, z.B. Gesetze im Falle der Richtlinienumsetzung.

Das heißt, dass die Gewalt der EU in den der EU anvertrauten Bereichen höher wird als die Gewalt des Mitgliedstaates selbst. So werden seine Zuständigkeiten auf seinem Territorium über die Personen und Objekte nicht mehr ausschließlich sein. Er teilt sie mit der EU[830]. Er ist in vielen Bereichen nicht mehr selbständig sondern vom Willen der EU abhängig.

Auf solche Weise bedeutet die Selbständigkeit der Unionsorgane eine Art Verzicht auf die Hoheit des Staates in bestimmten Fragen. Außer den Bereichen der Kompetenz-Kompetenz, die den Kern der Souveränität des Staates darstellen, werden andere Hoheitsrechte durch die Gesetzgebungskompetenz der EU berührt.

So z.B. die Rechtssache des EuGH bezüglich eines neuen Mietglieds der EU – Ungarn. Die Rechtssache betraf die Möglichkeit des Verkaufs von Kontaktlinsen über das Internet. Die ungarischen Gesetze verbaten solchen Verkauf. Das nationale ungarische Unternehmen, das die Linsen über das Internet verkaufte, hat Klage gegen die Entscheidung des nationalen Gerichts, diese Tätigkeit aufzuhören, erhoben. Das entsprechende nationale Gericht hat sich an den EuGH mit der Frage gewendet, ob das ungarische Gesetz nicht gegen das Unionsrecht verstößt. Und sogar das Argument über die Notwendigkeit des Gesundheitsschutzes war nicht stark genug, um die Entscheidung zugunsten des ungarischen Gesetzes zu treffen, da es ein Hindernis für den freien Warenverkehr in der Europäischen Union darstellt[831].

Der Einfluss auf die Hoheitsrechte der Staaten ist Folge der Erteilung der Zuständigkeiten für die Verwirklichung der Aufgaben an die Organisation, also durch die Kompetenznormen im EU-Vertrag, die auf Grund des Prinzips der begrenzten Einzelermächtigung gelten, besonders durch die ausschließliche Kompetenz der Union: Die Festlegung der Zolltarife wird nicht mehr die Sache der Staaten sein sondern ausschließlich Unionssache; die selbständige Außenhandelspolitik wird durch die gemeinsame Handelspolitik der EU mit Drittstaaten ersetzt; die Verankerung des Währungssystems wird durch Geld- und Währungspolitik der EU bestimmt (auch die Haushaltspolitik der Mitgliedstaaten, die nicht zu den ausschließlichen Kompetenzen der EU gehört, aber die mit der Geldpolitik der EU fest verbunden ist, wird von der EU kontrolliert). Zu den ausschließlichen Kompetenzen, in denen der Staat nicht mehr tätig werden darf, gehören auch einige Aspekte des inneren Unionsverkehrs, Erhaltungsmaßnahmen im Bereich Fischerei und später auch in anderen Bereichen, wenn die Mitgliedstaaten sich darauf einigen, was noch vor dem Beitritt des entsprechenden Kandidaten passieren kann. In diesem Falle hat er keinen Einfluss auf die Ver-

830 Mehr zu Teilbarkeit i.S. der Gesamtheit der Kompetenzen siehe: Lepoivre H., op. cit., S. 52.

831 EuGH C-108/09 Vertrieb von Kontaktlinsen ueber das Internet: http://www.kostenlose-urteile.de

hinderung der Überführung dieser Bereiche in die ausschließliche Kompetenz der EU.

Zu den Bereichen der konkurrierenden Kompetenz, in denen der Staat tätig werden darf bis die EU einen Rechtsakt erlässt, der die entsprechende Frage regelt, gehören Agrarpolitik, die staatlichen Beihilfen, die Rechtsangleichung und die Wirtschaftspolitik.

In den Bereichen der ergänzenden Kompetenz sind Kooperation und Koordination der EU mit den Mitgliedstaaten vorgesehen. Dazu gehören Regionalpolitik und Bildung sowie einige andere Bereiche.

Es wird auch die obligatorische Harmonisierung in den Bereichen Bankrecht, Wertpapier- und Börsenrecht, Versicherungsrecht, Fernsehtätigkeit, Medizinische Berufe, Ausbildung von Seeleuten, Gesellschaftsrecht, Steuerrecht, Gesundheits-, Sicherheits-, Umwelt- und Verbraucherschutz vorgesehen.

Das andere Element, das die staatliche Hoheitsgewalt berühren wird, ist das Kommunalwahlrecht, das allen EU-Bürgern, die sich auf dem Territorium dieses Staates aufhalten, eingeräumt wird. So würde die Hoheitsgewalt von den Ausländern legitimiert und ausgeübt werden (Art. 22 AEUV)[832].

Der Staat wird nicht mehr in der Lage sein, in den entsprechenden Fragen selbständige Entscheidungen zu treffen, und das nationale Parlament wird keinen Enfluss auf den Erlass des Sekundärrechts der EU haben[833], mit Ausnahme der Anforderungen zur Subsidiarität.

Das EU-Recht soll vom Staat erfüllt werden. Der Erlass der Exekutivakte beudeutet aber nicht, dass der Staat die EU-Rechtsakte zuerst ratifiziert haben muss, wie es im klassischen Völkerrecht der Fall ist. Diese Rechtsakte, außer den Richtlinien, werden auf dem Territorium des Staates ohne Zustimmung des Parlaments gelten. Das von den Unionsorganen erlassene Recht charakterisiert sich durch die unmittelbare Wirkung. Das heißt, dass es ohne Transformationsakt in dem Staat direkt gültig und anwendbar sein wird. Und die Bürger dieses Staates sowie andere EU-Bürger auf seinem Territorium werden die Möglichkeit haben, sich direkt auf das Unionsrecht zu berufen. Die nationalen Behörden und Gerichte werden verpflichtet sein, das Unionsrecht anzuwenden.

Etwas kompliziert sieht es mit den Richtlinien aus. Es kann so aussehen, dass beim Erlassen der Richtlinien durch die EU der Staat mehr Freiheit hat als z.B. beim Erlassen der Verordnung. Es ist so, aber nicht bezüglich des Zieles und des Inhaltes der Richtlinie; der Staat hat einen kleinen Ermessensspielraum nur bei der Wahl der Methoden und der Durchführung.

832 Dieter H. S., op. cit., S. 91.

833 Chatzimarkakis G.,op. cit., S. 40.

Obwohl die Richtlinien ohne Transformationsakt des nationalen Parlamentes nicht gelten, wird der Staat trotzdem die Umsetzungspflicht haben. Sollte der Transformationsakt nicht rechtzeitig oder fehlerhaft erlassen werden, entfaltet die Richtlinie auch eine unmittelbare Wirkung, wenn die hierfür vorgesehenen Voraussetzungen erfüllt sind. Der Staat wird sogar Schadenersatz an denjenigen zahlen müssen, den die Richtlinie, die hinreichend klar ist und keine weiteren Bedingungen vorsieht, begünstigt, und dem die Konsequenzen der Nichtumsetzung oder der fehlerhaften Umsetzung Schaden zufügen. Außerdem ist er verpflichtet die vertragskonforme Rechtslage wieder herzustellen[834].

Solche Verantwortung ist Folge der Durchsetzbarkeit des Unionsrechts.

Im Falle der Nichteinhaltung des Rechts oder des Nichtvollzuges durch den Staat wird dieser beim EuGH angeklagt. Er entscheidet, ob die Sanktionen, wie z.B. Entziehung der Vorteile finanzieller Art, Geldstrafe oder Zwangsbeitrag verhängt werden sollen. Seine Urteile sind letztinstanzlich und obligatorisch.

Wenn der beigetretene Staat mit den im Vertrag vorhandenen Normen nicht zufrieden sein wird, kann er Änderungen vorschlagen, aber er soll das dafür vorgesehene Verfahren berücksichtigen. Gemäß Art. 33 des Vertrags über die Europäische Union legen die nationalen Regierungen sowie Unionsorgane wie das Europäische Parlament oder die Europäische Kommission dem Rat Entwürfe für Vertragsänderungen vor. Diese Änderungen können Erweiterung oder Verengung der der EU erteilten Zuständigkeiten vorsehen.

Aber in den Gründungsverträgen gibt es schon die Vorschriften, die die „unauffällige“ Erweiterung der Zuständigkeiten zulassen. Z.B. wenn im Vertrag ein bestimmter Bereich der Zuständigkeiten nicht explizit angegeben ist aber seine Einführung gemäß den Bedingungen des Art. 352 AEUV möglich ist, kann man erwarten, dass der heute noch nationale Bereich, der in den Verträgen nicht angeführt wird, in Zukunft der Regelung durch die Union ohne die vorherige Vornahme der Änderungen zugeordnet wird. Dabei wird nicht gegen das Prinzip der begrenzten Einzelermächtigung verstoßen.

Man muss auch die selbständige Entwicklung des Unionsrechts wegen der impliziten Zuständigkeiten berücksichtigen. Außerdem spielt der Gerichtshof eine große Rolle in solcher selbständigen Entwicklung des EU-Rechts.

Wenn der Staat „acquis communautaire“ annimmt, erkennt er die Möglichkeiten zur Weiterentwicklung des Rechts automatisch an[835].

Die EU-Rechtsakte sind weder bei nationalen Gerichten ein zulässiger Prüfungsgegenstand noch bei den Verfassungsgerichten der Mitgliedstaaten[836]. Da

834 Dobler Ph., op. cit., S. 551.

835 Ibid., S. 525.

836 Büdenbender M., op. cit., S. 218.

das unmittelbar anwendbare Sekundärrecht der EU kein Ergebnis der Tätigkeit der nationalen Staatsgewalt ist und die EU bei dessen Erlass nicht an die Verfassung gebunden ist, weil die Verfassung kein Maßstab für die Rechtmäßigkeit des unmittelbar anwendbaren Unionsrecht im nationalen Rechtsraum ist[837], ist das Verfassungsgericht nicht zuständig, die Wirksamkeit und die Verbindlichkeit des sekundären Unionsrecht im nationalen Rechtsraum am Maßstab des Grundgesetzes zu überprüfen[838].

Wie gezeigt werden die Organe des Staates bei nationaler Rechtsgebung vom EU-Recht abhängig. Das heute noch ausschließliche Recht auf Erlass der Gesetzgebungsakte der potenziellen Beitrittskandidaten wird durch Weisungsgebundenheit, Mehrheitsbeschlüsse, Kompetenzarten der EU, Vorrang und unmittelbare Wirkung sowie Durchsetzbarkeit des Unionsrechts berührt sein.

Aber nicht nur innerstaatlich sondern auch in den Außenbeziehungen wird der Beitritt zur EU für die Souveränität Konsequenzen haben.

In ihren Außenbeziehungen sind die Nichtmitglieder der EU unabhängig. Sie entscheiden selbst, mit wem und wie sie zusammen arbeiten. Nach dem Beitritt werden diese Staaten mit der internationalen Handlungsfähigkeit der EU rechnen müssen sowie mit den Kompetenzen der EU, die Außenbeziehungen im Namen der Mitgliedstaaten zu gestalten, z.B. die Handelspolitik, deren Ausübung üblicherweise zu den Hoheitsrechten der Staaten gehört, wird ausschließlich die Sache der EU sein.

Auch nicht die Staatsoberhäupter werden in diesen Fällen die Staaten nach außen vertreten, wie es in den meisten Verfassungen vorgesehen wird, sondern die Organe der EU. Die Kommission wird oft die Verhandlungen führen, der Rat und manchmal die Kommission (abhängig davon, ob es sich um die ausschließliche oder geteilte Kompetenz handelt) die Verträge abschließen (Art. 218 AEUV).

Es gibt aber Bereiche, wo die Erteilung der Zuständigkeiten für deren Verwirklichung auch nicht in der Verfassung geregelt werden können[839]. Das Anvertrauen von Hoheitsrechten an die Organisation ist schadlos, solange der Staat seine Souveränität i.S. der Existenzfähigkeit wahrt, d.h. dass er über die Kompetenz-Kompetenz verfügt[840].

Das Deutsche Verfassungsgericht betont in dem „Maastricht Urteil“, dass der EUV keinen Staat gründet. Die Gemeinschaften (heute nur die Union) wer-

837 Ibid.

838 Ibid., S. 228.

839 Vgl. Winterhoff Ch. Verfassung, Verfassunggebung, Verfassungsänderung: Zur Theorie der Verfassung und der Verfassungsrechtserzeugung, Tübingen 2007, S. 176, Zitate in: Schmitt, Verfassungslehre, S. 103; Haltern Ulrich, op. cit., S.108.

840 Pitschas Ch., op. cit., S. 113.

den nur mit beschränkten individuellen Kompetenzen ausgestattet. Sie haben keine Macht, ihre eigenen Kompetenzen (Kompetenz-Kompetenz) zu bestimmen. Gemeinsame Macht wird aus den Mitgliedstaaten selbst abgeleitet, und als "Herren der Verträge" könnten sie ihre Mitgliedschaft widerrufen. So bewahrt Deutschland, in der Wahrnehmung des Bundesverfassungsgerichts, die Qualität eines souveränen Staates in seinem eigenen Recht trotz der Übertragung wesentlicher Kompetenzen auf die EU im Vertrag von Maastricht[841]. Diesen Ansatz hat Deutschland auch im „Lissabon Urteil" bestätigt.

Die Staaten haben also die Rechte auf die Ausübung der Kompetenz-Kompetenz – die Fähigkeit des Staates, den Umfang seiner eigenen Aufgaben zu bestimmen und seinen Zuständigkeitsbereich selbst zu erweitern oder verengen[842] (Gegensatz dazu: Prinzip der begrenzten Einzelermächtigung), auf territoriale Hoheit, auf Entwicklung der politischen, sozialen, wirtschaftlichen und kulturellen Systeme, auf Erlass der Gesetze, auf Vorhandensein der Militärkräfte, auf Neutralität, auf Bestimmung des Rechtsstatusses der Bürger, auf Verabschiedung der Staatssymbole – nicht erteilt.

Nichtsdestoweniger, wie es in dieser Arbeit ausgeführt wird, unterliegt die Souveränität der Transformation in die Richtung der Beschränkung. Ob solche Zugeständnisse für die beitrittswilligen Staaten zur Erreichung der außen- und innenpolitischen Ziele notwendig sind, ob sie dem Nutzen der Integration angemessen sind, sollen die Völker und die Staatsregierungen entscheiden.

Als Träger der Souveränität und einzige Quelle der Staatsgewalt im Staat hat das Volk die Aufgabe die Souveränität zu schützen. Die Formen der Machtverwirklichung des Volkes sind unmittelbare Souveränitätsausübung, so z.B. Wahlen, Referendum[843] sowie andere Formen der Direktdemokratie und mittelbare Souveränitätsausübung. Bei der mittelbaren Souveränitätsausübung ermächtigt das Volk die kompetenten Organe der Staatsgewalt und der Selbstverwaltung des Staates[844], die Souveränität innerstaatlich und in den Außenbeziehungen auszuüben[845].

Das Volk soll über die Grundlagen seiner politisch-rechtlichen Existenz selbst entscheiden[846]. Es hat auch die naturgegebene Kompetenz, die Souveränität zu schützen. Und da die Souveränität im Falle des Beitritts der Transformation unterliegt, soll das Referendum zu dieser Frage stattfinden. Wenn das ent-

841 Griller S. Sovereignty and Constitution, Wien 2004, S. 7.

842 Waltemathe A., op. cit., S.66.

843 der Mechanismus der Durchführung des Referendums ist im Art. 72 der Verfassung beschrieben

844 Schetsov V., op.cit., S. 6.

845 Juristische Enzyklopädie, op. cit., Band 1., S. 254.

846 Gapotiy V., op. cit., S. 75.

sprechende Volk zustimmt, der Europäischen Union beizutreten, werden die weiteren Schritte rein rechtlicher Natur sein.

4. Die Diskussion zum Schutz der Souveränität gegenüber der EU in der Politik und im Recht

Die Politiker betrachten die EU-Mitgliedschaft oft als Gefahr für die Souveränität ihrer Staaten. Sehr interessant ist der Unterschied in der Stellungnahme zu dieser Frage der integrierten Mitglieder der EU und der potenziellen Kandidaten auf die EU-Mitgliedschaft.

Z.B. der Berater des Ministerpräsidenten von Moldawien, Niku Popesku, glaubt, dass in der EU die „Souveränitätsdelegierung" stattfindet. Es zeigt sich darin, dass z.B. im Bereich der Grenzkontrolle die Staaten ihr souveränes Recht den EU-Außengrenzstaaten delegiert haben. Dabei verzichten die Staaten auch auf die einseitige Bestimmung der Visapolitik im Bezug auf die Staaten, die keine Mitglieder des Schengenabkommens sind[847]. Also unter der Delegierung versteht N. Popesku den Verzicht auf die Entscheidungsfassung in Bezug auf Bereiche, die primär der Souveränität angehören.

Nach Meinung von N. Popesku sind die Beitrittsverhandlungen keine Verhandlungen sondern der einseitige Prozess der Implementierung des Unionsrechts durch den Kandidaten. Er meint, dass im Beitrittsprozess das Maß an Souveränität wesentlich gemindert wird. Darum ist der Beitrittsprozess ein „antisouveräner Prozess", da die Kandidaten ein paar hunderttausend Seiten des Unionsrechts oder sogar mehr implementieren sollen, ungeachtet dessen, dass dieses Recht nicht von ihnen sondern von den alten Mitgliedstaaten erlassen wurde. Und nur der endgültige Beitritt wird den Staat, die Wirtschaft, die Demokratie und sogar die Souveränität festigen[848].

Die Gegenmeinung vertritt Vaclav Klaus, das Staatsoberhaupt der Tschechischen Republik, die ein Mitgliedstaat der Union ist. Er hat sich dahingehend geäußert, dass er Zweifel bezüglich des Lissabonner Vertrags hatte. Er war überzeugt, dass das Inkrafttreten des Reformvertrags zum Verlust der Unabhängigkeit und der Souveränität führen würde, die man nur mit dem Austritt aus der EU wiedererhalten könnte[849].

Diese Politiker meinen doch, dass sich die Souveränität irgendwo in der Supranationalität verliert.

---

847 http://www/moldovanova.md/ru/publications/show/358/

848 http://www/moldovanova.md/ru/publications/show/358/

849 http://vidomosti-ua.com/world/7493/

Was die Völkerrechtler betrifft, so glauben z.B manche ukrainische[850] und russische Gelehrte[851], dass die Supranationalität nur im Rahmen der internationalen Einrichtungen existieren kann, in denen die Staaten ihre Souveränität nicht verloren haben. Außerdem hält die Souveränität die Entwicklung der Supranationalität zurück, da der Mechanismus der Rechtsregelung von der Einschränkung der Souveränität abhängt[852] und da die Staaten solche Einschränkung nicht gerne zulassen.

5. Die Euro-Krise und Souveränität der Mitgliedstaaten der Europäischen Union

Wenn die Mitgliedschaft an einer internationalen oder supranationalen Organisation zu negativen Folgen i.S. der Existenzfähigkeit des Staates führt, soll die Organisation alles unternehmen, um den entsprechenden Staat zu unterstützen und seine materielle Souveränität wiederherzustellen. Die Mithilfe des betroffenen Staates wird nicht als Souveränitätsverlust betrachtet, sogar wenn er dafür einige anderen Elemente der Souveränität i.S. der Handlungsfähigkeit zugunsten der Organisation aufgibt.

Die Kontrolle der EU über die Haushaltspolitik der Mitgliedstaaten ist Mittel zur Wiederherstellung des materiellen Elementes deren Souveränität. Die Neuerungen vom 8.11.2011 und 16.11.2011 bezüglich der Strafsanktionen, die mit „Six-Pack“ angenommen worden sind und am 13.12.2011 in Kraft getreten sind, sind ein weiterer Schritt in die Beschränkung der Handlungsfreiheit der Mitgliedstaaten, aber kein Schritt in die Schaffung der selbständigen Existenzfähigkeit der Europäischen Union. Das materielle Element der EU wird wegen der Neuerungen kein Element der Selbstgenügsamkeit der Europäischen Union.

---

850 Chobbi Y. Einfluß der Supranationalität auf die Souveränität der Mitgliedstaaten [Хоббі Ю.С. Вплив наднаціональності на суверенітет держав-членів / Держава і право. Вип. 46. – с. 555 – 559]; Mykiyewytsch M. Rechtsaspekte der Zusammenarbeit der Europäischen Union mit den Drittstaaten [Микієвич М.М. Правові аспекти співробітництва Європейського Союзу з третіми країнами. – Львів 2001].

851 Korolev M. Supranationalität aus der Sicht des Völkerrechts [Королев М.А. Наднациональность с точки зрения международного права // Московский журнал международного права. - №2. – 1997], S. 5.

852 Meschtscheryakova O. Supranationalität im Recht der Europäischen Union und Problem der Souveränität: Dissertation [Мещерякова О.М. Наднациональность в праве Европейского Союза и проблема суверенитета: Автореф. Диссертации д-ра юрид. Наук: 12.00.10. – Москва 2010], S. 8.

6. Schlussfolgerungen zum dritten Kapitel

Unter der Verwirklichung der Souveränität der Mitgliedstaaten in der Europäischen Union wird die Erteilung der Zuständigkeiten für die Verwirklichung der Kompetenzen der Mitgliedstaaten und eigener Kompetenzen an die EU durch die Staaten der Union, die Verwirklichung dieser Zuständigkeiten durch die Union und in den vorgesehenen Fällen durch die Mitgliedstaaten sowie die selbständige Verwirklichung der restlichen Kompetenz der Staaten durch die Staaten verstanden.

Die EU verfügt über die Zuständigkeiten für die Verwirklichung jener souveränen Rechte, auf deren Verwirklichung die Staaten zugunsten der EU verzichten. Die Rechte, die die EU ausübt, sind aber mit den nationalen Rechten nicht identisch, da der Erteilungsgegenstand nicht die Rechte sind sondern die Zuständigkeiten auf ihre Verwirklichung. Die EU verfügt aber nicht über die staatlichen Zuständigkeiten sondern über ihre eigenen Zuständigkeiten, und die staatlichen bleiben bei den Staaten. Es geht nur um die Verwirklichung der Kompetenz der Staaten – der Gesamtheit der souveränen Rechte im bestimmten Bereich, oder um die Verwirklichung der eigenen Kompetenz der EU, die sich infolge der Rechtsentwicklung in die Richtung der Supranationalität gebildet hat.

Die Supranationalität der Europäischen Union bedeutet Fähigkeit der EU, in den souveränen Bereichen die Staaten ohne ihre ausdrückliche Zustimmung durch die Fassung der Entscheidungen, die die Staaten manchmal z.B. wegen der Mehrheitsabstimmung nicht beeinflussen können, zu verpflichten.

Der Grad, zu welchem die EU-Organe das Recht haben, die Kompetenzen der Mitgliedstaaten zu verwirklichen und eigene Kompetenzen zu erweitern, ist die Grundlage für das Verhältnis der Souveränität der Mitgliedstaaten i. S. der Handlungsfreiheit gegenüber der Supranationalität der Europäischen Union. „Selbständige“ Erweiterung der Kompetenzen hat z.B. im Kontext der Euro-Krise Ende 2011 stattgefunden. Sie wurde aber für die Unterstützung des Gleichgewichts zwischen der Existenzfähigkeit der Europäischen Union und der Existenzfähigkeit der Mitgliedstaaten notwendig.

Das Vorhandensein der supranationalen Elemente bedeutet nicht, dass die Zuständigkeitserteilung automatisch zur Entstehung von Elementen der Souveränität der EU führt. Die EU hat keine Kompetenz-Kompetenz, sie ist nicht selbständig, darum übt sie nicht eigene Souveränität sondern die Souveränität der Mitgliedstaaten aus.

Ungeachtet dessen ist die Folge der Entstehung der supranationalen Zuständigkeiten die Einschränkung der Souveränität i.S. der Handlungsfreiheit. Sie ist aber in den Verfassungen der Mitgliedstaaten vorgesehen, oft mit dem Vorbehalt, dass es nicht um den Verlust der Souveränität geht sondern um die Beschränkung ihrer Verwirklichungsformen.

Wenn der Staat der EU die Zuständigkeiten für die Verwirklichung bestimmter souveräner Rechte erteilt, begrenzt er sich einerseits in der Wahl der Verwirklichungsformen dieser Rechte, andererseits trägt er zur Gründung neuer Formen bei, weil der Umfang seiner Kompetenzen dabei erweitert wird, obwohl sie in Vermittlung von der beauftragten Organisation verwirklicht werden.

Außerdem sind in der EU die Normen des Souveränitätsschutzes vorhanden, sowohl auf der Ebene der Zuständigkeitserteilung (Prinzip der begrenzten Einzelermächtigung und „restliche" nationale Kompetenzen) als auch in der Zuständigkeitsverwirklichung (Subsidiaritäts- und Verhältnismäßigkeitsprinzip).

ZUSAMMENFASSUNG

In den drei Kapiteln der Dissertation wurde der Platz der Souveränität des Staates in den Globalisierungsprozessen im Zusammenhang mit den völkerrechtlichen Anforderungen behandelt. Alle in der Einleitung gestellten Fragen wurden aufgrund der Analyse der deutschen und ausländischen Literatur, des Völkerrechts und Europarechts sowie der existierenden Praxis der internationalen Beziehungen beantwortet.

Im ersten Kapitel wurde die Definition des Souveränitätsbegriffs auf der Grundlage der verfügbaren Theorien zum Begriff der Souveränität und auch auf der Grundlage der Geschichte der Souveränität als Erscheinung konkretisiert. Es wurden auch die Fragen beantwortet, ob sie eine permanente Erscheinung ist oder sich mit der Zeit ändert, ob sie geteilt oder anderen Außensubjekten übergeben werden kann und ob sie den sekundären Völkerrechtssubjekten eigen sein kann.

Als theoretische Voraussetzung für die gegebenen Schlussfolgerungen wurde die Analyse der bekanntesten Definitionen des Begriffs der Souveränität durchgeführt, die besagen, dass Souveränität Gewalt oder Eigenschaft der Gewalt ist, dass sie Hoheit und Unabhängigkeit bedeutet, und zuletzt, dass mit Souveränität bestimmte Fähigkeiten gemeint sind.

In diesem Kontext wurden die Frage der Souveränität der Staaten, die zerfallen, und die Thesen der Wissenschaftler, die meinen, dass den Außensubjekten souveräne Zuständigkeiten erteilt werden können, analysiert. Unter den gegebenen Definitionen ist es nicht gelungen diejenige herauszufinden, die die Grundlage der Dissertation sein könnte. Ungeachtet dessen, dass diese Definitionen im Prozess der Entwicklung der Lehre über die Souveränität formuliert worden sind und in der Völkerrechtswissenschaft anerkannt sind, sind sie für diese Forschungsarbeit zu abstrakt, weil man auf ihrer Grundlage nicht zur Beantwortung kommen kann, ob die Souveränität der Staaten in den Globalisierungs- und Integrationsprozessen verlorengeht und ob die sekundären Völkerrechtssubjekte an Souveränität gewinnen können.

Für die Festlegung der Definition, auf die man sich bei der Forschung der folgenden Kapitel stützen kann, wurde die Geschichte des Begriffs und der Erscheinung der Souveränität erforscht.

Bei der Untersuchung der Geschichte des Begriffs wurde festgestellt, dass der Ansatzpunkt der Theorien über die Souveränität das Interesse des Staates am Wohlstand war, da er auf solche Weise seinen Existenzwillen sichert, den er mit der Gewalt und mit Zwang verwirklicht. Diese sind für die Fassung und Durchsetzung einer bestimmten Entscheidung notwendig. Die entsprechenden Entscheidungen werden im Rahmen der Kompetenzen getroffen, die der Staat selbst bestimmt. Die Kompetenzen gehören zu den Existenzmitteln des Staates. Die Existenzmittel sind Instrumente der Souveränität, die ihrer Verwirklichung dienen und die Objekte der entsprechenden Entscheidungen sind – souveräne Rechte.

Dieser gemeinsame Ansatzpunkt der Theorien war die Grundlage für die Feststellung des Sinnes der Souveränität im Zusammenhang mit der Geschichte der Souveränität als Erscheinung.

Im Laufe der Jahrhunderte entwickelten sich Staaten und zerfielen, sie wurden aber als Staaten betrachtet, jeder mit seinem Verwaltungssystem und seiner Willensfreiheit, obwohl sie unterschiedliche Formen der inneren Organisation hatten. Ihre selbständige Existenz beruhte auf der selbständigen Gewährleistung mit allem Notwendigen für das Leben. Das Gemeinsame bei ihnen war, dass jeder Staat einen selbständigen Verwaltungsmechanismus hatte und ihn mit Hilfe verschiedener Mittel umsetzte.

Der Zeitpunkt der Entstehung der Staatssouveränität ist mit der Willensäußerung des Volkes verbunden. Die Staatssouveränität ist die Folge der Verwirklichung der Volkssouveränität, die sich z.B. in Staatsgründung äußert.

Um den Inhalt der Souveränität effektiv zu realisieren, verfügt der Staat über die Kompetenz-Kompetenz – den ausreichenden Kreis der Zuständigkeiten, der für die Verwirklichung seiner Funktionen nötig ist. Das bedeutet, dass alle souveränen Rechte des Staates nur in ihrer Gesamtheit einen Sinn haben. Die Rechte des Staates sind Bestandteile seiner effektiven Handlungsfähigkeit.

Der Staat hat aber auch die Kompetenz zu entscheiden, wer seine souveränen Rechte verwirklichen kann.

Die Verwirklichung der Rechte gehört zur Handlungsfähigkeit des Staates. Und die Handlungsfähigkeit (Handlungsfreiheit) ist durch das nationale und internationale Recht begrenzt.

Die Absolutheit der Souveränitätsausübung nach außen ist unzulässig. Daher wurden die Schranken der Souveränität im Völkerrecht behandelt.

Infolge der Wechselbeziehungen des Staates mit dem internationalen Recht erweist sich die Notwendigkeit der Unterordnung des Staates unter die internationale Rechtsordnung. Das Verständnis dessen, dass die Feindschaft der modernen Staaten eine vernichtende Kraft haben kann, hat zur Notwendigkeit der Gründung des Mechanismus der verstärkten Interdependenz mittels der Schaffung der Regel der friedlichen Koexistenz geführt.

Für die Erreichung der Interessen ihrer Völker sind die Staaten also verpflichtet die Normen ius cogens und Völkerrechtsgrundsätze einzuhalten, weil sie auf deren Grundlage den Außenaspekt ihrer Souveränität effektiver verwirklichen können, z. B. Verträge abschliessen.

Dabei versuchen aber die Staaten immer wieder das Gleichgewicht zwischen den globalen und den eigenen Interessen zu finden. Das bedeutet, dass der Staat sich weigern kann, die vorher angenommenen Verpflichtungen zu verwirklichen, weil sie nicht mehr seinen Interessen entsprechen. Außerdem fehlt der universale Durchsetzungsmechanismus im Völkerrecht. Die Sanktionen können aber natürlich von einzelnen Staaten im Falle der Verletzung der internationalen Verträge oder aus anderen Gründen und unter den vom Völkerrecht vorgesehenen Umständen angewendet werden. Die Sanktionen können auch von den internationalen Organisationen verhängt werden, z.B. für die Verletzung der Satzung oder für den Verstoß gegen die Völkerrechtsgrundsätze. In solchen Fällen kann eine vorübergehende Einschränkung der Souveränität des Völkerrechtsverletzers stattfinden.

Somit wurde die Frage der Verwirklichung versus Einschränkung der Souveränität behandelt. Außerdem wurden Arten der Einschränkung und die legitimen Wege des Schutzes der Souveränität der Staaten durch die internationale Gemeinschaft, den Staat und das Volk analysiert. Die Ergebnisse sind in den Schlussfolgerungen ausgeführt.

Unter Berücksichtigung des Schutzes ihrer Interessen schließen die Staaten die Verträge, auch die Verträge sui generis, nämlich die Satzungen der internationalen Organisationen, ab.

Die internationalen Organisationen haben zum Zweck die gemeinsame Durchsetzung der Funktionen, die die Staaten unfähig sind, selbständig durchzusetzen. Dafür erteilen die Staaten den Organisationen die Zuständigkeiten für solche Durchsetzung. Dementsprechend sind die Rechte der internationalen Organisationen Ergebnis der Willensübereinstimmung der Staaten.

Für die Gründung und für das Funktionieren der internationalen Organisationen erteilen ihnen die Staaten die Zuständigkeiten auf die Souveränitätsverwirklichung oder auf die Erfüllung der Aufgaben, die die Staaten nicht fähig sind, selbst zu erfüllen.

Da die meisten Völkerrechtler oft von „Übertragung", „Übergabe" oder „Delegierung" der Aufgaben, Zuständigkeiten, Kompetenzen, souveräner Rechte oder Souveränität sprechen, wurde die Analyse der Zuständigkeitserteilung im Kontext dieser Aussagen durchgeführt.

Separat wurden auch die Arten der Zuständigkeitserteilung gemäß Dan Sarooshi vorgestellt. Nach D. Sarooshi hängen diese Arten von dem Grad ab, zu dem die Staaten ihre Zuständigkeiten erteilt haben. Die Kriterien für die Feststellung des Grads sind Widerrufmöglichkeiten, Kontrolle der Staaten über die Organisation, ausschließliche oder konkurrierende Kompetenz der Zuständigkeitsverwirklichung, Verbindlichkeit der Entscheidungen der Organisation, das

Vorhandensein des Sanktionsmechanismusses und sein effektives Funktionieren.

Im Falle der Delegierung und der Übergabe der Zuständigkeiten kann man von dem „eigenen“ aber nicht souveränen Willen der internationalen Organisationen sprechen. Er existiert parallel zu dem Willen der Mitgliedstaaten.

Bei dem eigenen Willen der Organisation geht es um die „gemeinsame Kompetenz“, über die die Staaten vor der Gründung der Organisation nicht verfügen. Es wurde untersucht, ob diese Kompetenz einen Verstoß gegen das Prinzip „Nemo plus iuris ad alium transferre potest quam ipse habet“ darstellt.

Es wurde auch geprüft, ob irgendeine Vereinigung der Staaten über die Souveränität verfügen kann.

Die Ergebnisse sowie meine Meinung zu den Begriffen „Übertragung“, „Übergabe“ oder „Delegierung“ der Aufgaben, Zuständigkeiten, Kompetenzen, souveräner Rechte oder Souveränität zu der „gemeinsamen Kompetenz“, dem eigenen Willen der Organisation und die Konsequenzen daraus werden in den Schlussfolgerungen gesondert vorgestellt.

Wenn die Gewährleistung der Interessen der Staaten im Rahmen des Völkerrechts im *ersten Kapitel* behandelt wurde, so wurde im *zweiten* die praktische Durchsetzung dieser Interessen in der Realität der modernen Welt, die sich durch Globalisierung auszeichnet, untersucht.

Globalisierung ist ein Prozess der Vernetzung und Abhängigkeit der Staaten in allen Lebensbereichen. Ziel der Globalisierung ist außer der Schaffung der Interdependenz die Überwindung der neuentstandenen Probleme. Sie findet unabhängig von den Einzelstaaten statt.

Bei der Globalisierung sind die Staaten gezwungen, ihre Zuständigkeiten den großen internationalen Organisationen zur Lösung der Probleme, die sie einseitig nicht lösen können, zu erteilen. Die mächtigsten dieser Organisationen sind in erster Linie UNO, WTO, IWF, Weltbank.

Die UNO ist eine globale aber eher politische Institution. Die anderen sind auch im bestimmten Sinne global, aber sie sind auf engen Bereichen der zwischenstaatlichen Zusammenarbeit spezialisiert wie z.B. Handel, Wirtschaft und Finanzen. Und daher werden die Staaten in ihren Handlungen in den Kernbereichen der Souveränität unabhängig von sich selbst beschränkt. Ob es für die Gründung des Weltstaates oder umgekehrt für die Gewährleistung eigener Existenzfähigkeit nötig ist, wurde in der Dissertation behandelt. Außerdem wurden bestehende Kritikansätze bezüglich der Globalisierungsprozesse vorgestellt und der Unterschied in den Folgen dieser Prozesse für unterschiedliche Staaten sowie Schutzmittel gegen die Globalisierung analysiert.

Eines dieser Schutzmittel ist die Integration, die heutzutage sehr verbreitet ist. Im *dritten Kapitel* wurden von mir als Beispiel für Integration die Prozesse in der Europäischen Union gewählt, weil sie sich am meisten im Bezug auf andere Integrationsorganisationen von den klassischen internationalen Organisationen, die im ersten Kapitel behandelt worden sind, unterscheidet.

Der Unterschied besteht in den föderalistischen Ansätzen und Vermutungen, dass die Union sich zu einem Staat entwickeln kann. Es gibt auch andere Meinungen, z.B. dass die EU sich durch Konföderalismus- oder Funktionalismustendenzen auszeichnet.

Um herauszufinden, in welcher Entwicklungsrichtung sich die Union bewegt, wurden die Grundlagen ihrer Existenz analysiert.

Die Zuständigkeiten, über die sie verfügt, bekommt sie gemäß dem Prinzip der begrenzten Einzelermächtigungen, das vertraglich festgelegt ist. Dieses Prinzip hat zwei Funktionen: einerseits wird die EU auf dessen Grundlage tätig, andererseits wird sie in ihren Handlungen begrenzt. Aber der Vertrag ist von dem Gerichtshof der Europäischen Union auf solche Weise interpretiert worden, dass der EU oft Zuständigkeiten angehören, die man vom Vertrag nicht sofort ableiten kann. Es geht um die impliziten Zuständigkeiten und um die Lückenschließungsklausel. Sie sind rechtmäßig und entsprechen dem Prinzip der begrenzten Einzelermächtigung. Außerdem sind sie im Lissabonner Vertrag zu finden (Art. 188 l, Art. 352, Art. 21 (2) AEUV).

Andere unionsrechtliche Grundlagen für die Erhaltung der Zuständigkeiten durch die EU sind die Urteile des EuGH bezüglich dieser Frage.

Aus den Urteilen sowie aus den Stellungnahmen der bestimmten Generalanwälte kann man ableiten, dass das Funktionieren der Union auf der Souveränitätseinschränkung der Mitgliedstaaten beruht; dass die Mitgliedstaaten ihre Hoheitsrechte der EU übergeben haben und dass die EU über die echten Hoheitsrechte verfügt. Auf solche Weise sind die Souveränitätseinschränkungen und das Prinzip der begrenzten Einzelermächtigung unmittelbar miteinander verbunden.

Es gibt die Auffassung, dass die Entscheidungen des EuGH den Willen der Staaten darstellen und die Quelle dieser Entscheidungen entsprechende Verfassungsnormen sind, die die Staaten vor dem Beitritt angenommen haben, damit der Beitritt dem nationalen Recht nicht widerspricht.

Obwohl die Staaten solche Normen in ihren Verfassungen von sich aus angenommen haben, haben sie doch Angst, dass die Souveränität durch die Zuständigkeitsübergabe nicht nur eingeschränkt wird sondern sogar verlorengehen kann. Und auch der im Lissabonner Vertrag vorgesehene Austritt macht die Situation nicht leicht.

Es werden alle diese Punkte bezüglich der Zuständigkeitserteilung, der Souveränitätseinschränkung und des Souveränitätsverlusts im Zusammenhang mit den in den vorigen Kapiteln gemachten Schlussfolgerungen analysiert. Es werden auch die theoretischen und praktischen Möglichkeiten und Folgen des Austritts der Staaten aus der Europäischen Union behandelt.

Wenn im ersten Unterkapitel die Fragen der Rechtsgrundlagen der Zuständigkeitserteilung untersucht wurden, dann im zweiten die Rechtsgrundlagen der Verwirklichung dieser Zuständigkeiten.

Im Lissabonner Vertrag gibt es Normen über die Verteilung der Zuständigkeiten zwischen der EU und den Mitgliedstaaten. Sie bestimmen nicht nur das Subjekt der Verwirklichung der Zuständigkeiten sondern auch die Arten dieser Zuständigkeiten, ihre rechtlichen Konsequenzen und Bereiche (Kompetenzen), die ihnen entsprechen.

Der Vertrag über die Arbeitsweise der Europäischen Union sieht die Verteilung der Zuständigkeiten in drei Arten vor: ausschließliche, geteilte Zuständigkeiten und unterstützende Maßnahmen der EU im Bereich der nationalen Zuständigkeiten der Mitgliedstaaten.

Diese Zuständigkeiten werden von der EU in Form der Erlassung des sekundären Rechts verwirklicht. Dann wird es durch die Staaten erfüllt: entweder direkt oder durch die zusätzlichen nationalen Rechtsakte. Auf jeden Fall wird jeder Politikbereich der Europäischen Union auf der nationalen Ebene durchgeführt.

Die Staaten verwirklichen aber nicht nur die Zuständigkeiten, die ihrer vertraglichen Pflicht entspringen, sondern auch die, die sie aufgrund ihrer Souveränität haben. Es geht um die ausschließliche Kompetenz der Mitgliedstaaten. Die Grundlage dafür sind die Verfassung und die existierende nationale Rechtsordnung.

Die ausschließliche Kompetenz der Staaten stellt den Schutzmechanismus gegen die Einmischung der EU in ihre Souveränität dar. Aber die Kompetenzen, die der EU zur Verwirklichung anvertraut werden, haben auch einen solchen Mechanismus, nämlich die Grundsätze der Subsidiarität und Verhältnismäßigkeit.

Die Prinzipien der begrenzten Einzelermächtigung, der Subsidiarität und Verhältnismäßigkeit sowie andere Schranken der Kompetenzausübung für die Europäische Union sind gleichzeitig Teil ihrer supranationalen Rechtsnatur.

Es ist nicht leicht die Supranationalität zu definieren. Als Beispiel der Verwirrungen bezüglich dieses Begriffs sind in der Dissertation die Definitionen der Gelehrten aus den Ländern außerhalb der Europäischen Union angegeben.

In der europäischen Lehre des EU-Rechts definiert man die Supranationalität als Fähigkeit einer internationalen Organisation, in einigen, „früher vollsouveränen Bereichen", die üblicherweise unter die staatliche Hoheit fallen, die Staaten ohne ihre Zustimmung zu verpflichten[853].

In der Praxis sieht die Supranationalität eine besondere institutionelle Struktur mit unabhängigen Organen vor, die aus den internationalen Beamten bestehen (die Beamten sind keine Vertreter der Mitgliedstaaten); die Zuständigkeiten auf die Schaffung der verbindlichen Rechtsvorschriften; Entscheidungsfassung mit Mehrheit der Stimme; unmittelbare Wirkung des EU-Rechts; Vorrang und Selbständigkeit des EU-Rechts; unmittelbare Durchsetzbarkeit des Rechts der EU; unabhängige obligatorische Gerichtsbarkeit; finanzielle Selbständigkeit der Europäischen Union.

Wegen der Selbständigkeit des EU-Rechts werden solche souveränen Rechte der Staaten wie das Recht auf die Verwirklichung einiger Formen der Staatstätigkeit, auf die Erstellung des Geldsystems, Steuersystems und Haushalts, auf die Ausübung der außenpolitischen Tätigkeit beeinflusst. Die Besonderheit bezüglich dieser Rechte besteht darin, dass die Staaten die entsprechenden Zuständigkeiten erteilt haben und diese jetzt über ihnen und in ihrem Namen ausgeübt werden.

Dabei wird der Umfang der Kompetenzen der Mitgliedstaaten größer, obwohl diese Kompetenzen mit Hilfe der Vermittlung der supranationalen Organisation verwirklicht werden.

Die Völker der EU-Mitgliedstaaten sind aber mit Prozessen in der Europäischen Union nicht zufrieden. Einerseits verstehen sie, dass die EU ihnen die Möglichkeiten zur Durchsetzung erweitert, andererseits wollen sie die negativen Folgen der liberalen EU-Politik nicht akzeptieren.

Es gibt einen Unterschied in den Meinungen bezüglich der Nützlichkeit der Mitgliedschaft der alten und neuen Mitgliedstaaten, Kandidaten und potenziellen Kandidaten für den Beitritt zur Europäischen Union. Es wurden nicht nur dieser Unterschied gezeigt sondern auch die Folgen für die Souveränität den Kandidaten und potenziellen Kandidaten zur Überlegung vorgestellt.

Wenn aber die Staaten den Beitritt immer noch als die einzige Möglichkeit der Gewährleistung ihrer Existenzinteressen betrachten, sollen sie viele Elemente ihrer Handlungsfreiheit aufgeben.

Die Zusammenfassung der Dissertation enthält die für die Ergebnisse maßgebliche Information. Die Ergebnisse, die neuen Ansichten über die problematischen Fragen sowie meine Meinung zu bestehenden Vermutungen und Theorien sind der Gegenstand der Schlussfolgerungen.

853 Siehe C III. 3.

SCHLUSSFOLGERUNGEN

In den Schlussfolgerungen sind die Ergebnisse der in der Einleitung gestellten Fragen zusammengefasst.

Zuerst wurde die Definition des Souveränitätsbegriffs bestimmt, die als Grundlage für weitere Untersuchungen der Dissertation dient.

Bei der Behandlung der Geschichte des Begriffs der Souveränität wurde die Schlussfolgerung gezogen, dass die Souveränität den Willen und das Interesse zur Existenz des Volkes vorsieht, als Folge daraus kann zur Verwirklichung der Souveränität der Staat gegründet werden. Dieser neue Staat hat aber jetzt auch den eigenen Willen und das eigene Interesse an Sicherheit und Wohlstand, die er durch Entscheidungsfassung, Machtausübung und Zwangsanwendung gewährleistet.

Die Geschichte der Erscheinung der Souveränität hat gezeigt, dass sich die Souveräniät mit der Entstehung des Staates ergibt. Solche Schlussfolgerung entstand aufgrund dessen, dass die Autarkie des Verwaltungsapparates, nämlich das Vorhandensein der Gewaltelemente, Entscheidungsfassung und Zwangsanwendung, immer war und heute noch Mittel der Verwirklichung des Willens und des Interesses zur Existenz ist, deren Subjekte sowohl der Staat als auch das Volk sein können. Dabei geht die Volkssouveränität der Staatssouveränität voran.

Die Souveränität des Volkes ist der gemeinsame Wille zur Verwirklichung der eigenen Interessen, der Wille zur Selbstbestimmung. Die Ziele, die vor der Nation stehen, sind ihr Nationalinteresse, das die Voraussetzung der nationalen Souveränität ist. Die Volkssouveränität ist unteilbar und unentfremdbar. Sie kann auch nicht übergeben werden. Sie ist der Wille, und der Wille, im Gegensatz zur Macht (den Zuständigkeiten), kann nicht übergeben sondern nur verwirklicht werden. Dabei kann das Subjekt der Verwirklichung nur das Volk sein.

Nach allen im ersten Unterkapitel des ersten Kapitels gemachten Untersuchungen konnte festgestellt werden, dass die Souveränität des Staates nicht Macht, Hoheit und Unabhängigkeit, einzeln oder zusammen betrachtet, ist, sondern eher die *Fähigkeit* zur Hoheit und Unabhängigkeit.

Die Definition wurde im Kontext des Verhältnisses des Sinnes der Souveränität zu den praktischen Anforderungen des modernen Völkerrechts behandelt, und sie lautet wie folgt:

Die Souveränität ist die internationalrechtlich geschützte verwirklichte oder noch nicht verwirklichte Fähigkeit einer bestimmten potenziell autarken Organisationsstruktur zur Verwirklichung des eigenen Willens selbständig und unabhängig. Bei der „verwirklichten und noch nicht verwirklichten Fähigkeit“ werden die anerkannten und nicht anerkannten Staaten gemeint. Die „souveränen" aber noch nicht anerkannten Staaten sind die Staaten, die die Bedingungen zur Autarkie erfüllen. Dabei bedeutet die Autarkie die Fähigkeit zur Existenz mit Hilfe eigener Mittel. Die Mittel sind das Territorium, das Volk, die eigene Rechtsordnung, die Fülle der souveränen Rechte, die Gewalt, die Möglichkeit Zwang anzuwenden, Haushalt, Steuern, Infrastruktur, Militär usw.

Zur Autarkie gehört außer der Fähigkeit völlig unabhängig von anderen zu existieren auch die Fähigkeit die friedlichen Beziehungen mit anderen Staaten zu führen, die dazu beitragen, die Existenzmittel zu unterstützen.

Die Autarkie muss nicht unbedingt immer vorhanden sein, damit der Staat weiterexistiert. Es genügt einmal die Autarkie zu erreichen, die zur Anerkennung der Souveränität führt, damit das Völkerrecht diese Souveränität weiter schützt.

Anders sieht es mit den Staaten aus, die noch nicht anerkannt worden sind. Diese müssen sich immer anstrengen „eigene Mittel" zu sichern, um weiter zu existieren. Sie müssen es immer wieder beweisen, dass sie dessen fähig sind.

Daher kann die Anerkennung des Staates als Anerkennung der Fähigkeit zur Existenz und nicht zur Handlung angesehen werden. Wenn die Staaten andere Staaten anerkennen, bedeutet das, dass sie sich einander gleich anerkennen, aber in ihrer Handlungsfähigkeit nicht gleich sind. Die Souveränität ist nicht dasselbe wie Gleichheit. Die Gleichheit wurde erst mit dem Westfälischen Frieden und mit Bodin eingeführt, wobei die Souveränität immer existierte.

Im Verhältnis des Staates zu sich selbst bedeutet Souveränität Existenzfähigkeit („Quellensouveränität"), aber im Verhältnis der Staaten im Bezug zueinander bedeutet Souveränität Handlungsfähigkeit, die Fähigkeit die Rechte und Pflichten aufzunehmen, sowie das Subjekt des Völkerrechts zu sein (derivative Souveränität). Wenn die Souveränität als solche Fähigkeit einmal erreicht wird, wird sie ab diesem Zeitpunkt vom internationalen Recht als „unantastbar" geschützt.

Als Existenzfähigkeit ist die Souveränität absolut, als Handlungsfähigkeit nicht. Als Existenzfähigkeit kann die Souveränität nur „unter Gefahr" in ihrer Ganzheit sein.

Die Souveränität kann also funktional beschränkt sein, wenn man sie als Handlungsfähigkeit (oder souveräne Rechte) betrachtet, und unbeschränkt, wenn man sie als Existenzfähigkeit betrachtet.

Im Gegensatz zu seinen Existenzmöglichkeiten kann der Staat die Verwirklichung seiner Handlungskompetenzen anderen völkerrechtlichen Subjekten anvertrauen. Das bedeutet, dass der Staat nur die Zuständigkeiten auf die Souveränitätsverwirklichung erteilen kann, nicht aber die Fähigkeit, über sie zu verfügen. Daher kann das Subjekt der Verwirklichung der souveränen Rechte von dem Subjekt, das über sie verfügt, verschieden sein.

Aber wenn der Staat die Souveränität verwirklicht, wird er auf drei Einschränkungsarten stoßen: Einschränkung „a priori“, zwingende Einschränkung und Selbsteinschränkung.

Die „a priori-Einschränkung“ ist Teil der Souveränität selbst, da die Souveränität die Gleichheit vorsieht. Es bedeutet, dass die Staaten sich einander gleich anerkennen, was ihre Verpflichtung ist. Und die Verpflichtung ist, meiner Meinung nach, die Art der Beschränkung. Außerdem erlaubt die a priori-Einschränkung dem Staat sein Potenzial zu entwickeln.

Hinter der Souveränität steht die Angst des Staates vor Beendigung seiner Existenz. Innerhalb des Staates geht es um die Angst vor Revolutionen und Umstürzen, außerhalb mindestens vor Konflikten und Verlust der Vorteile aus der Zusammenarbeit. Die Souveränität ist also in ihrer Natur funktional beschränkt, innerhalb des Staates durch die Pflichten vor dem Volk, außerhalb von anderen Subjekten des Völkerrechts. Die Grundlage solcher „a priori-Einschränkung“ ist die Notwendigkeit der effektiven Verwirklichung eigener Interessen.

Ungeachtet dessen verletzen die Staaten oft die Grundsätze und Normen des Völkerrechts, wenn sie glauben, dass es ein höheres Interesse gibt, das solche Verletzung rechtfertigt. Es hat, meiner Meinung nach, damit zu tun, dass der Staat auch den natürlichen Willen hat, sich selbst zu schützen.

Aber jede Verpflichtung des Staates berührt, meiner Meinung nach, seine Freiheit in der Verwirklichung seiner Funktionen. Und die internationale Gemeinschaft kann gegen ihn bestimmte Zwangsmaßnahmen anwenden. Auf solche Weise findet die zwingende Einschränkung der Souveränität des Staates statt.

Zwingende Einschränkung kann auch im Falle der massiven Menschenrechtsverletzung stattfinden, weil die Staaten die Souveränität als Schutzmittel gegen die Intervention nicht mehr nutzen können.

Auf jeden Fall ist die zwingende Einschränkung der Souveränität der Staaten infolge der von ihnen verübten Völkerrechtsverletzung vorübergehend. Sie dauert so lange, bis der Konflikt geregelt wird oder die ausländischen Truppen das Territorium des Staates aus anderen Gründen verlassen.

Die andere Art der Einschränkung der Souveränität kann auf Grundlage der freiwilligen Verpflichtungen infolge des Abschlusses von völkerrechtlichen Verträgen stattfinden. Der Staat beschränkt die Freiheit seiner Handlungen in einem bestimmten Bereich, d.h. er schränkt sich in der Möglichkeit der Wahl anderer Form der Souveränitätsverwirklichung freiwillig ein, z.B. der künftigen Verwirklichung dieses Rechts im Bezug auf andere Staaten (abhängig vom Gegenstand des Vertrags).

Aber diese Selbsteinschränkung soll nicht unwiderruflich sein und die grundlegenden Rechte des Staates, die den Kern der Souveränität darstellen, nicht verletzen.

Das Niveau der Einschränkung der Souveränität nach dem völkerrechtlichen Vertrag hängt, meiner Meinung nach, von verschiedenen Faktoren ab, z.B. von dem Regelungsbereich, der Teilnehmeranzahl und den vorgesehenen Sanktionen im Falle der Nichterfüllung der Vereinbarungen.

Diese Arten der Einschränkung bedeuten nicht Verletzung der Souveränität, im Gegensatz zur Einschränkung, die eigentlich infolge der Verletzung stattfindet. In solchem Fall hat jeder Staat das Recht, seine Souveränität zu schützen.

Es wird die Souveränität, die völkerrechtlich erreicht ist, auf vielen verschiedenen Wegen seitens der internationalen Gemeinschaft und seitens des Staates und des Volkes geschützt: durch den Sicherheitsrat, den Internationalen Gerichtshof, mittels der Zwangsmaßnahmen, des (stillschweigenden) diplomatischen Drucks, der diplomatischen Vertretungen, der Einstimmigkeit, des Konsenses, des Vorbehalts und des Austritts aus der internationalen Organisation.

Meistens ist der diplomatische Druck die einzige effektive Möglichkeit des Einflusses auf den nicht gehorsamen Staat. Er ergibt sich durch Einreiseverbot für die Regierungsmitglieder in die Staaten, die den Druck ausüben; durch Handelsembargo; durch Verbreiten der Informationen in den Medien. Als Konsequenz wird die Stimme dieses Staates von der Weltgemeinschaft auch nicht „gehört“. All das fügt der Wirtschaft des entsprechenden Staates Schaden zu. Dieser Schaden kann zur Schwächung der Autarkie dieses Staates führen.

Nicht nur die Staaten schützen ihre Souveränität, sondern auch die Völker schützen ihre und die staatliche. Sie kontrollieren den Staat bei der Souveränitätsverwirklichung nach innen und nach außen. Die Schutzmittel dafür sind Referenda, Wahlen sowie Revolutionen und Bürgerkriege.

Zur effektiven Durchsetzung ihrer Interessen schaffen die Staaten internationale Organisationen. Von der Mitgliedschaft in den Organisationen wird die Erreichung der gemeinsamen Ziele erwartet. Dafür werden sie mit den entsprechenden Zuständigkeiten beauftragt.

Durch die Organisation werden die Kompetenz der Mitgliedstaaten sowie ihre „eigenen“ Funktionen, über die die Staaten selbst nicht verfügen, verwirklicht.

Mit der „eigenen“ ist „gemeinsame“ Kompetenz gemeint, über die die Staaten einzeln nicht verfügen können, wie z.B. die Annahme der Verhaltensregeln für die anderen Staaten.

Die Staaten haben kein Recht einseitig tätig zu werden in den Bereichen, in denen sie erstens entweder nicht kompetent sind oder zweitens deren Ausübung dem Völkerrecht widersprechen würde. Im ersten Fall (keine Kompetenz zu handeln) ist unter anderem innere Tätigkeit der Organisation gemeint, z.B. Ernennung der Beamten gemäß der Satzung usw.

Das Verbot der einseitigen Verwirklichung der Zuständigkeiten durch die Staaten ist die Folge der Erteilung der Zuständigkeiten, nicht aber nur der, über die die Staaten verfügen, sondern auch der neuen, die aus dem gemeinsamen, in der Satzung ausgeführten, Willen folgen. Die faktischen Handlungen des Staates haben dann keinen Platz für die Verwirklichung.

Im zweiten Fall (völkerrechtswidriges Handeln) geht es um die Kompetenz der Weltgemeinschaft für die Regelung der Fragen, bei denen die einseitigen Handlungen ungenügend, schädlich oder rechtswidrig sind.

Meines Erachtens widerspricht die Existenz der „gemeinsamen" Kompetenz im Völkerrecht dem Prinzip „Nemo plus iuris ad alium transferre potest quam ipse habet" nicht, wenn man die primäre Bedeutung der Souveränität und die faktische Fähigkeit des Staates auf ihre einseitige Verwirklichung ohne Berücksichtigung der Folgen im Völkerrecht in Betracht zieht.

Das bedeutet, die Staaten können kraft der Kompetenz-Kompetenz sowohl die „Übertragung" der Zuständigkeiten für die Verwirklichung der existierenden Kompetenz der Staaten auf die internationalen Organisationen vereinbaren als auch die Schaffung der neuen, früher nicht bekannten Kompetenz. Für beide Fälle wird der Begriff „Erteilung der Zuständigkeiten für die Verwirklichung der Kompetenz" benutzt.

Die Frage der „Übertragung" der Zuständigkeiten wurde separat behandelt.

Die Autoren meinen oft mit der Übertragung die „Übergabe" („transfer") der souveränen Zuständigkeiten des Staates, d.h. derselben Zuständigkeiten, über die die Staaten verfügen, auf die internationalen Organisationen. Dabei vermuten sie, dass entweder die Staaten wegen der Übergabe nicht mehr voll souverän sind oder umgekehrt, dass diese Zuständigkeiten immer noch dem Staat angehören. Es wurde versucht, den inneren Konflikt dieser These zu lösen.

Wenn der Staat der Verbindlichkeit der Entscheidungen zustimmt, dann geht es, nach verbreiteter Ansicht, um „die Übergabe der Zuständigkeiten" oder „Übergabe der Souveränität", wobei die Souveränität der Mitgliedstaaten eingeschränkt wird.

Nach einigen Meinungen stellt eine solche Einschränkung eine Ausnahme vom Prinzip der souveränen Gleichheit im Bezug auf die Staaten, die keine Mitglieder entsprechender Organisationen sind, dar. Wenn es aber auch eine Ausnahme ist, so ist sie völkerrechtlich üblich und zulässig. Auf jeden Fall stimmt die Aussage, dass die Staaten nicht mehr voll souverän sind, mit der UNO-Satzung und der Völkerrechtspraxis nicht überein.

Außerdem kann der Staat, meines Erachtens, nicht einen Teil seiner souveränen Rechte verlieren oder übergeben, da sie in ihrer Ganzheit betrachtet werden, und bei dem Verlust aller souveränen Rechte wird die Souveränität nicht eingeschränkt sondern geht verloren.

In diesem Sinne ist der Staat weiter vollsouverän, und die Zuständigkeiten gehören ihm bei der „Übergabe“ weiter an.

Die Erteilung der Zuständigkeiten bedeutet, meiner Meinung nach, Beauftragung. Es werden die Zuständigkeiten für die Organisation neu begründet. Eben diese Zuständigkeiten werden „übertragen“, „übergeben“ oder „delegiert“. Das sind die Zuständigkeiten, die der Organisation erlauben die Kompetenz (einen bestimmten Bereich: souveräne Rechte oder eigene Rechte) auszuüben; für ihre Ausübung werden sie beauftragt.

Bei der Delegierung und Übergabe der Zuständigkeiten geht es nicht um die Übergabe (oder Delegierung) derselben Zuständigkeiten des Staates für die Verwirklichung der Kompetenz des Staates, sondern um die Übergabe (Delegierung) der neugegründeten Zuständigkeiten, die extra für die entsprechende Organisation geschaffen werden, die in ihrer Gesamtheit „eigene Zuständigkeiten der internationalen Organisation“ darstellen.

Die Zuständigkeiten sind dem Subjekt nicht entziehbar. Daher werden die Zuständigkeiten auf die Verwirklichung der Kompetenz des Staates vermehrt und nicht gemindert. Der Kreis solcher Zuständigkeiten ist sehr weit. Nur die Kompetenz-Kompetenz kann nicht vermehrt werden, weil sie Kern der Existenzfähigkeit des Staates ist.

Wenn die Staaten der Organisation bestimmte Zuständigkeiten erteilen, frieren sie dabei die eigenen entsprechenden Zuständigkeiten ein.

Darum kann man auch nicht sagen, dass die Zuständigkeiten, Rechte oder Kompetenzen übergeben, eingeschränkt oder verloren werden, es geht ausschließlich um die Einschränkung des Bereichs ihrer Verwirklichung (Einschränkung der Souveränität i.S. der Handlungsfähigkeit).

Man stößt manchmal auf die Vermutungen, dass die Souveränität entweder übergeben oder eingeschränkt wird.

Die „Übergabe der Souveränität“ bedeutet den Verlust der staatlichen Souveränität in ihrer Ganzheit, denn die Zuständigkeiten (unter der Bedingung, dass sie immer noch bei den Staaten bleiben) können „geboren“ oder „vermehrt“ werden, aber nicht die Souveränität.

Daher geht es bei der „Übergabe“ nicht um die Übergabe der Souveränität, sondern nur um die Erteilung der funktionalen Zuständigkeiten für die Verwirklichung der Souveränität (oder eigenen Kompetenz der Organisation).

Die Souveränität wird von mir als Fähigkeit definiert, entweder Handlungsfähigkeit oder Existenzfähigkeit, und abhängig davon kann sie eingeschränkt werden oder nicht.

Bei der Verwirklichung der Kompetenzen des Staates durch die Organisation kann man über die Verwirklichung der Souveränität im Sinne der Handlungsfähigkeit sprechen, da die Kompetenzen (Bereiche des staatlichen Handelns) das Element der Handlungsfähigkeit sind.

In diesem Fall wird die Souveränität beschränkt. Das ist damit verbunden, dass bestimmte Änderungen in der Verwaltung des Staates erwartet werden, sowie damit, dass der Staat sich an den neuen Mechanismus der Verwirklichung einiger souveräner Rechte anpassen soll. Eine solche Einschränkung ist aber vom Staat kontrolliert, sie ist auch nicht unwiderruflich.

Die Erteilung der Zuständigkeiten an eine internationale Organisation bedeutet immer die Einschränkung – Einschränkung der Souveränität als Handlungsfähigkeit, aber niemals als Existenzfähigkeit, welche der Sinn der Souveränität ist, weil, im Gegensatz zur Handlungsfähigkeit, die Existenzfähigkeit außer dem entsprechenden Staat niemand verwirklichen kann.

Die Erteilung der Zuständigkeiten führt also zur Souveränitätseinschränkung, nicht aber zum Souveränitätsverlust. Das bedeutet, dass die Existenzfähigkeit nicht berührt wird. Umso mehr, als der Staat durch die Einschränkung der Handlungsfähigkeit die Wege der Souveränitätsverwirklichung erweitert, auch wenn es durch die Vermittlung der internationalen Organisation ist. Und auf solche Weise festigt er seine Position in den internationalen Beziehungen sowie innerstaatlich und gewährleistet seine Existenzfähigkeit.

Die internationalen Organisationen können auch nicht über die Souveränität verfügen. Obwohl sie über einen eigenen Willen und weite Beschlussfassungszuständigkeiten verfügen und manchmal Zwang anwenden können, ist doch ihre Existenzfähigkeit, im Gegensatz zu der des Staates, begrenzt.

Die Befürchtungen bezüglich der Souveränität betreffen nicht nur ihre Durchsetzung im Rahmen des Völkerrechts sondern auch im Rahmen der praktischen Herausforderungen der modernen Welt.

Man behauptet, dass heute eine Schwächung der Souveränität stattfindet, die nicht von den Staaten abhängt, weil sie Folge der unkontrollierbaren Globalisierungsprozesse ist.

Die Globalisierung führt dazu, dass die Fähigkeit der Staaten zur selbständigen Existenz von Außenumständen abhängig wird.

Die Globalisierungskritiker glauben, dass solche Abhängigkeit vorsätzlich für die künftige Gründung des Weltstaates geschaffen wird, was, meiner Ansicht nach, naturgemäß nicht möglich ist. Die Argumente sind im Text der Dissertation behandelt.

Es stimmt, dass die Staaten um zu überleben fähig sein müssen, entweder selbständig oder mit Hilfe der nationalen und internationalen Unterstützung „prosperity“ zu unterstützen, legale Infrastruktur zu entwickeln, starke Institutionen zu haben und verschiedene Konflikte zu regeln. Im Falle der Selbständigkeit sind sie autark, und für die internationale Unterstützung sollen sie sich in den Kreis der „sich ähnlichen“ integrieren.

Die Integration ist einer der Wege der gegenseitigen Unterstützung. Sie hilft, die gemeinsamen Probleme, die immer mehr werden, effektiver zu lösen. Die entsprechenden Staaten werden gemeinsam stärker.

Die regionale Integration ist auch Teil der Globalisierung. Aber wenn die Globalisierung der Ausgleich der Ungleichen auf der globalen Ebene ist, so ist die Integration die Vereinigung der Gleichen auf der regionalen Ebene.

Die Integration dient dem Schutz vor negativen Folgen der Globalisierung. Die Staaten, die meistens territorial nah sind, halten es für notwendig, sich auch politisch und wirtschaftlich zu vereinigen. Die politische Integration dient unter anderem der territorialen, und die wirtschaftliche der materiellen Sicherheit der vereinten Staaten.

Die Europäische Union ist das treffende Beispiel für die Gewährleistung der Existenzfähigkeit der Staaten durch die Integration.

Es gibt aber Befürchtungen, dass die Staaten wegen der Mitgliedschaft in der EU ihre Souveränität verlieren können, weil sie nicht eine internationale Organisation im traditionellen Sinne ist sondern sich durch die föderalistischen Ansätze auszeichnet. Andererseits gibt es funktionalistische Erklärungen der Entwicklung der Europäischen Union. Nach der in der Dissertation durchgeführten Analyse kann man feststellen, dass die Funktionalisten der europäischen Wirklichkeit am nächsten sind.

Um diese Meinung zu untermauern, wurden die Grundlagen der supranationalen Rechtsordnung der Europäischen Union behandelt.

Solche Grundlagen sind auf der Ebene der EU das Prinzip der begrenzten Einzelermächtigung, implizite Zuständigkeiten, Lückenschließungsklausel, entsprechende Urteile des EuGH, und auf der Ebene der Mitgliedstaaten ihre Verfassungen. Dank den entsprechenden Normen bekommt die EU die Zuständigkeiten zu handeln.

Auf der Ebene der EU wurde bestimmt, dass die Rechtsnatur der EU auf der „Souveränitätseinschränkung“ der Mitgliedstaaten beruht und dass die EU über die Hoheitsrechte verfügt. In der Theorie und Praxis des europäischen Rechts ist diese These sehr widersprüchlich.

Hoheitsrechte sind souveräne Rechte, und es soll noch separat überprüft werden, ob die EU wirklich über die souveränen Rechte verfügen kann. Nach den Schlussfolgerungen des ersten Kapitels der vorliegenden Dissertation kann es irgendwelche Vereinigungen von souveränen Staaten nicht geben. Wenn man vermutet, dass die EU darüber verfügt, verfügt sie auch über die Souveränität, da die souveränen Rechte unabdingbares Element der Souveränität sind. Ob aber die EU durch eigene Mittel existenzfähig ist, ist fraglich. Es wird daher vermutet, dass sie nicht über die staatlichen sondern, wenn man will, über die „supranationalen Hoheitsrechte verfügt, da Gegenstand der Erteilung nicht die Rechte sind sondern die Zuständigkeiten auf ihre Verwirklichung".

Einige Zuständigkeiten, die die Staaten vor der Erteilung hatten, können sie nicht mehr verwirklichen ohne das EU-Recht zu verletzen. Deswegen führt die Erteilung der Zuständigkeiten im Sinne der Handlungsfreiheit zur Souveränitätseinschränkung in den Nationalstaaten.

Unter der Souveränitätsverwirklichung der Staaten in der Europäischen Union wird nicht nur die Erteilung der Zuständigkeiten durch die Staaten der Europäischen Union verstanden, sondern auch die Verwirklichung der Kompetenzen der Staaten durch die Europäische Union und durch die Staaten im Rahmen des Rechts der Europäischen Union.

Die Verwirklichung der Kompetenzen der Staaten durch die EU findet im Rahmen der ausschließlichen, geteilten und unterstützenden Zuständigkeiten der Europäischen Union statt.

In den Bereichen der ausschließlichen und „aktiven" geteilten Zuständigkeiten sollen sich die Mitgliedstaaten einseitiger Handlungen enthalten. Die Staaten vefügen aber über ihre Kompetenzen weiter, die Bereiche werden nicht übergeben. Sie verfügen auch über ihre eigenen Zuständigkeiten für die Verwirklichung dieser Kompetenzen weiter, obwohl sie diese für die Zeit der Vertragsgeltung eingefroren haben.

Bei der Ausübung der ausschließlichen Kompetenz gibt es aber die Möglichkeit der Delegierung der Zuständigkeiten an die Mitgliedstaaten von Seiten der EU. Somit können die Staaten auch die ausschließliche Kompetenz der EU verwirklichen.

Die geteilten Zuständigkeiten können zum Staat jederzeit zurückkehren, weil im Gegensatz zur ausschließlichen Kompetenz nicht die ganzen Bereiche zur Ausübung anvertraut werden sondern nur einige Fragen aus ihnen. Es wird immer sekundärrechtlich entschieden, welche Frage aus dem vom Primärrecht vorgesehenen Bereich von der EU ausgeübt werden.

Bei den unterstützenden Zuständigkeiten wird die Kompetenz von der EU und von den Mitgliedstaaten parallel ausgeübt. Dabei bestreiten einige Autoren die Existenz der parallelen Kompetenz. Sie begründen es damit, dass die EU die unionsbedeutenden Fragen regelt, während die Mitgliedstaaten die Fragen von innerstaatlicher Bedeutung regeln, die Kompetenz liegt also entweder bei der EU oder bei den Mitgliedstaaten. Die Parallelität wird aber, meiner Meinung nach, dann festgestellt, wenn die entsprechende Kompetenz als der gesamte Regelungsbereich angesehen wird (wie bei der ausschließlichen Kompetenz) und nicht als einige Fragen des bestimmten Bereichs. Und da die Union und die Mitgliedstaaten über ihre eigenen Zuständigkeiten verfügen, verwirklichen sie auch diese im gegebenen Regelungsbereich parallel.

Außer der Verwirklichung der Zuständigkeiten durch die EU wird auch die Verwirklichung der Zuständigkeiten durch die Mitgliedstaaten selbst behandelt.

Unter der Verwirklichung der Souveränität durch die Staaten wird nicht nur die Erteilung der Zuständigkeiten an die EU verstanden, sondern auch die Verwirklichung eigener Zuständigkeiten für die Durchführung der staatlichen Kompetenzen im Rahmen des Rechts der Europäischen Union, d.h. der Kompetenzen, mit deren Durchführung die EU beauftragt wird sowie mit deren Durchführung die EU nicht beauftragt wird. Es geht um den Vollzug des sekundären Unionsrechts durch die Staaten, um die Verwirklichung der Zuständigkeiten im Rahmen der geteilten und parallelen Kompetenz sowie im Rahmen der von Seiten der EU an die Mitgliedstaaten delegierten ausschließlichen Kompetenz der EU.

Eine große Rolle für die Sicherung ihrer Souveränität spielt die ausschließliche Kompetenz der Mitgliedstaaten. Es geht um die Erhaltung eigener Zuständigkeiten für die Verwirklichung der souveränen Rechte (Territorium, Staatsangehörigkeit, Kompetenz-Kompetenz).

Die ausschließliche Kompetenz der Mitgliedstaaten stellt den Mechanismus des Souveränitätsschutzes vor den internationalen oder supranationalen Strukturen dar.

Gemäß Art. 4 EUV achtet die Union die grundlegenden Funktionen des Staates, besonders die Sicherung der territorialen Unversehrtheit, den Schutz der öffentlichen Ordnung und der nationalen Sicherheit. In der Praxis zeugen davon auch die Ausnahmen von den vier Grundfreiheiten – des Hauptbereichs der Europäischen Union.

Die Bereiche der ausschließlichen Kompetenz der Staaten sind vor der Einmischung seitens der EU gesichert, nicht aber die Bereiche der geteilten (gemeinsamen) Kompetenz, in denen es die Notwendigkeit des Souveränitätsschutzes immer noch gibt. Die Mittel dafür sind das Subsidiaritäts- und das Verhältnismäßigkeitsprinzip.

Wenn die Staaten mit der Mitgliedschaft in der EU immer noch nicht zufrieden sind, gibt es heutzutage eine rechtliche Grundlage für ihren Austritt – Art. 50 EUV.

Die Frage des Austritts war lange, bis Inkrafttreten des Lissabonner Vertrags, problemtisch. Theoretisch gab es einen Weg den Vertrag zu verlassen: auf dem Territorium eine solche Rechtslage faktisch einzuführen, die dem Staatswillen entspricht. Der Weg war zwar völkerrechtswidrig, der Staat hätte aber die souveräne Macht das zu machen. Der Staat würde in dem angegebenen Fall für die Nichterfüllung der Verträge Verantwortung tragen und sollte den Abbruch der diplomatischen und wirtschaftlichen Beziehungen als gegenseitige Zwangsmaßnahme erwarten. Praktisch wäre der faktische Austritt aus der Union wegen seiner negativen Folgen für die Existenz des Staates nicht möglich.

Wegen der Supranationalität verfügt die EU nicht nur über den eigenen Willen sondern auch über viele andere Merkmale, die nur den Staaten eigen sind. Darum meinen einige Politiker und Theoretiker, dass sich die Souveränität irgendwo in der Supranationalität verliert.

Die Union ersetzt aber die Staaten nicht. Auch die EU-Institutionen ersetzen die Organe des Staates nicht, sie üben auch die staatlichen Kompetenzen nicht auf demselben Wege aus wie die Staaten sie ausüben. Die Europäische Union ist kein Staat, sie verwirklicht nicht ihre Souveränität sondern die Souveränität der Mitgliedstaaten.

Meiner Meinung nach verlieren die Staaten ihre Souveränität nicht, sie schränken nur den Bereich ihrer selbständigen Verwirklichung ein, und gleichzeitig erweitern sie ihn durch die Einbeziehung der supranationalen Europäischen Union.

Ungeachtet dessen unterliegen die Handlungen der Organe der Europäischen Union oft der Kritik von Seiten der Regierungen sowie von Seiten der Völker, die die Mitglieder der EU sind. Sie sind mit der Einschränkung ihrer Souveränität nicht zufrieden. Sie sind überzeugt, dass diese Einschränkung für sie keinen Nutzen mehr bringt, oder wenn sie ihn doch bringt, so sieht man es nicht direkt, weil man an diesen Nutzen so gewöhnt ist, dass man vergisst, dass ihn die EU mitgebracht hat.

Eine andere Position haben die Vertreter mancher neuer Mitgliedstaaten sowie aller Beitrittskandidaten und potenziellen Kandidaten. Für sie bedeutet die EU Quelle der wirtschaftlichen Entwicklung und Stabilität. Sie sind überzeugt, dass die Einschränkung ihrer Handlungsfähigkeit für ihre Existenz unabdingbar ist.

Die Kandidaten sind sogar zu solchen Einschränkungen vor dem Beitritt bereit. Sie implementieren die europäischen Standards freiwillig. In dieser Richtung arbeiten sie mit der EU zusammen und nehmen die entsprechenden Verpflichtungen auf sich. Der Staat profitiert aber auch von solcher Zusammenarbeit, da er bestimmte Werte für sich dabei erreicht.

Als Folge der Annäherung können solche Staaten die Verbesserung und Vertiefung der politischen und wirtschaftlichen Beziehungen sowie die Assistenz bei den institutionellen Reformen auf der Grundlage gemeinsamer Werte erwarten.

Für die Implementierung der Werte der Europäischen Union ist die volle Mitgliedschaft, meiner Meinung nach, nicht notwendig. Diese Staaten sowie die EU werden viel mehr davon profitieren, wenn sie weiter beiderseitig zusammenarbeiten und einander Nutzen auf der Grundlage der vollen rechtlichen Unabhängigkeit voneinander bringen, wobei die beiden Seiten gleichberechtigte Partner im internationalen Recht bleiben, wozu natürlich die Festigung der Souveränität (der selbständigen Handlungsfähigkeit, der Autarkie) der entsprechenden Staaten notwendig ist.

ERGEBNISSE DER UNTERSUCHUNG

- Es wurde eine ergänzte Definition der Souveränität, die den völkerrechtlichen Anforderungen sowie der Entwicklung der heutigen internationalen Beziehungen entspricht, vorgeschlagen.
- Es wurden zwei Momente in der Souveränität ausgeführt: Souveränität als Existenzfähigkeit (Quellensouveränität) und Souveränität als Handlungsfähigkeit (derivative Souveränität).
- Es wurde festgestellt, dass die Quellensouveränität absolut ist und nur von dem Subjekt, dem sie angehört, verwirklicht werden kann; die derivative Souveränität kann eingeschränkt sowie von anderen verwirklicht werden.
- Es wurde meine Meinung geäußert, dass man unter der Übertragung, Übergabe, Delegierung der Rechte, Zuständigkeiten, Kompetenz oder der Souveränität die Erteilung der Zuständigkeiten für die Verwirklichung der Kompetenz (oder der Souveränität) der Staaten verstehen soll.
- Es wurde geklärt, auf welche Weise die Zuständigkeiten den sekundären Völkerrechtssubjekten erteilt werden.
- Es wurde festgestellt, dass Gegenstand der Erteilung ausschließlich die Zuständigkeiten sind.
- Zum ersten Mal wurde die These über die Vermehrung der Zuständigkeiten vorgeschlagen.
- Es wurden drei Arten der legitimen Einschränkung der Souveränität i.S. der Handlungsfähigkeit systematisiert: a priori Einschränkung (ius cogens, Grundsätze des Völkerrechts), zwingende Einschränkung (im Falle der Zwangsmaßnahmen) und Selbsteinschränkung (beim Abschluss des völkerrechtlichen Vertrags).
- Es wurde festgestellt, dass die Souveränität dem Staat nach der Einschränkung weiter eigen ist.

- Es wurden Maßnahmen zum Schutz der Souveränität im Völkerrecht systematisiert.
- Es wurde bestimmt, dass es zwei Wege des Schutzes der Souveränität vor der Schwächung in den Globalisierungsprozessen gibt: Autarkie und Integration.
- Es wurde festgestellt, dass die sekundären Völkerrechtssubjekte über den eigenen Willen, das eigene Interesse verfügen können, nicht aber über die Kompetenz-Kompetenz, und deshalb können sie nicht über Souveränität verfügen.
- Es wurde begründet, warum man nicht von Verlust der Souveränität oder souveräner Rechte sprechen kann.
- Es wurde bestimmt, dass mit der Verwirklichung der Souveränität in der Europäischen Union die Erteilung der Zuständigkeiten für die Verwirklichung der Kompetenzen und eben die Verwirklichung dieser Kompetenzen gemeint ist.
- Es wurde zwischen der „Verwirklichung der Souveränität durch die EU“ und der „Verwirklichung der Souveränität durch die Mitgliedstaaten“ unterschieden.
- Es wurde erläutert, dass die EU über die staatlichen Hoheitsrechte sowie über die Souveränität nicht verfügen kann.
- Es wurde festgestellt, dass in der Europäischen Union die Rechtsnormen für den Schutz der Souveränität auf der Ebene der Erteilung der Zuständigkeiten sowie auf der Ebene ihrer Verwirklichung vorhanden sind.
- Es wurde die Rechtsnatur der Europäischen Union aus der Sicht der potenziellen Änderungen im souveränen Status der Staaten, die der EU beitreten wollen, behandelt.

- Es wurde meine Meinung geäußert, dass die beiderseitige Zusammenarbeit zwischen der EU und den (potenziellen) Beitrittskandidaten mehr Nutzen für beide Parteien bringen kann als der Beitritt.

Auf solche Weise es wurde

- zum ersten Mal behandelt: Möglichkeit der Vermehrung der Zuständigkeiten;
- eine neue Ansicht vorgeschlagen: Definition der Souveränität, Erteilung der Zuständigkeiten, Schwächung und Verlust der Souveräniät;
- konkretisiert: Gegenstand der Erteilung, Modelle der Verwirklichung der Souveränität in der Europäischen Union;
- systematisiert: Arten der Souveränitätseinschränkung, Maßnahmen zum Schutz der Souveränität im Völkerrecht, im Europarecht und in den Globalisierungsprozessen.

Allgemeine Schlussfolgerung: Die Souveränität des Staates ist seine starke Seite. Mittels der Souveränität gewährleistet der Staat die Effektivität seiner Handlungen. Das Völkerrecht sichert diese Möglichkeit.

LITERATURVERZEICHNIS

1. *Alter Karen J. Establishing the Supremacy of European Law, Oxford 2001.*
2. *Antselewytsch G., Pokreschtschuk O. Völkerrecht: Lehrbuch [Анцелевич Г.О., Покрещук О.О. Міжнародне право: Підручник. – К.: Алерта-Пектораль, 2003].*
3. *Aron R. Frieden und Krieg zwischen den Nationen [Арон Р. Мир і війна між націями. – К.: Юніверс. – 2000].*
4. *Bagwell Kylie, Staiger Robert W. National Sovereignty in an Interdependent World in: Working Paper 10249, National Bureau of Economic Research, INC, Cambridge, Jan. 2004.*
5. *Bartmann Bary Political Realities and Legal Anomalies. Revising the Politics of International Recognition in: De facto States. The Quest for Sovereignty, Tozun Bahcheli, Barry Bartmann and Henry Srebnik (ed)., Routledge 2004.*
6. *Bekyaschev K. Internationales öffentliches Recht [Бекяшев К.А. Международное публичное право. – М.: Проспект, 2001].*
7. *Beloff Max The Political Crisis of the European Nation-State in: Between Sovereignty and Integration, Ghita Ionescu (ed.), London 1974.*
8. *Bentzien Joahim Die völkerrechtlichen Schranken der nationalen Souveränität im 21. Jahrhundert, Frankfurt am Main: Peter Lang, 2007.*
9. *Besson S. Sovereignty in conflict in: European Integration online Papers 2004.*
10. *Bieber R. Die Europäisierung des Verfassungsrechts in: Die Europäisierung der mitgliedstaatlichen Rechtsordnungen in der Europäischen Union, Kreuzer F.K., Scheuing H. D., Sieber U. (Hrsg.), 1 Aufl., Baden-Baden 1997.*

11.Birk R. Die Europäisierung des Arbeitsrechts in: Die Europäisierung der mitgliedstaatlichen Rechtsordnungen in der Europäischen Union, Kreuzer F.K., Scheuing H. D., Sieber U. (Hrsg.), 1 Aufl., Baden-Baden 1997.

12.Blatova N., Melkov G. Völkerrecht in Dokumenten: Lehrbuch [Блатова Н.Т., Мелков Г.М. Международное право в документах: Учеб.пособие – М., 2000].

13.Blawatskyy S. Dilemma der Globalisierung und der Staatssouveränität [Блавацкий С. Дилемма глобализации и государственного суверенитета // Зеркало недели. - №1 (376). – 5 – 18 января 2002].

14.Borchardt K.-D. The ABC of Community Law, Luxemburg 1999.

15.Boyko O. Historische Umstände der Annahme der Deklaration über die staatliche Souveränität der Ukraine [Бойко О.Д. Історичні обставини прийняття декларації про державний суверенітет України // Людина і політика. – №4. – 2002].

16.Brasche U. Europäische Integration: Wirtschaft, Erweiterung und regionale Effekte, 2 Aufl., München, Wien 2008.

17.Büdenbender M. Das Verhältnis des Europäischen Gerichtshofs zum Bundesverfassungsgericht, von Albert Bleckmann in: Völkerrecht, Europarecht, Staatsrecht, Stefan Pieper, Volker Epping (Hrsg.), Band 34, Carl Heymanns Verlag 2004.

18.Bulmer Simon Theorizing Europeanization, in: Europeanization: New Research Agendas, Paolo Graziano, Marten P. Vink (ed.), Basingstokoke: Palgrave Mac Millan, 2007.

19.Bundegaard Christian The Normative Divide in International Society: Sovereignty versus Responsibility in: DIIS Working Paper – 2010:27, Copenhagen 2010.

20.Buromenskyy M., Kudas I., Mayevska A Völkerrecht: Lehrbuch [Буроменський М.В., Кудас І.Б., Маєвська А.А. та ін. Міжнародне право: навчальний посібник за ред.. М.В. Буроменського. – К.: Юрінком Інтер, 2005].

21. *Butkewytsch V., Mytsyk V., Zadorozhniy O. Völkerrecht. Grundlage der Theorie [Буткевич В.Г., Мицик В.В., Задорожній О.В. Міжнародне право. Основи теорії. – К.: "Либідь", 2002].*
22. *Camilleri Joseph A. Rethinking Sovereignty in a Shrinking, Fragmented World in: Contending Sovereignties: Redefining Political Community, R.B.J. Walker and Saul H. Mendlovitz (ed.), Boulder USA, 1990.*
23. *Chapuis C. Die Übertragung von Hoheitsrechten auf supranationale Organisationen, Basel und Frankfurt am Main, 1993.*
24. *Chatzimarkakis G. Europäischer Grundvertrag 2002: Für ein Europa der Freiheit, Bonn 1996.*
25. *Chayes Abram, Handler Chayes Antonia The New Sovereignty: Compliance with International Regular Agreements, Harvard University Press, 1995.*
26. *Chimenes de Aretschaga E.Modernes Völkerrecht [Аречага Э.Х. Современное международное право. – М., 1983].*
27. *Chobbi Y. Einfluß der Supranationalität auf die Souveränität der Mitgliedstaaten [Хоббі Ю.С. Вплив наднаціональності на суверенітет держав-членів / Держава і право. Вип. 46. – с. 555 – 559].*
28. *Chobbi Y. Rechtsnatur der Europäischen Union: Definitionsproblem [Хоббі Ю.С. Правова природа Європейського Союзу: проблема визначення / Держава і право. Вип. 47. – с. 590 – 595].*
29. *Chobbi Y. Supranationalität und Souveränität der Mitgliedstaaten [Хоббі Ю.С. Наднаціональність та суверенітет держав-членів Європейського Союзу, 2009].*
30. *Creifelds C. Rechtswörterbuch, 17 Auflage, München 2002.*

31.Christiansen Thomas European Integration between Political Science and International Relations Theory: The End of Sovereignty in: EUI Working Paper RSC 94/4, Florence 1994.

32.Dedial J. "Schillerndes" Subsidiaritaetsprinzip in der EU: Begrenzte Verwirklichung eines ordnungspolitischen Prinzips in: Neue Zürcher Zeitung, 26.10.1994.

33.Dementey N. Souveränität der Republik. Illusion oder Gesetzmäßigkeit [Дементей Н. Суверенитет республики. Иллюзия или закономерность // Народный депутат. – №8. –1991].

34.Dennert Jürgen Ursprung und Begriff der Souveränität. Sozialwissenschaftliche Studien, Heft 7, Stuttgart: Gustav Fischer Verlag, 1964.

35.Derevjanenko S. Ratifikation / Denonsierung der völkerrechtlichen Verträge der Ukraine als Gegenstand des allgemeinukrainischen Referendums [Дерев'яненко С. Ратифікація / Денонсація міжнародних договорів України як предмет всеукраїнського референдуму // Вісник Львів. ун-ту. Серія міжн. відносини. – Вип. 25. – 2008].

36.de Souza L. V., Schweickert R., Movchan V., Bilan O., Burakovsky I., Now So Near, and Yet Still So Far: Economic Relations between Ukraine and the European Union in: Kiel Discussion Papers, Band 419, April 2005.

37.de Witte Bruno The Emergence of a European System of Public International Law: The EU and its Member-States as Strange Subjects in: The Europeanization of International Law, Jan Wouters, Andre Nollkaemper, Erika de Wet (ed.), Hague 2008.

38.Dieter H. S., Zur Europäisierung des Deutschen Verfassungsrechts in der Europäischen Union, Kreuzer F.K., Scheuing H. D., Sieber U. (Hrsg.), 1 Aufl., Baden-Baden 1997.

39.Dietmar Herz Die Europäische Union. Politik, Recht, Wirtschaft, Frankfurt am Main 2000.

40.Dittert D. Die ausschließlichen Kompetenzen der Europäischen Gemeinschaft im System des EG-Vertrags in: Europäische Hochschulschriften, Band 3119, Frankfurt am Main 2001.

41.Dmytriyev I. Muravyov V. Internationales öffentliches Recht: Lehrbuch [Дмитрієв І. Муравйов В.І. Міжнродне публічне право: Навч.посіб. – К.: Юрінком Інтер, 2001].

42.Dmytriyev A. Institut der dauernden Neutralität im Völkerrecht [Дмитрієв А.І. Інститут постійного нейтралітету в міжнародному праві. – К.: ТОВ "Юридична думка", 2005].

43.Dobler Ph. Legitimation und Grenzen der Rechtsfortbildung durch den EuGH in: Der EuGH und die Souveränität der Mitgliedstaaten. Eine kritische Analyse richterlicher Rechtsschöpfung auf ausgewählten Rechtsgebieten, Roth H. G., Hilpold P. (Hrsg.), Wien 2008.

44.Dock A. Souveränitätsbegriff von Bodin bis zu Friedrich dem Großen. Neudruck der Ausgabe Strassburg 1897, Scientia Verlag Aalen, 1972.

45.Durdenevskyy V., Lazarev M. Fünf Prinzipien der friedlichen Koexistenz [Дурденевский В.Н, Лазарев М.И. Пять принципов мирного существования. – М., 1958].

46.Ellinek G. Allgemeine Staatslehre [Еллінек Г. Общее учение о государстве. – СПб.: Изд-во «Юридический центр Пресс», 2004. – 752с].

47.Elian George The Principle of Sovereignty over Natural Resources, The Netherlands: SIJTHOFF&NOORDHOFF 1979.

48.Ermacora F. Allgemeine Staatslehre. Zweiter Teilband, Berlin: Duncker&Humblot, 1970.

49.Estella Antonio The EU Principle of Subsidiarity and its Critique, Oxford 2002.

50.Feduschtschak-Paslawska Ganna Politisch-rechtliche Idee der Souveränität der staatlichen Gewalt und ihre Verwirklichung in der

Staatsentwicklung der Ukraine: Dissertation [Федущак-Паславська Г.М. Політико-правова ідея суверенітету державної влади та її реалізація в державотворенні України: Дис... канд. юрид. наук: 12.00.01 / Львівський національний ун-т ім. Івана Франка. – Л., 2000. – 195 с].

51. *Fink U. Kollektive Friedenssicherung, 2 Bd., 1999.*

52. *Fischer P., Köck H.F. Europarecht einschließlich des Rechts supranationaler Organisationen, 3 Aufl., Wien 1997.*

53. *Flockhart Trine The Europeanization of Europe: The Transfer of Norms to Europe in Europe and from Europe in: DIIS Working Paper 2008-7, Copenhagen 2008.*

54. *Freudenstein Roland Welches Israel hätten wir gern? in: Die Politische Meinung. Monatsschrift zu Fragen der Zeit, 56. Jahrgang, Nr. 494-495, Jan-Feb. 2011.*

55. *Fröhlich S. Die Europäische Union als globaler Akteur. Eine Einführung: Lehrbuch, 2008.*

56. *Gammeltoft-Hansen Thomas, Aalberts Tanja E. Sovereignty at Sea: The Law and Politics of Saving Lifes in the Mare Liberum in: DIIS Working Paper – 2010:18, Copenhagen 2010.*

57. *Gapotiy V. Theoretische und praktische Aspekte der Souveränität des Volkes, der Nation und des Staates: Dissertation [Гапотій В.Д. Теоретичні і практичні аспекти суверенітету народу, нації та держави: Дис... канд. юрид. Наук: 12.00.01 / Національний ун-т внутрішніх справ. – Х., 2004].*

58. *Garfinkel Michelle R., Skaperdas Stergios, Syropoulos Constantinos Globalization and Domestic Conflict in: CESIFO Working Paper 1510, Category 7: Trade Policy, Munich Jul. 2005.*

59. Gemeinder Sahra, Jakobs Andreas Revolution unter Militäraufsicht in: Die Politische Meinung. Monatsschrift zu Fragen der Zeit. 56. Jahrgang, Nr. 497, April 2011.

60. Glossar Institutionen, Politiken und Erweiterung der Europäischen Union in: Amt für amtliche Veröffentlichungen der Europäischen Gemeinschaften, 2000.

61. Götting F. Die Beendigung der Mitgliedschaft in der Europäischen Union in: Veröffentlichungen aus dem Institut für Internationale Angelegenheiten der Universität Hamburg, Bruha T., Oeter S. (Hrsg.), Band 25, Baden-Baden 2000.

62. Griller S. Grundzüge des Rechts der EU in: Springer Notes/Springer Wien New York, 1996.

63. Griller S. Sovereignty and Constitution, Wien 2004.

64. Grinin L. Souveränität in der Ära der Globalisierung [Гринин Л.Е. Суверенитет в век глобализации / Ильин М.В., Кудряшова И.В. (ред.) Суверенитет. Трансформация понятий и практик. – М.: МГИМО – Университет, 2008].

65. Grinin L. Globalisierung und nationale Souveränität. Geschichte und Gegenwart [Гринин Л.Е. Глобализация и национальный суверенитет. История и современность. №1. –2005].

66. Grinin L. Was passiert mit der Souveränität in den Zeiten der Globalisierung? [Гринин Л.Е. Что происходит с суверенитетом в век глобализации? // Вестник Российского университета дружбы народов. Серия «Международные отношения». №1 (8) – Москва, 2007].

67. Grinin L. Globalisierung und Prozesse der Transformation der nationalen Souveränität [Гринин Л.Е. Глобализация и процессы трансформации национального суверенитета // Век глобализации №1, 2008].

68. *Gronen I.V. Die „Vorwirkung der EG-Richtlinien". Die Auswirkungen Europäischer Richtlinien auf die nationale Legislative und Judikative im Zeitraum zwischen Richtlinienvorschlag und Ablauf der Umsetzungsfrist in: Schriften des Europa-Instituts der Universität des Saarlands, Band 64, Saarbrücken 2005.*
69. *Gros-Tschorbadjiyska Angelina The Europeanization of Visa Policy: A Transfer of Sovereignty shaped by Enlargement: Doctoral Theses, Katholieke Universiteit Leuven, Jul 2010.*
70. *Günter Lerch Wolfgang Die Arabische Revolution in: Die Politische Meinung. Monatsschrift zu Fragen der Zeit, 56. Jahrgang, Nr. 498, Mai 2011.*
71. *Haltern Ulrich Was bedeutet Souveränität? Mohr Siebeck Tübingen, 2007.*
72. *Hesse J.J., Grotz F. Europa professionalisieren, Berlin 2005.*
73. *Heusgen Ch. Die Nachbarschaftspolitik der Europäischen Union in: Die Europäische Union. Politisches System und Politikbereiche, Weidenfeld W. (Hrsg.), Bonn 2006.*
74. *Hirsch G. Die Auswirkungen des Subsidiaritätsprinzips auf die Rechtssetzungsbefugnis der Europäischen Gemeinschaften, Vortrag vor dem Europa-Institut der Universität des Saarlandes, Saarbrücken 1995.*
75. *Hummer W., Schweitzer M. Europarecht, 5 Auflage, Berlin 1996.*
76. *Hymen Ezra Cohen Recent Theories of Sovereignty in: The University of Chicago Press, Chicago, Illinois, Jul. 1937.*
77. *Imboden Max Johannes Bodinus und die Souveränitätslehre. Rektoratsrede gehalten an der Jahresfeier der Universität Basel am 22 November 1963 in: Basler Universitätsreden, 50 Heft, Basel: Verlag Helbing&Lichtenhahn, 1963.*
78. *Jaks J. Osterweiterung der Europäischen Union: Herausforderung für die Beitrittsländer aber auch für die Europäische Union in: Erweiterung und Vertiefung der Europäischen Union: Perspektiven und Engpässe, Rolf H.*

Hasse, Karl-Ernst Schenk, Andreas Wass von Cyege (Hrsg.), Band 27, Baden-Baden 2000.

79. *Jackson Robert J. Quasi-States: Sovereignty, International Relations, and the Third World, Cambridge University Press, 1990.*

80. *Jones Robert A. The Soviet Concept of „Limited Sovereignty" from Lenin to Gorbachev. The Brezhnev Doctrine, Macmillan 1990.*

81. *Juha Jokela Europeanization and Foreign Policy. State Identity in Finland and Britain, Routledge 2011.*

82. *Juristische Enzyklopädie, Band 1, 2, 3 [Юридична енциклопедія. – К.: "Українська енциклопедія" ім. М.П.Бажана, „Derzava", Kyiv 1998. – Т. 1, 2, 3].*

83. *Kazarinova D. Verfassung der EU: Inhalt, Gründe der Niederlage und mögliche Perspektiven [Казаринова Д.Б. Конституция ЕС: сущность, причины провала и возможные перспективы // Вестник РУДН. Серия: Политология. – №1. – 2007].*

84. *Kemerova T. Weltgeschichte. Praktische Ausgabe [Кемерова Т.Ю. Всесвітня історія. Практичний довідник. – Харків: ФОП Співак Т.К., 2009].*

85. *Kempe I. Die Europäische Union und die Ukraine in: Die Europäische Union: Politisches System und Politikbereiche, Weidenfeld W. (Hrsg.), Bonn 2006.*

86. *Kletzer Kenneth International Financial Integration, Sovereignty, and Constraints on Macroeconomic Policies in: IMES Discussion Paper Series, Tokyo, Sept. 2005.*

87. *Korkunov N. Vorlesungen zur allgemeinen Rechtslehre [Коркунов Н.М. Лекции по общей теории права. СПб., 1909].*

88.Korolev M. Supranationalität aus der Sicht des Völkerrechts [Королев М.А. Наднациональность с точки зрения международного права // Московский журнал международного права. - №2. – 1997].

89.Kostenko M., Lavrenova N. Die EU nach Maastricht: Föderation, Konföderation oder internationale Organisation [Костенко М.Л., Лавренова Н.В. ЕС после Маастрихта: федерация, конфедерация или международная организация? // Государство и право. – №4. – 1994].

90.Krasner Stephen D. Sovereignty. Organized Hypocrisy, Princeton University Press, New Jersey 1999.

91.Krasner Stephen D. Power, the State, and Sovereignty. Essays on International Relations, Routledge 2009.

92.Kremen V., Gorlatsch M. Politologie: Wissenschaft über die Politik [Політологія: наука про політику. За ред. Проф. В.Г. Кремень, проф. М.І. Горлач. – Київ-Харків: "Єдіног" 2002].

93.Kremen T. Staatssouveränität in den Zeiten der Globalisierung [Кремень Т. Державний суверенітет у добу глобалізації // Політика і час. – №10. – 2003].

94.Kunde M. Der Präventivkrieg: geschichtliche Entwicklung und gegenwärtige Bedeutung, Frankfurt am Main, Berlin, Bern, Wien 2007.

95.Lecheler Helmut Das Subsidiaritätsprinzip. Strukturprinzip einer europäischen Union, Berlin 1993.

96.Lepoivre H. Staatlichkeit und Souveränität in der Europäischen Union am Beispiel Frankreichs in: Europäische Hochschulschriften, Reihe II Rechtswissenschaft, Band 3600, Frankfurt am Main 2003.

97.Levin D. Hauptprobleme des modernen Völkerrechts [Левин Д.Б. Основные проблемы современного международного права. – Москва1958].

98.Levin D. Aktuelle Probleme der Völkerrechtstheorie [Левин Д.Б. Актуальные проблемы теории международного права. – М.: Наука, 1974].

99.Llewellyn David T. International Financial Integration. The Limits of Sovereignty, The Macmillan press LTD, Hong Kong 1980.

100. Lukashuk I. Völkerrecht. Besonderer Teil. Lehrbuch [Лукашук И.И. Международное право. Особенная часть. – 3-е изд., перераб. и доп. - М.: Волтерс Клувер, 2005].

101. Luxemburgensis The Emergence of a European sovereignty in: Between Sovereignty and Integration, Ghita Ionescu (ed.), London 1974.

102. Machiavelli N. Florenzchroniken. Der Fürst. [Макіавеллі Нікколо Флорентійські хроніки. Державець. Пер. Анатоля Перепаді. – Харків «Фоліо», 2007].

103. Madisson V., Schahov V. Politologie der internationalen Beziehungen [Мадіссон В.В., Шахов В.А. Політологія міжнародних відносин. – Київ: "Либідь", 1997].

104. Maleev Y. Souveränität und Völkerrecht [Малеев Ю.Н. Суверенитет и международное право // Международное право в современном мире. – Москва 1991].

105. Mantl W. Elemente europäischer Staatlichkeit in: Skriptum „Aktuelles aus Österreich", 3/2001.

106. Medvedeva I., Schischova T. Logik der Globalisierung [Медведева И., Шишова Т. Логика глобализма // Наш Современник №11 / 2011].

107. Meschtscheryakova O. Supranationalität im Recht der Europäischen Union und Problem der Souveränität: Dissertation [Мещерякова О.М. Наднациональность в праве Европейского Союза и проблема суверенитета: Автореф. Диссертации д-ра юрид. Наук: 12.00.10. – Москва 2010].

108. Meschtscheryakova O. Souveränität der Mitgliedstaaten der Europäischen Union und Hauptursachen der Niederlage des Vertrags über die Verfassung für Europa [Мещерякова О.М. Суверенитет государств-членов Европейского Союза и основные причины провала договора, устанавливающего Конституцию для Европы // Вестник РУДН: Серия: «Политология». – №1. – М.: Изд. РУДН, 2008].

109. *Meschtscheryakova O. Zentrifugale und zentripetale Tendenzen in der Europäischen Union und Probleme der Souveränität der Mitgliedstaaten [Мещерякова О.М. Центробежные и центростремительные тенденции в Европейском Союзе и проблемы суверенитета государств-членов // Вестник Российского университета дружбы народов. – Серия: Политилогия. – №1 – 2009].*

110. *Michaleva N. Evolution und Perspektive des neuen Russischen Föderalismus [Михалева Н.А. Эволюция и перспективы нового российского федерализма // Право и жизнь. – №6 – 1994].*

111. *Moestl M. EU: Kompetenzabgrenzung zwischen Gemeinschafts- und Unionspolitiken, Wien 2004.*

112. *Moravetskyy W. Funktionen der internationalen Organisationen [Моравецкий В. Функции междуародних организаций. – Москва 1962].*

113. *Moiseev A. Staatssouveränität im Völkerrecht: Lehrbuch [Моисеев А.А. Суверенитет государства в международном праве: учеб. пособие / А.А. Моисеев. – М. Восток – Запад, 2009].*

114. *Müller-Graff P.-Ch. Die Kompetenzen in der Europäischen Union in: Die Europäische Union: Politisches System und Politikbereiche, Weidenfeld W. (Hrsg.), Bonn 2006.*

115. *Mykiyewytsch M. Rechtsaspekte der Zusammenarbeit der Europäischen Union mit den Drittstaaten [Микієвич М.М. Правові аспекти співробітництва Європейського Союзу з третіми країнами. – Львів 2001].*

116. Mykiyewytsch M., Bodnaryuk I. Verantwortlichkeit der Mitgliedstaaten gemäß dem Vertrag über die Gründung der Europäischen Gemeinschaft: Ausnahmen aus der allgemeinen Praxis [Микієвич М., Боднарюк І. Відповідальність держав-членів згідно з Договором про заснування Європейського Співтовариства: винятки із загальної практики // Вісник Львів. Ун-ту. Серія міжнародні відносини. Вип. 25. – Львів 2008].

117. Neubauer Anna Implizite Vertragsschlußzuständigkeiten der Europäischen Gemeinschaft und Subsidiaritätsprinzip in: Europäisches und internationales Integrationsrecht, Bruha T. (Hrsg.), Hamburg 2000.

118. Newman Michael Democracy, Sovereignty and the European Union, New York: St. Martin's Press, 1996.

119. Nincic Djura The problem of Sovereignty in the Charter and in the Practice of the United Nations, The Hague: Martinus Nijhoff, 1970.

120. Öhlinger T., Potacs M. Gemeinschaftsrecht und staatliches Recht: Die Anwendung des Europarechts im innerstaatlichen Bereich, Wien 1998.

121. Oppermann T. Europarecht, 2 Aufl., München 1999.

122. Pachinger Michael M. Die Völkerrechtspersönlichkeit der Europäischen Union in: Europäische Hochschulschriften, Reihe II, Rechtswissenschaft, Band 3810, Frankfurt am Main 2003.

123. Panov M., Gerasina L., Osypova N. Politologie: Lehrbuch für die Studenten der höheren Ausbildungsinstitutionen [Панов М.І., Герасіна Л.М., Осипова Н.П. та ін. Політологія: Підручник для студентів вищих навчальних закладів – К.: Видавничий Дім "Ін Юре", 2002].

124. Pernhalter P. Föderalistische Raumordnung – eine europäische Herausforderung, Wien 1994.

125. Pieper S.U. Subsidiarität, Köln, Berlin, Bonn, München 1994.

126. Pinder J. Zu der weiten föderalistischen Gemeinschaft: feste Symbiose von Osten und Westen Europas [Пиндер Дж. К широкому федеративному сообществу: прочный симбиоз Востока и Запада Европы // Мировая экономика и международные отношения. – №12 – 1991].

127. Pitschas Ch. Die völkerrechtliche Verantwortlichkeit der Europäischen Gemeinschaft und ihrer Mitgliedstaaten in: Schriften zum Europäischen Recht, Magiera S., Merten D. (Hrsg.), Band 78, Berlin 2001.

128. Prodi R. Für ein starkes Europa, das auf ein großes Ziel ausgerichtet und handlungsfähig ist in: Die Union, Vierteljahreszeitschrift für Integrationsfragen, 2/2001.

129. Quaritsch Helmut Souveränität: Entstehung und Entwicklung des Begriffs in Frankreich und Deutschland vom 13 Jh. bis 1806 in: Schriften zur Verfassungsgeschichte, Band 38, Berlin: Duncker und Humblot, 1986.

130. Quaritsch Helmut Staat und Souveränität, Frankfurt: Athenäum Verlag, 1970.

131. Reisman W.Michael Sovereignty and Human Rights in Contemporary International Law, Vol. 84 AJIL (1.1.1990).

132. Repeckyy Vasyl Diplomatisches und konsularisches Recht [Репецький В.М. Дипломатичне і консульське право. Підручник — 2-ге вид., перероб. і доп. — К: Знання, 2006].

133. Ress Georg Ist die EU eine juristische Person? In: EuR – Beiheft, 2/1995.

134. Rosin Nicole Kompetenzabgrenzung und Kompetenzausübung in der Europäischen Union, Frankfurt am Main 2003.

135. Rousseau J.J. Über den Gesellschaftsvertrag. Traktaten [Руссо Ж.Ж. Об общественном договоре. Трактаты: Пер. с фр. – М.: «КАНОН-пресс», «Кучково поле», 1998].

136. Ryabov S., Tomenko M. Grundlagen der politschen Theorie: Lehrbuch [Рябов С.Г., Томенко М.В. Основи теорії політики: Підручник. – Київ: Тандем, 1996].

137. Saladin P. Wozu noch Staaten? Zu den Funktionen eines modernen demokratischen Rechtsstaats in einer zunehmend überstaatlichen Welt, Bern 1995.

138. Salnikov V., Stepanin S., Chabibullin A., Staatlichkeit als Fenomen und Objekt der Typologie: theoretisch-metodologische Analyse [Сальников В.П., Степанин С.В., Хабибуллин А.Г. Государственность как феномен и объект типологии: теоретико-методологический анализ. – СПб.: Фонд «Университет», 2001].

139. Sarooshi Dan International Organizations and Their Exercise of Sovereign Powers, Herbert Smith Reader in International Law; University of Oxford Fellow, The Queen`s College, Oxford, University Press, 2005.

140. Sarooshi Dan Some Preliminary Remarks on the Conferral by States of Powers on International Organizations in: Jean Monnet Working Paper 4/03, New York 2003.

141. Saskia Sassen Losing Control? Sovereignty in an Age of Globalization, New York: Columbia University Press, 1996.

142. Schapoval V. Verfassungsrecht der ausländischen Staaaten: Lehrbuch [Шаповал В.М. Конституційне право зарубіжних країн: Навчальний посібник. – К.: «АртЕк», 2001].

143. Schepelev M. Theorie der internationalen Beziehungen [Шепєлєв М.А. Теорія міжнародних відносин: Підручник. – К.: Вища шк., 2004].

144. Schevtsov V. Staatssouveränität [Шевцов В.С. Государственный суверенитет. – М.: Изд. «Наука», 1979].

145. *Schevtsov V. Souveränität des sowjetischen Staates [Шевцов В.С. Суверенитет советского государства. – М. «Юридическая литература», 1972].*

146. *Schmans M. Einstimmigkeitsprinzip, Mehrheitsprinzip und Konsensverfahren auf Vertragskonferenzen zur universellen völkerrechtlichen Rechtsetzung, Göttingen 1984.*

147. *Schmitz T. Integration in der Supranationalen Union. Das europäische Organisationsmodell einer prozesshaften georegionalen Integration und seine rechtlichen und staatstheoretischen Implikationen in: Schriftenreihe Europäisches Recht, Politik und Wirtschaft, Schwarze J. (Hrsg.), Band 245, Baden-Baden 2001.*

148. *Schrödter E. Das Europäische Parlament zwischen Stigmatisierung und Machtgewinn in: Das Europäische Parlament. Supranationalität, Repräsentation und Legitimation, Maurer, A., Nickel, D. (Hrsg.), Band 54, Baden-Baden 2005.*

149. *Schweitzer M., Staatsrecht III – Staatsrecht, Völkerrecht, Europarecht, 7. Aufl., 2000.*

150. *Schulze J.-A. Der Irak-Krieg 2003 im Lichte der Wiederkehr des gerechten Krieges, Berlin 2005.*

151. *Schütze R. Dual federalism constitutionalized: the emergence of exclusive competences in the EC legal order in: European Law Review, Vol. 32, No.1, 2007.*

152. *Schybayeva E. Zu der Frage der Supranationalität der zwischenstaatlichen Organisationen des universellen Charakters [Шибаева Е.А. К вопросу о наднациональности межправительственных организаций универсального характера // Московский журнал международного права. – №4. – 1992].*

153. *Sciarra Silvana Global or Re-nationalized? Past and Future of European Labor Law in: The Europeanisation of Law. The Legal Effects of European Integration, Francis Snyder (ed.), Oxford-Portland Oregon, 2000.*
154. *Skakun O. Theorie des Staates und des Rechts [Скакун О.Ф. Теорія держави і права: Підручник – Харків: Консум, 2001].*
155. *Snyder Francis Europeanisation and Globalisation as Friends and Rivals: European Union Law in Global Economic Networks in: The Europeanisation of Law. The Legal Effects of European Integration, Francis Snyder (ed.), Oxford-Portland Oregon, 2000.*
156. *Spinelli Altiero Ein „europäisches Europa" – Föderation oder Konföderation in: Nationale Souveränität oder Übernationale Integration? Gilbert Ziebura (Hrsg.), Berlin: Colloquium Verlag, 1966.*
157. *Stein T. von Buttlar C. Völkerrecht, 11 Aufl., Köln, Berlin, München 2005.*
158. *Stein Torsten Subsidiarität als Rechtsprinzip? in: Die Subsidiarität Europas, Merten D. (Hrsg.), Berlin 1993.*
159. *Stiglitz J. Globalization and its Discontents, London 2002.*
160. *Stiglitz J. Making Globalization Work, London 2006.*
161. *Stiglitz J. Im Schatten der Globalisierung. Probleme der Theorie und Praxis der Verwaltung [Стиглиц Дж. В тени глобализации. Проблемы теории и практики управления, Журнал „Deutschland" 4/2002].*
162. *Streinz Rudolf Europarecht, 6 Aufl., Heidelberg 2003.*
163. *Sucharev A., Krutskich V. Das große juristische Wörterbuch [Сухарев А.Я, Крутских В.Е. Большой юридический словарь – Москва 2002].*
164. *Teps D. Konzeptuelle Grundlagen des Föderalismus [Тэпс Д. Концептуальные основы федерализма. – СПб.: Из-во «Юридический центр Пресс», 2002].*

165. *Timmermann H. Subsidiarität und Föderalismus in der EU in: Dokumente und Schriften der Europäischen Akademie Otzenhausen, Band 83, Berlin 1998.*

166. *The Responsibility to protect in: Report of the international Commission on Intervention and State Sovereignty, International Development Research Centre, Ottawa 2001.*

167. *Thoma J. EU-Recht und Schranken hoheitlicher Staatstätigkeit in: Schriften zum internationalen und zum öffentlichen Recht, Gornig G. (Hrsg.), Band 54, Frankfurt am Main 2004.*

168. *Tolstuchin A. Die Europäische Union und das Problem der Supranationalität [Толстухин А. Европейский Союз и проблема наднациональности//Московский журнал международного права – №4 – 1997].*

169. *Tscherepanov V. Über die Souveränität des Subjektes der RF [Черепанов В.А. О суверенности субъекта РФ // Закон и право. – №9 – 2003].*

170. *Tschernytschenko S. Theorie des Völkerrechts. Band 2: Alte und neue Probleme der Theorie [Черниченко С.В. Теорія международного права. В 2-х томах. Том 2: старые и новые теоретические проблемы. – М.: Издательство «НИМП», 1999].*

171. *Tschoban A. Die Staatssouveränität [Чобан А. А. Государственный суверенитет (теоретико-правовые аспекты). – Москва 1993].*

172. *Tunkin G. Grundlagen des modernen Völkerrechts [Тункин Г.И. Основы современного международного права: Учебное пособие. – Москва 1956].*

173. *Urquhart Brian Between Sovereignty and Globalisation – Where Does the United Nation fit in? in: Development Dialogue. A journal of interna-*

tional development cooperation, pubished by the Dag Hammarskjöld Foundation, Uppsala 2000.

174. *Usatschev I. Souveränität bedeutet Verantwortlichkeit [Усачев И. Суверенитет подразумевает ответственность//Свободная мысль. – №16 – 1991].*

175. *Uschakov N. Staat im System der völkerrechtlichen Regelung [Ушаков Н.А. Государство в системе международно-правового регулирования. – Москва 1997].*

176. *Uschakov N. Souveränität im modernen Völkerrecht [Ушаков Н.А. Суверенитет в современном международном праве. – Москва 1963].*

177. *Vasylenko V. Grundlagen der Völkerrechtslehre [Василенко В.А. Основы теории международного права. – Киев: Главное издательство издательського объединения «Вища школа», 1998].*

178. *Wagner M. Das Konzept der Mindestharmonisierung, Berlin 2001.*

179. *Walker Edward W. Dissolution. Sovereignty and the Breakup of the Soviet Union, Rowman&Littbefield Publishers Inc, 2003.*

180. *Waltemathe A. Austritt aus der EU: Sind die Mitgliedstaaten noch souverän? Frankfurt am Main 2000.*

181. *Weiler H.H.J. The Reformation of European Constitutionalism in: Die Europäisierung der mitgliedstaatlichen Rechtsordnungen in der Europäischen Union, Kreuzer F.K., Scheuing H. D., Sieber U. (Hrsg.), 1 Aufl., Baden-Baden 1997.*

182. *Wiltschak Y. Rechtspersönlichkeit der internationalen Wirtschaftsorganisationen des UNO-System im modernen Völkerrecht [Вільчак Я.М. Правосуб'єктність міжнародних економічних організацій системи ООН у сучасному міжнародному праві // Університетські наукові записки. – № 4 (16). – 2005].*

183. *Winterhoff Ch. Verfassung, Verfassunggebung, Verfassungsänderung: Zur Theorie der Verfassung und der Verfassungsrechtserzeugung, Tübingen 2007, S. 176, Zitate in: Schmitt, Verfassungslehre.*

184. *Woynovytsch S. System und Recht der internationalen Wirtschaftsorganisationen [Войнович С.А. Система та право міжнародних економічних організацій // Український часопис міжнародного права. – №1 – 2002].*

185. *Yakowyuk I. Staatssouveränität der Nationalstaaten in der Europäischen Union: Definitionsproblem [Яковюк І. Державний суверенітет національних держав у складі Європейського Союзу: проблеми визначення // Вісник академії правових наук України. – №3 – 2004].*

186. *Yakubova T. Transformation der Staatssouveränität im Kontext der modernen europäischen Integrationsprozesse [Якубова Т. Трансформація державного суверенітету в контексті сучасних європейських інтеграційних процесів // Вісник Львівського університету. Серія: Філософські науки. – Вип. 4. – 2002].*

187. *Yannis A. The Concept of Suspended Sovereignty in International Law and Its Implications in International Politics in: European Journal of International Law, Vol. 13., No.5., 2002.*

188. *Yegorova M. Kleine Völker Europas und neue Herausforderungen der Zeit: Problem der Selbstbestimmung [Егорова М.А. Малые народы Европы и новые вызовы времени: проблема самоопределения // Вестник РУДН. Серия: Политология. – №2. – 2009].*

189. *Ziebura Gilbert Nationales Interesse und übernationale Ordnung in: Nationale Souveränität oder Übernationale Integration? Gilbert Ziebura (Hrsg.), Berlin: Colloquium Verlag, 1966.*

190. *Ziller J. Ausschuß der Regionen, Amt für Amtliche Veröffentlichungen der Europäischen Gemeinschaften, Luxemburg 2006.*

191. *Zinovyev A. Souveränität, Demokratie, Staat [Зиновьев А.В. Суверенитет, демократия, государство // Правоведение: Научно-теоретический журнал. – С.-Петербургский госуд. Университет. – Вып. 6 (269) – 2006].*

192. *Zubrilin V. Souveränität der Staaten und Zusammenarbeit im Bereich der Menschenrechte [Зубрилин В.И. Суверенитет государств и сотрудничество в области прав человека // Международное право в современном мире. – Москва 1991].*

193. *Zvarytsch R. Nationale Souveränität als Merkmal der nationalen Sicherheit [Зварич Р.В. Національний суверенітет як ознака національної безпеки // Держава і право. – Вип. 47. – Київ 2010].*

Rechtsakte

194. *BverfGE 89, 155 (190) – Maastricht-Urteil.*

195. *BverfGE 123, 267 – Lissabon-Urteil.*

196. *Deklaration über die Staatssouveränität der Ukraine [Декларація про державний суверенітет України // ВВР. – №31 – 1990].*

197. *EuGH, Rs. 61/79, Denkavit.*

198. *EuGH, Rs. C-361/88, TA-Luft.*

199. *EuGH, Rs. C-108/09 Vertrieb von Kontaktlinsen ueber das Internet.*

200. *EuGH, Rs. 52/75, Gemüserichtlinie.*

201. *EuGH, Rs. 11/70, Internationale Handelsgesellschaft.*

202. *EuGH, Rs. 43/71 Politi.*

203. *EuGH, Rs. 41/74 van Duyn.*

204. *EuGH Rs. C-156/91, Hansa-Fleisch.*

205. *EuGH, Rs.279/84, 280/84, 285/84 und 286/84, Rau/Kommission. Slg.1987, 1069, Randnr: 34 – Europarecht in Faellen/W.Hummer, B.Simma, C. Vedder. Baden-Baden, 3 Auflage 1999.*

206. *EuGH, Gutachten 1/94, WTO.*

207. *EuGH, Gutachten 2/94, EMRK, Slg 1996 I, 1759.*

208. *EuGH, Rs. 7/56 u. 3/57 bis 7/57, Algera. – Europarecht in Faellen/W.Hummer, B.Simma, C. Vedder. Baden-Baden, 3 Auflage 1999.*

209. *EuGH, Rs. 26/62, Van Gend en Loos. – Europarecht in Faellen/W.Hummer, B.Simma, C. Vedder. Baden-Baden, 3 Auflage 1999.*

210. *EuGH, Rs. 6/64, Costa/ENEL – Europarecht in Faellen/W.Hummer, B.Simma, C. Vedder. Baden-Baden, 3 Auflage 1999.*

211. *EuGH, Rs. 804/79, Kommission/Vereinigtes Koenigreich – Europarecht in Faellen/W.Hummer, B.Simma, C. Vedder. Baden-Baden, 3 Auflage 1999.*

212. *EuGH, Rs. 106/77, Simmenthal II, Slg 1978.*

213. *EuGH, Rs. 138/79, Roquette Freres/Rat, Slg 1980, 3333. – Europarecht in Faellen/W.Hummer, B.Simma, C. Vedder. Baden-Baden, 3 Auflage 1999.*

214. *Die Verfassungen der Staaten des Nahen und mittleren Ostens [Конституции государств Ближнего и Среднего Востока, ИЛ, 1960].*

215. *Die Verfassungen der EG-Mitgliedstaaten, München: Deutscher Taschenbuch Verlag, 1996.*

216. *Protokoll über die Anwendung der Grundsätze der Subsidiarität und der Verhältnismäßigkeit, Protokoll Nr.2, Amtsblatt der Europäischen Union C 115/206, 9.05.2008.*

217. *Publications of the Permanent Court of International Justice, Serie A, No 1, P. 22*

218. *Richtlinie 2011/85/EU des Rates vom 8.November 2011über die Anforderungen an die haushaltspolitischen Rahmen der Mitgliedstaaten in: Amtsblatt der Europäischen Union L 306 vom 23.November 2011.*

219. *Maklakov V. Verfassungen der ausländischen Staaten [Конституции зарубежных государств - Сост. В.В. Маклаков 2-е изд., исправл. и доп. - М.: БЕК, 1999].*
220. *Verordnung 1174/2011 des Europäischen Parlaments und des Rates vom 16.November 2011 über Durchsetzungsmaßnahmen zur Korrektur übermäßiger makroökonomischer Ungleichgewichte im Euro-Währungsgebiet in: Amtsblatt der Europäischen Union L 306 vom 23.November 2011.*
221. *Verordnung 1173/2011 des Europäischen Parlaments und des Rates vom 16.November 2011 über die wirksame Durchsetzung der haushaltspolitischen Überwachung im Euro-Währungsgebiet in: Amtsblatt der Europäischen Union L 306 vom 23.November 2011.*
222. *Wiener Übereinkommen über konsularische Beziehungen.*
223. *Wiener Vertragsrechtskonvention.*

Internet-Ressource

224. *Kamenev A. Souveränität von Morgen [Каменев А. Суверенность в завтрашнем дне // Коммерсантъ, №22 (181) от 18.06.1996: www.kommersant.ru/doc-rss.aspx?DocsID=12628].*
225. *Potter Donald W State Responsibility, Sovereignty and Failed States, 2004: http://www.adelaide.edu.au/apsa/docs_papers/Others/potter.pdf*
226. *Tschekalenko L. Suche nach akzeptablen Modellen der Beziehungen zwischen dem souveränen Staat und den internationalen Organisationen http://www.personal.in.ua/article.php?ida=160*
227. *50 Jahre sind genug. Österreich raus aus dem EURATOM. Pressekonferenz am 17.Januar 2007. Hintergrundpapier. http://www.raus-aus-euratom.at/downloads/Hintergrundpapier_EURATOM.pdf*

228. *http://www.unian.net//ukr/news/news-286797.html*

229. *http://sim.law.uu.nl/SIM/CaseLaw/hof.nsf/2422ec00f1ace923c12566810 02b47f1/6093b338dfb67368c1256727004ba9e5?OpenDocument*

230. *http://www.webcitation.org/5lWx37qMR*

231. *http://www.atlanteanconspiracy.com/2008/10/trilateral-commission.html; http://www.unitedearth.com.au/oneworldgovernment.html*

232. *http://www.mofa.go.jp/policy/economy/summit/2000/overview.html*

233. *http://worldconstitutions.ru/archives/157*

234. *http://worldconstitutions.ru/archives/149*

235. *http://worldconstitutions.ru/archives/155*

236. *http://worldconstitutions.ru/archives/152*

237. *http://worldconstitutions.ru/archives/153/2*

238. *http://worldconstitutions.ru/archives/141*

239. *http://worldconstitutions.ru/archives/112/3*

240. *http://worldconstitutions.ru/archives/110*

241. *http://www.tagesschau.de/aktuell/meldungen/0,1185,OID1326598,00.html*

242. *http://www.hanisauland.de/lexikon/s/subsidiaritaet.html*

243. *http://www/moldovanova.md/ru/publications/show/358/*

244. *http://vidomosti-ua.com/world/7493/*

245. *http://www.tagesschau.de/aktuell/meldungen/0,1185,OID1326598,00.html*

www.ingramcontent.com/pod-product-compliance
Ingram Content Group UK Ltd.
Pitfield, Milton Keynes, MK11 3LW, UK
UKHW021907290926
8980IPUK00015B/1117

9 783631 628621